Maruscha Magyarosy

Das Paradies ist in dir

Der Weisheit des Körpers vertrauen
Lebensfreude durch Aktivierung der Körperintelligenz

via nova
Verlag Via Nova

Maruscha Magyarosy

Das Paradies in dir

Der Weisheit des Körpers vertrauen
Lebensfreude durch Aktivierung der Körperintelligenz

In jedem Atom, in jeder Zelle der Materie
schlummert versteckt und unerkannt
die ganze Allwissenheit des Unendlichen …
Der Himmel liegt in der Materie,
in der Tiefe der Materie.
Aurobindo

Die inFit-innerFitness®-Methode –
Das Körper-, Atem- und Bewusstseinstraining für jeden Tag

vianova
Verlag Via Nova

1. Auflage 2005

Verlag Via Nova, Alte Landstraße 12, 36100 Petersberg
Telefon: (06 61) 6 29 73
Fax: (06 61) 9 67 95 60
E-Mail: info@verlag-vianova.de

Internet:
www.verlag-vianova.de
www.transpersonal.com

Umschlag: Marketing Design Service GmbH, Hamburg
Satz: typo-service kliem, 97647 Neustädtles
Druck und Verarbeitung: Rindt-Druck, 36037 Fulda

ISBN 3-936486-77-8

Inhalt

Dieses Buch ist gedacht für jene,
die den Garten Eden innerhalb ihres Körpers wieder finden möchten,
und für alle,
die ihren Körper als Ausdruck
der höchsten Schöpferkraft und sich selbst als *verkörperte* Essenz
erkennen und erforschen wollen.

Teil I

Die Weisheit und Intelligenz unseres Körpers

Die Wahrheit menschlicher Liebe
kann nur im Körper erfahren werden.
Derjenige, der die Wahrheit des Körpers realisiert,
hat Zugang zu höchster Glückseligkeit.

Aus Tantrischen Schriften

Einleitung

Die Geburt von *innerFitness*

Lieber Leser! Lieber Weggefährte! In diesem Buch, das du gerade in der Hand hältst, erlaube ich mir, dich mit *du* anzusprechen. Ich möchte deiner Seele in deinem Körper begegnen. Ich möchte dein Herz berühren. Ich möchte einen Hauch unserer Essenz – wenn du es erlaubst – mit dir teilen. Das *Du* erleichtert diese Verbindung, während unser Verstand eher auf *Sie* reagiert. Obgleich das Wort ein begrenztes Medium ist, bin ich dennoch sicher, dass du von der alles durchdringenden Präsenz zwischen und hinter den Worten berührt und getragen wirst. Wir beide wissen, dass es weder *meine*, noch *deine* Präsenz, sondern die *grenzenlose, zeitlose Präsenz* ist. Vorliegendes Buch unterstützt dich, dich an sie zu erinnern, und sie erweitert, erhöht beziehungsweise vertieft wahrzunehmen. Besonders ausgewählte Methoden für deinen Körper, für dein Herz und für deinen Geist erleichtern dir, diese heilende Wahrnehmung gezielt in den Alltag zu übertragen und einzusetzen.

Vor über einem Vierteljahrhundert trieb mich eine schier unerträgliche Sehnsucht aus dem Schoß meiner bürgerlichen, familiären Geborgenheit. Dieses Verlangen war wie ein Urschmerz, ein verzweifeltes, brennendes Sehnen nach etwas tief in mir, das ich nicht definieren konnte. Etwas, das mich über Jahrzehnte mal hierhin, mal dorthin trieb, von einem Beruf zum anderen, aus den Armen des einen Partners in die Arme des nächsten, von einem Guru zum anderen, quer über den Globus, durch verschiedene Kulturen – von Asien über Europa in die USA. Immer und überall war ich auf der Suche, diesen Schmerz zu lindern, diese Sehnsucht zu stillen. Weder berufliche Erfolge noch äußere Geliebte, kein spiritueller Meister und kein esoterischer Guru konnten das unerträgliche Brennen in meinem Herzen löschen. Manchmal wandelte es sich in Todessehnsucht, mit der Hoffnung, dass ich – wenn ich mich selbst auslösche – endlich Ruhe, Frieden, Geborgenheit und Glück finden würde. Etwas in mir wollte weg, weit weg – fliehen in ein fernes, noch ungreifbares Paradies, in einen Garten Eden, von dem ich glaubte, dass er niemals in dieser materiellen Wirklichkeit, in dieser Welt der Dualität zu finden sei. Das Sterben erschien mir oft als einziger, rettender Ausweg: der Tod als letzte Möglichkeit, in dieser anderen Welt die schmerzhafte Sehnsucht endlich dauerhaft zu erlösen.

Doch eines Tages geschah etwas: Es war wie Ironie des Schicksals – ausgerechnet in einem Hotel mitten in der Spielhölle Las Vegas. Ich besuchte damals einen Kongress, um für ein deutsches Journal darüber zu berichten. Das Motto war: *„Vom Kampf zum Spiel des Lebens"*. Am dritten Tag hatte ich – wie aus heiterem Himmel – einen schweren Kreislaufkollaps. Mein Brustkorb wurde plötzlich enger und enger, schnürte sich zusammen. Ich fühlte mich eingequetscht wie in einem Schraubstock, das Herz umklammert von einer Metallfaust. Panische Angst überfiel mich, Gefühle tiefster Verlassenheit und Einsamkeit. Es war gegen drei Uhr morgens. Ich war allein in meinem luxuriösen Hotelzimmer in der Spielhölle Las Vegas, in einer fremden Stadt mitten in der Wüste. Die Schmerzen und der Druck in meinem Brustraum steigerten sich. Etwas später war mir, als ob dort ein loderndes Feuer brannte, glühend, alles verschlingend. Ich wollte schreien, brachte aber keinen Ton hervor. Mein Körper war wie gelähmt. Ich konnte mich nicht mehr bewegen, um mich herum abgrundtiefe Finsternis, in mir plötzlich eine nie gekannte Todesangst. Da war nur ein einziger Gedanke: „Das muss Sterben sein!" Und in diesem Augenblick hörte ich die Stimme von Swamiji (Swami Divyanda Saraswati) zu mir sprechen. Ich hatte vor Jahren mehrere Monate lang mit ihm an der Quelle des Ganges im Himalaja gelebt. Sein Körper war jetzt in Rishikesh/Indien, mein Körper in einer Wüstenstadt in Arizona/USA – zwei entgegengesetzten Orten im Außen. Doch seine Stimme hörte ich in meinem Inneren:

Padma – so nannte er mich immer –, *deine immer wiederkehrende Todessehnsucht ist nichts anderes als der Wunsch, nach Hause zu kommen, in dein inneres Paradies, zurück zur Quelle, zu deinem Ursprung. Es ist der durchdringende Ruf aus deinen tiefsten Tiefen nach deinem wahren Wesen, nach deiner Essenz. Doch es ist nicht meine Stimme, die du hörst. Es ist deine eigene innere Stimme, die du wahrnimmst, die aus deinem Herzen, aus deinem innersten Zentrum aufsteigt. Es ist die Sehnsucht nach deinem wirklichen Zuhause, nach dem Eintauchen in deine zeitlose Wahrheit hinter all dem äußeren Schein, in deine uner-*

schöpfliche Quelle der Liebe, die endlich aus dir strömen möchte. Du hast bereits das Erwachen in den Tiefen deiner Seele verspürt – deine Unendlichkeit, die zugleich deine Unsterblichkeit ist. Das ***Dies****seits und das* ***Jen****seits, beides ist in dir. Doch ist es dir noch nicht möglich, die beiden Welten zu verbinden, die eine Welt innerhalb der anderen zu erkennen und zu leben. Die endgültige Befreiung von Geburt und Tod findest du im Hier und Jetzt, im Herzen der Welt der Erscheinungen. Es ist das Bewusstsein, aus dem du dich als Teil der grenzenlosen Schöpferkraft, als Mitschöpfer in deinem eigenen Herzen, im Herzen jeder Zelle deines Körpers – verbunden mit allem, was ist – wiedererkennst. Deine jahrelange, brennende Sehnsucht, deine Todessehnsucht mit dem Wunsch zu sterben, ist ein Schrei aus dem Abgrund deiner Seele, die Stimme, die dich erinnern möchte, endlich über deine gegenwärtigen, persönlichen Grenzen hinauszuwachsen. Sie kann von deinen Sinnen und von deinem Verstand allein niemals erfasst werden. Die Rückkehr ins Paradies führt nicht über den physischen Tod, sondern über das verkörperte und gelebte Leben. Es ist die Hingabe an die Existenz mitten im verkörperten Leben in allen seinen Facetten. Und dieses Leben heißt Liebe: Liebe, Akzeptanz und Mitgefühl ermöglichen dir, das Diesseits mit dem Jenseits zu verbinden, die schmerzhafte Trennung in dir und zu deiner Umwelt aufzuheben. Deine Todessehnsucht ist in Wirklichkeit die Sehnsucht nach deiner Ganzheit, nach deiner Unsterblichkeit, nach Leben, nach Liebe, nach dem wahren Leben im Hier und Jetzt, das alle Gegensätze verbindet und integriert.*

Zu Hause im Sein

In jenem fremden Hotelzimmer in Las Vegas erkannte ich auf einmal – während ich mich an der Schwelle zwischen Leben und Tod fühlte –, dass mein Nichtwissen um mein *ewiges* Leben, um *das Paradies in mir*, meine menschliche Kreation war, eine Illusion, eine Verschleierung innerhalb der Grenzen von Raum und Zeit. Ich habe das wirkliche Leben, das SEIN, die wahre Liebe, die Unsterblichkeit niemals verloren. Es war nur zugeschüttet und vergessen von äußeren Einflüssen, von Theorien und Dogmen, vergessen und vergraben hinter alten, verrosteten Konzepten, Programmierungen und Glaubensmustern in meinem Inneren. Ich hatte mich verloren in der Identifikation mit der trennenden Welt der Dualität, verloren im Urschmerz der größten und tiefsten Wunde unseres Mensch-Seins: der Trennung von unserem wahren Sein – von unserer Präsenz, vom Schöpfer und seiner verkörperten Schöpfung. Ich war zur Gefangenen geworden, verstrickt in die Identifikation mit meinen eigenen Schöpfungen.

Nach einiger Zeit erlebte ich mich und meinen Körper auf einmal wie die Form eines Kreuzes. Da war plötzlich ein Wissen in mir, verbunden mit der unmittelbaren Erfahrung, dass mein Körper gleichzeitig Schnittpunkt und Schmelztopf ist, der Ort, an dem Intellekt und Intuition, Gefühl und Verstand, das Männliche und das Weibliche, alle Elemente – Erde, Wasser, Feuer, Licht, Luft und Äther –, Licht und Finsternis und alle Planeten des Universums in einem pausenlosen Dialog stehen. Mir war, als ob innerhalb meines Körpers Zeit und Zeitlosigkeit, Fleisch und Geist, Gott und Satan, Himmel und Erde wie in einem ewigen Kreislauf miteinander kämpften, sich trennten und sich verbündeten, um wieder eins zu werden: Das „Spiel" des Lebens geschieht in mir und durch mich selbst. Plötzlich erkannte ich: Genauso, wie ich es innerhalb meines Körpers und meines Bewusstseins erlebe, geschieht es außerhalb von mir. Aufgrund meines Zustandes hatte ich in diesem Augenblick keine andere Wahl, als mich diesem wechselnden „Kampf" und „Spiel des Lebens" hinzugeben. Und dann, ganz langsam, löste sich meine Panik. Die Angst wich einer Stille, einer tiefen Ruhe, einem Frieden, einer satten Glückseligkeit – Wahrnehmungen, die ich zuvor nur augenblicksweise hatte erleben dürfen. In einem verborgenen Winkel meiner Seele öffnete sich eine bisher unbekannte Tür, eine Tür zu einem vertrauten Raum, der lange verschlossen war und der sich mit Worten alleine nicht beschreiben, höchstens umschreiben lässt. Ich war ein Meer strömender Dankbarkeit, eines der erhabensten Gefühle, die ich jemals erleben durfte. Ich habe mich wieder gefunden, im Herzen meines Herzens. Ich habe mich wieder entdeckt im Kern jeder Zelle meines Körpers – als der Schöpfersame, als der Ursprung, der Ich Bin. Ich wusste: Ich Bin auch Körper – *beseelter Körper, verkörperte Liebe*. Es ist dieselbe schöpferische Intelligenz, wirksam im gesamten Universum. Sie durchdringt die gesamte Existenz und hat meinen physischen Körper aus ihrer Essenz geformt. Ich war zu Hause angekommen. Ich hatte mein verlorenes Paradies neu entdeckt. Es war wie eine Neugeburt innerhalb meines Körpers, eine Wiedergeburt meines Herzens, meines ganzen Wesens. In diesem Augenblick wusste ich:

Das Paradies ist in mir … *Ich Bin* das Paradies

mitten im Spiel des Lebens. Diese Erkenntnis war die Geburt von *innerFitness*. Den Begriff *inFit – innerFitness* habe ich dem modernen Zeitgeist für den zivilisationsgestressten Menschen angepasst. Er ist frei von Dogmen und Normen. Die inFit-Methoden unterstützen jeden Menschen, der sich dafür entscheidet, die Erinnerung an sich selbst, wer er ist und warum er ist, in seiner ihm eigenen Zeit, in seinem ihm eigenen Rhythmus zu er*leben*, zu er*lieben*, zu er*leiben*. Das Wissen, die Erinnerung sind gespeichert in dir – in deinem Bewusstsein, in deinem Herzen, im Herzen jeder Zelle deines Körpers. Dort warten sie, wieder entdeckt zu werden.

Nach Hause reisen bedeutet,
dein verlorenes Paradies wieder neu zu entdecken und zu befreien.
Du erlebst die Bewusstheit deines Körpers und deines Geistes,
die Heilung und Neugeburt deines Herzens,
das Erwachen deines ganzen Wesens.

Du findest dich wieder – im Herzen deines Herzens,
im Kern jeder Zelle deines Körpers – als der Schöpfersame,
als der Ursprung, DER DU BIST.

Die Quintessenz von *innerFitness*

Mit dem *innerFitness*-Training möchte ich dich einladen zur Entdeckungsreise zu einem zeitlosen Wissen. Wenn du dich auf diese Körper-, Atem- und Bewusstseinsübungen einlässt, ermöglichen sie dir die Einsicht und Erfahrung einer ewigen Weisheit, die in jeder deiner Zellen schlummert, verborgen in der Tiefe deines Herzens ruht. Das Übungsprogramm aktiviert das Gedächtnis deiner Zellen und belebt deine DNS. Du kommst dabei in tiefen Kontakt mit dir selbst, mit deinem Selbst. Und das eröffnet dir Einblicke in die Weisheit des Universums, unterstützt dich, das Wissen darüber, wo du herkommst, wer du *wirklich* bist, in dir selbst zu entschlüsseln.

Das *inFit*-Programm bietet Möglichkeiten der Aussöhnung des Geistes mit der Materie. Dieser Prozess kann aber nur in dir, in deinem Körper, in jeder deiner Zellen geschehen. Er beginnt tief im Innersten deines Herzens. Dein unbegrenzter Geist wird seinen Körper als verdichteten Teil seiner selbst entdecken, in dem Maße, in dem dein Körper sich der einströmenden heilenden Energie deines Geistes öffnet. Wenn du es erlaubst und geschehen lassen kannst, deinen Körper der Energie, die ihn nährt und belebt, zu übergeben – genauso wie zwei Liebende, die sich in ihrer gegenseitigen Hingabe empfangend und gebend ergänzen und erfüllen –, dann können endlich wieder Liebe und Leben in deinem Körper und durch ihn gefeiert werden. Das bedeutet Heilung und Freude, unendliche Lebensfreude. Und du erkennst: ICH BIN auch Körper – beseelter Körper, verkörperte Liebe, geboren aus der Essenz, jener Präsenz, die dich und die gesamte Existenz durchdringt. Du findest zurück zu deinem Ursprung. Das sind jene Augenblicke, wenn alles Suchen aufhört. Dann bist du von deinem Selbst gefunden und erfüllt. Zunächst mögen es nur Momente sein, die diese Erinnerung wachrufen. Allmählich können sie sich erweitern – öfter und länger.

Die *inFit*-Methoden ermöglichen eine allumfassende Erfahrung, basierend auf der Idee des „offenen Werdens“ durch jene *strömende, innere Kraft*, die sich uns jederzeit erschließen kann, sobald wir bereit sind und uns ihr hingeben. Und das bewirkt Lebendigkeit innerhalb deines ganzen Körpers: Kraft und Energie, die wie von selbst aus jeder deiner Zellen strömen und alle deine Sinne schärfen, das schlummernde Bewusstsein in dir aktivieren und entfalten, dein Denken klären und beruhigen und deinen Geist erhellen. Es ist die vollkommene Bewusstheit des gelebten Augenblicks. Du kannst das Leben, die Liebe spüren – hier und jetzt – und durch deinen Körper unmittelbar „erleiben“.

Der *innerFitness*-Prozess beginnt in dir. Du entdeckst deine Widersprüche und lernst sie zu einem wertfreien Ganzen zu verbinden. *InFit* unterstützt dich, dich aus der Dualität zu befreien, indem du sie ganz und gar akzeptierst und mit deinem ganzen Wesen in ihr lebst, ohne dich mit ihr zu identifizieren und in ihr zu verlieren. Dann kann die Verbindung, die Integration und die Versöhnung aller polaren Kräfte in dir geschehen, in der Tiefe deines Herzens … Du entdeckst, dass dein Körper und dein Atem dein Reisefahrzeug und deine wertvollsten und intimsten Partner sind – und darüber hinaus auch deine weisesten Lehrmeister, im Hier und Jetzt, konkret, greif-, spür- und sichtbar, über alle Sinne zu erfahren. In deinem Bewusstsein, in deinem Körper, in jeder deiner Zellen sind alle zeitlosen Lebensweisheiten, das Wissen dieses Universums, alle Erfahrungen und die Erinnerungen daran gespeichert. Und du kannst sie Stufe um Stufe jedes Mal wieder neu erleben während deiner Lebensreise entlang der Spirale deines sich entfaltenden Bewusstseins durch deinen Körper.

Dabei entdeckst du dein Gehirn als Landkarte deines Körpers und deinen Körper als Landkarte des Universums. Wie außen, so innen – wie oben, so unten! Dein lebendiger Körper in Verbindung mit Achtsamkeit und dein bewusster Atem sind das Lehrbuch zu diesem ewigen Wissen. Er ist deine „lebendige Bibliothek", jederzeit verfügbar, sobald du seine Sprache kennst, auf seine Stimme hörst und ihr vertraust. Dein Körper ist immer auskunftsbereit, wenn du es verstehst, das in ihm gespeicherte Wissen abzufragen und zu entschlüsseln.

Die *inFit*-Selbsterfoschungsreise, zu der ich dich einlade, beginnt im Außen und führt nach innen und – das ist das Besondere – wieder bewusst zurück vom Innen zum Außen. Dabei kann es geschehen, dass du auf einmal entdeckst, dass zwischen beiden gar kein Unterschied mehr besteht: Beides ist gleich*wertig*, gleich*gültig*, gleich*zeitig*. Und du fragst dich: Was ist Spiegel, was ist Spiegelung? Auf den verschiedenen Etappen und Stationen unserer Reise kann es plötzlich vorkommen, dass du dein „Mini-Universum" – deinen Körper – als Abbild des „großen Universums" wahrnimmst. Du entdeckst die kreative Intelligenz, die in deinen Körperzellen zu Hause ist, die dich inspiriert und belebt. Es ist dieselbe schöpferische Intelligenz, die im gesamten Universum wirkt und deinen physischen Körper aus ihrer Essenz geformt hat. Sie ist überall – außen und innen, oben und unten. Alle Planeten – Sonne, Mond und Sterne, die gesamte Existenz ist aus ihr und durch sie entstanden. Sie ist Licht und Energie, aber genauso Schatten, der vom Licht erlöst werden möchte. Wenn du dich mit ihr vertraut machst, erkennst du, dass es die schöpferische Intelligenz ist, die dich weit über das Gewohnte heil und ganz werden lässt. Und wenn es dir gelingt, dich ihr vollkommen hinzugeben, dich mit ihr wieder zu verbinden, nimmst du sie als grenzenlose Liebe wahr – Liebe, die immer war, die immer ist und immer sein wird … Sie ist die Essenz deines Lebens.

Während deiner Entdeckungsreise begegnest du auch dem uralten Menschheitstraum von Verjüngung und Lebensverlängerung, bis hin zu der Vorstellung physischer Unsterblichkeit. Ausgewählte Atemübungen lassen dich Erscheinungen wie Prana – universelle Lebensenergie – tief innerhalb deines Körpers und weit über seine Grenzen erfahren. Mit Hilfe der einfachen, praktischen *inFit*-Methoden entdeckst du deine Wirbelsäule als den tragenden Stamm deines kostbaren Lebensbaumes – deines Körpers. An ihrer höchsten Stelle findest du die „geheime Pforte", die dich zu höherem Wissen führen kann, zu dem Urwissen, das du bist. Dies geschieht mit Hilfe einfacher, bewusst durchgeführter Energieübungen. Dazu gehören unter anderem das *Surya Namaskar* (der Sonnengruß), der Feuer- und Energie-Atem, integratives Atmen sowie Bewegungsrituale und Bewusstseinsübungen, die auch für Anfänger leicht nachvollziehbar sind. Alte, überflüssig gewordene Strukturen können sich beim Üben Schritt für Schritt auflösen, wie bei einer Zwiebel, deren Schale sich Schicht für Schicht abschälen lässt, sodass du dich immer wieder Neuem öffnen, zu der Energie werden kannst, die du bist, und zu der Wahrheit zückkehren kannst, aus der du geboren bist.

In und zu dir geht die Reise. In dir und aus dir heraus beginnen die ersten befreienden Schritte, die schließlich zu einer erweiterten Sicht von Innen und Außen, von Mikrokosmos und Makrokosmos, bis hin zu einem ganzheitlichen Gewahrsein führen. Die Erkenntnis verschiedener, vermeintlich unvereinbarer Aspekte in dir ermöglicht dir die Aussöhnung deiner Polaritäten, die Integration der Dualität in dir.

Das *inFit*-Training mit seinen besonderen Methoden unterstützt dich, deinen kostbaren Lebens-Reisebegleiter – deinen Atem und deinen menschlichen Körper – als höchsten Ausdruck schöpferischer Intelligenz wahrzunehmen. Die Übungen ermöglichen dir, lebendiger und bewusster zu werden und dich im „Orchester des Lebens" voll zur Entfaltung zu bringen. Und vielleicht entdeckst du dadurch plötzlich das „Königreich des Himmels" in dir – in deinem Körper, in jeder seiner Zellen, im Zentrum deines Herzens. Denn die „Information des Himmels" wartet darauf, in dir entdeckt zu werden – als das „Garten-Eden-Mysterium" in deinem innersten Zentrum. Dort – im Kern deines Wesens, im Zentrum deines Herzens, im Kern jeder deiner Zellen – findest du dich wieder, als der Schöpfersame, dein Erbe, das du mit hierher gebracht hast, als der Ursprung, der du bist.

In den tiefsten Schichten deines Körpers, verkapselt in dichtester Materie, kannst du dein „verlorenes Paradies“, das von dir vergessene Wissen, wieder neu entdecken und befreien. Dort kannst du deine „Vertreibung“ erlösen. Und dabei kann es geschehen, dass du plötzlich erkennst, dass du in Wirklichkeit nie vertrieben und verlassen worden bist, sondern dass du dich immer nur selbst verloren und verlassen hast – deinen Körper von deiner Seele abgespalten und vom klaren Geist deines Bewusstseins getrennt hast. So hast du vielleicht mit einem unbewussten Körper einen häufig seelenlosen Alltag mit einem oft verschlossenen Herzen gelebt. Du warst getrennt von dir selbst, getrennt von deiner Umwelt, getrennt von deiner inneren Heimat. Der Kontakt zu deiner Quelle, zu deiner Essenz und zu deinem Ursprung ist dadurch verloren gegangen.

Die Affirmation – *Das Paradies ist in dir* – ist der bewusst gewählte Titel deines Buches zu einer Reise ohne Ende. Die *inFit-innerFitness*-Tools mit ihren heilenden, für jedes Bedürfnis gerechten und gezielten Methoden unterstützen dich, wieder *nach Hause* zu reisen, wieder *DU* zu werden, du, der oder die du wirklich bist. Schritt für Schritt lernst du, wieder *in* deinem und *durch* deinen Körper zu leben, von den Fußsohlen bis zu den Haarspitzen und darüber hinaus – eine Neugeburt deines Körpers, die behutsame Öffnung, Heilung und Wiedergeburt deines Herzens und deines ganzen Wesens.

… Und dann,
wenn alle Knoten zerreißen,
kannst du zu deinem Ursprung vordringen,
mitten in dein urtiefes Geheimnis tauchen.
Dieses Geheimnis aber kann weder in Dogmen festgehalten,
noch kann es durch Thesen und Konzepte offenbart werden.
Es kann nicht gelehrt und nicht gelernt werden.
Es ist die Bewusstwerdung, das Aufwachen,
das jenseits aller Sinne und jenseits des Denkens geschieht.
Es ist der höchste Zustand, die endgültige Befreiung.

SWAMI DIVYANANDA SARASWATI

1 Die Quelle in dir

Wir suchen nicht in den Himmel zu kommen,
*sondern diesen zu ver**körpern** …*
KHALIL GIBRAN

Das Geheimnis, Körperbewusstheit zu entwickeln: Bauch, Herz und Kopf verbinden

Ohne Körperbewusstsein sind wir gespalten in einen körperlosen Geist und in einen geistlosen, häufig kranken Körper. Wir sind getrennt von uns selbst, getrennt von der Welt. Wir haben einen Körper. Doch leben wir wirklich durch ihn? Es ist unser *ganzer* Körper, mit all seinen Sinnen, durch den wir uns selbst – *DAS*, was wir wirklich sind – und die äußere Welt erleben. Es ist unser Körper, durch den wir uns selbst, unseren Mitmenschen und der Welt begegnen, durch den wir kommunizieren und uns darstellen. Er ist unser weisester und zugleich intimster Lehrmeister. In seinen Zellen ist ein grenzenloses Potenzial von Wissen und Energie gespeichert, das sich durch uns entfalten möchte, das nach kreativer Verwirklichung drängt. Unser intimster Freund ermöglicht uns, die Spaltung zwischen unserem Verstand und unseren Gefühlen aufzuheben, die Kluft zwischen unserem Kopf, unserem Herzen und unserer Sexualität zu überbrücken.

Der Schlüssel ist Bewusstheit und Achtsamkeit,
bewusstes Atmen, bewusste Bewegung,
bewusste Entspannung.

Bewusstes Atmen, bewusste Bewegung und bewusste Entspannung sind die Möglichkeiten, die uns wieder in Verbindung mit uns selbst bringen. Dann können wir mit jedem Menschen Kontakt aufnehmen. Dann gelingt es, uns in alle Lebewesen, in alles, was existiert, einzufühlen. Wenn ich Kopf, Herz und Bauch in mir verbinde, wenn ich meinen Körper seinem Bewusstsein, dem Geist, der in mir wohnt, hingebe, wenn ich meiner Seele und meinem Geist erlaube, sich mit meinem Körper zu vermählen, dann kann ich mich mit jedem Menschen verbinden, mit allen Lebewesen, mit der ganzen Welt. Dann erlebe ich die Welt in mir und mich in ihr. Und es gibt keine Trennung mehr.

Bewusstheit und Achtsamkeit sind die Schlüssel für unser wertvollstes Haus, für unseren Körper. Es sind die Schlüssel für unser „lebendiges Reisefahrzeug". Energie ist die Antriebskraft, die den Motor „anspringen" lässt, wenn wir es verstehen, mit dem Schlüssel den Zündfunken auszulösen. Mit Bewusstheit und Achtsamkeit können wir unseren Körper erschließen, und der Körper ist wiederum das Tor zu erhöhter Bewusstheit, zu der uns innewohnenden Präsenz, zur Quelle unserer Kraft, die uns heilt und belebt, aus der wir jederzeit schöpfen können. Sie ist immer und überall und wir können jederzeit eintreten, nach Hause zurückkehren, ins Zentrum unseres lebendigen Hauses, gebaut aus Trillionen von sich ständig erneuernden Zellen.

Unser Körper ist die Bilanz unseres bisherigen Lebens. Er ist die greif- und sichtbare Schöpfung unseres gelebten oder nicht gelebten Bewusstseins. Seine Verfassung, seine Gesundheit, seine Lebendigkeit sind das Ergebnis, wie bewusst oder unbewusst wir leben. Er zeigt uns unsere Einstellung zum Leben, zu unseren Mitmenschen, zu allem, was existiert. Der Körper ist der Spiegel unserer Seele, unserer Persönlichkeit, unserer Stärken und Schwächen. In seiner unschuldigen Nacktheit gibt er die ehrliche Antwort auf die Frage: „Bin ich im Einklang mit mir und mit der Welt – oder lebe ich getrennt von der Welt und von mir?"

Gezielte Körper-, Atem- und Bewusstseinsübungen unterstützen uns, Disharmonien und Blockaden, die diese Trennung verursachen, aufzuspüren und aufzulösen. Sie ermöglichen uns, die Ursache unserer vermeintlichen „Vertreibung aus dem Paradies" im Innersten unseres Körpers, in den tiefsten Schichten unseres Bewusstseins zu entdecken. Und dabei kann Folgendes geschehen: Wir erkennen, dass *wir selbst* es waren, die sich von unserem Körper, von unser Seele, von unserem Herzen getrennt und von unseren Gefühlen abgeschnitten haben. Durch achtsames und bewusstes Üben können wir diese Trennung schrittweise aufheben, sodass wir uns wieder mit uns selbst verbinden. So kann es uns gelingen, uns mehr und mehr zu akzeptieren und zu lieben. Und je mehr es uns gelingt, diese Trennung aufzuheben, desto mehr machen wir die unmittelbare Erfahrung, dass alles, was existiert, ein Teil von uns selbst ist. Und das bedeutet Freiheit, Freude, Kraft und grenzenlos fließende Lebensenergie.

Der Körper ist der Spiegel deiner Seele,
deiner Persönlichkeit,
deiner Stärken und Schwächen.

Die Botschaft deines intimsten Vertrauten

Meditation in Aktion bedeutet das JA zum Leben
im Alltag in all seinen Schattierungen.

Früher bedeutete Meditation für mich, mich bei Kerzenlicht in abgedunkelten Räumen vom Leben zurückzuziehen, dem Alltagsstress mit seinen Belastungen und bedrohlichen Herausforderungen zu entkommen. Heute – dreißig Jahre später – hat sich meine Einstellung über den Weg des Yoga und ein aktives Körper-, Atem- und Bewusstseins-Training wesentlich gewandelt: Statt Rückzug *Meditation in Aktion* – die Herausforderungen des Alltags sind das Übungsfeld. Ich betrachte sie wie Testsituationen im Umgang mit Stress, Konfliktsituationen und Belastungen jeder Art. Sich weder in die Versenkung flüchten noch aus Harmoniesucht die eigenen Gefühle verleugnen, sondern ja zum Leben sagen: dieses JA zum Leben in all seinen Schattierungen ist zum Leitmotiv geworden, obgleich die Herausforderungen keineswegs leichter werden. Mein JA klingt daher mal lauter, mal leiser. Dabei erlaube ich mir gelegentlich auch das NEIN zum JA.

Auf diesem Weg war und ist mein Körper mein intimster Begleiter, mein engster und ehrlichster Berater. Er ist zum weisesten Lehrer und Freund geworden, der mir all die Jahre schonungslos signalisiert hat, wie ich wirklich leben soll, und nicht, wie man von mir beziehungsweise von ihm erwartet – zum Leidwesen mancher Lehrer und Freunde. Liebend gerne hätten sie mir noch mehr Ratschläge erteilt und mir ihre

Konzepte und Dogmen übergestülpt, mich ihren Vorstellungen und Bedürfnissen entsprechend manipuliert. Wenn wir ausschließlich äußeren Beratern folgen, setzen wir uns Manipulationen aus und laufen Gefahr, unser innerstes Wesen nach den Wünschen eines anderen oder den gesellschaftlichen Normen zu begrenzen.

Unser Gesellschafts- und Bildungssystem überlässt vorwiegend dem Kopf die Führung, auf Kosten der Weisheit aus den tieferen Schichten unseres Körpers und unserer Seele. Manchmal lassen wir uns, mehr oder weniger gezwungen, an die Fesseln dieses äußeren Wissens binden. Doch unterdrücken wir dabei häufig die Freiheit, die Grenzenlosigkeit unserer Seele, unsere ureigene Spontaneität. Gleichzeitig wird unsere körpereigene Intelligenz verschüttet. Wir vergraben unsere Kreativität und unsere Intuition im Inneren unseres Leibes, und dabei ersticken wir ein ewiges – besser gesagt – höheres Wissen, das in jeder Zelle unseres menschlichen Körpers darauf wartet, wieder entdeckt zu werden und sich entfalten zu können.

Ich lade dich ein, dir an dieser Stelle zehn Minuten Zeit zu nehmen und über folgende wesentliche Fragen und Gedanken zu reflektieren:

Welche Antwort würde dein Körper geben, wenn du ihn jetzt fragen würdest:

– *Wie kümmere ich mich um meinen „treuesten Lebens-Reise-Begleiter“, um mein kostbares, lebendiges Haus?*
– *Gehe ich mit meinem Körper bewusst oder unbewusst um? Behandle ich ihn wie einen Roboter oder eine Maschine, die von selbst zu funktionieren hat?*
– *Welche Achtsamkeit, welche Anerkennung erweise ich meiner lebendigen, physischen Skulptur, geformt aus Trillionen von Zellen, die zusammengefügt sind wie ein Wunder der Natur?*
– *Gelingt es mir zu spüren, wie das Orchester des Schöpfers, die Symphonie des Lebens durch mich erklingt? Ist mir bewusst, dass alle Instrumente ursprünglich geplant waren, harmonisch zusammenzuwirken und zu funktionieren, sodass auch meine individuelle „Melodie des Lebens“ durch mich gespielt werden kann?*

- *Habe ich jemals die Präsenz, die innerhalb und außerhalb meines Körpers existiert, bewusst wahrgenommen?*
- *Kann ich mich mehr und mehr aus der Rolle der hilflosen Marionette, der Opferrolle, befreien, um mich als bewusster und kreativer Mitspieler und Mitschöpfer durch meinen Körper und alle seine Sinne zu entfalten?*
- *Wie viel Zeit und Geld, wie viel Pflege, innerlich und äußerlich, wie viel Respekt, welche Achtsamkeit, Wertschätzung und Liebe schenke ich meinem Körper, meinem intimsten Vertrauten – im Gegensatz zu meinem Haus, meiner Wohnung, meinem Auto?*
- *Welches Haus, welches Fahrzeug – das innere oder das äußere – versorge oder vernachlässige ich mehr?*
- *Kümmere ich mich erst dann um meinen Körper, wenn Krankheiten, Schmerzen oder Unwohlsein an seine „lebendige Tür" klopfen?*
- *Wenn ich meine physische Heimat, mein intimstes Fahrzeug, das mit mir überallhin reist, unbewusst und unachtsam behandle – wie sieht es dann mit meiner Umgebung aus, mit meinem Lebenspartner, mit meiner Familie, mit der Natur, mit der Liebe zur Erde, die mich nährt, mit meinem Verhältnis zur Welt überhaupt?*
- *Wie ist mein globales Bewusstsein? Es gibt da keinen Unterschied, keine Trennung.*

Wie war deine Reaktion auf diese Gedanken und Fragen? Konntest du dir innerlich aufrichtig begegnen, ohne dich dabei selbst zu verurteilen?

In meiner Arbeit über den Weg des Körpers, des Atems und des Bewusstseins ist es mir ein großes Anliegen, es den Menschen, die zu mir kommen, zu ermöglichen, sich *in* ihrem und *durch* ihren Körper zu erleben. Wachsende Bewusstheit lässt uns dann erkennen, *wer* wir sind und *wie* wir leben. Die *inFit*-Methode unterstützt dabei als einfaches und doch wirkungsvolles Körper-, Atem- und Bewusstseins-Training. Es führt zu einem vertieften Körper-, Atem- und Bewusstseinserleben im Alltag – jeden Augenblick – im Hier und Jetzt. Der Übende lernt, sich innerhalb des Körpers, in jeder Zelle, bewusst und zugleich äußerst lebendig zu er*leben*, zu er*leiben*.

inFit ist eine zeitlose globale Methode, an keinen Erdteil gebunden und doch dem zivilisationsgestressten Menschen von heute angepasst. Warum?, fragst du vielleicht. Unser Körper als Mikrokosmos wird von etwa 300 Gelenken bewegt. Unser Blutkreislauf strömt während einer bestimmten Zeit durch etwa 96 000 Kilometer, alle Adern, Venen, größeren und kleineren Blutgefäße zusammengerechnet. Die Oberfläche unserer Lungen ausgebreitet wäre so groß wie ein Tennisplatz. Die Übungen unterstützen die Harmonie und Zusammenarbeit dieser lebenswichtigen Körperfunktionen. Sie beeinflussen alle Sehnen, Muskeln, Bänder und Organe und schärfen unsere fünf Sinne. Darüber hinaus aktivieren sie unseren „sechsten Sinn", unsere Intuition, unsere übergeordnete Intelligenz, unsere höhere Weisheit.

Und wenn unser Mikrokosmos als Ganzes harmonisch funktioniert, so wirkt er entsprechend auf unsere Umgebung. Dann sind wir ein gesundes, strahlendes, lebendiges Organ der Menschheit, ein Mikrokosmos, der sich nicht der Welt entzieht, sondern in der Welt lebt, sich ihr hingibt und durch diese Hingabe mit ihr eins wird. Gleichzeitig geschieht Heilung in uns, in unserer Umgebung, auf dem Planeten. Und dann können wir aus einer neuen Sicht im und durch den Körper mit unserem Leben, mit unseren Mitmenschen, mit der Welt in Verbindung treten. Letztlich ist unser Körper der Ort, in dem alles geschieht, durch dessen fünf Sinne wir alles aus der Außenwelt auf- und wahrnehmen.

Je bewusster und lebendiger
wir uns innerhalb unseres Körpers wahrnehmen,
je mehr wir unser wertvollstes Haus
bis in jeden Winkel bewohnen,
desto bewusster und intensiver
erleben wir auch unsere Umgebung.

Die Entfaltung von Liebe, Intuition und Kreativität

Bewegung und Atem befreien das uns innewohnende Potenzial, jene Energie, die uns heilt, inspiriert und erneuert.

Jeder von uns trägt in seinem Bewusstsein das Wissen aller Kulturen der Menschheit von Anbeginn der Schöpfung in sich. Dieses Urwissen ist gespeichert in unseren Zellen und Protoplasmen. Einer der Wege, unsere evolutionäre Lebenskraft wieder freizusetzen, sind bestimmte Atemformen, Bewusstseinsübungen und gezielte aktive Bewegungsabläufe. Bewegung und Atem aktivieren die uns innewohnende Kraft – jene Energie, die uns heilt, inspiriert, erneuert. Spontane und freie Bewegung, aber auch gezielte Bewegungsabläufe, die wir mit unserem Atem kombinieren, führen zurück zu dem Wissen, das in der Tiefe unseres Körpers und Bewusstseins schlummert. Verschüttete Emotionen und Gefühle werden befreit. Die dahinter verborgene Intuition und Kreativität werden aktiviert und können sich entfalten. Der Kraftstrom der Liebe beginnt wieder frei zu fließen.

Traditionelle Körper-Trainingsschulen in Ost und West legen meist Wert auf die genaue Befolgung bestimmter Techniken und Lehren. Sie bestehen beispielsweise auf der kontrollierten, technisch perfekten Durchführung von Bewegungsabläufen. Ich habe beobachtet, dass sich Kreativität und Intuition über ein solches Schema nur schwer entfalten können. Nach vielen Jahren des Experimentierens bedeutet für mich heute Körperbewusstseins-Schulung, solche schematischen Begrenzungen zu überschreiten, indem ich überlieferte Techniken mit freien spontanen Bewegungsabläufen verbinde (z. B. Bodyflow – Bewegung aus der Stille).

Bei meiner Arbeit erlebe ich immer wieder, wie schwierig es ist, den Kursteilnehmern zu vermitteln, dass es beispielsweise auch im Yoga mit seinen traditionellen Übungszyklen und technischen Übungsabläufen auf das Loslassen ankommt. Das bedeutet, sich von innen nach außen bewegen zu lassen. Es ist wirksamer und heilender, auf die Bedürfnisse des Körpers einzugehen und sich seiner Weisheit anzuvertrauen, statt durch ehrgeizige Anstrengung technische Übungsabläufe akrobatisch zu kopieren und zu erzwingen. Während jahrelanger Beobachtungen habe ich festgestellt: Wenn ich meinem Körper gestatte, seine eigenen Bewegungen, seinen ihm eigenen Atemrhythmus entstehen und sich entfalten zu lassen, findet er dank seiner inneren Weisheit von selbst den heilenden Ausgleich, der zu unserem körperlich-seelisch-geistigen Wohlbefinden beiträgt.

In den *inFit*-Übungsabläufen geht es in erster Linie darum, unser Bewusstsein mit unserem Körper zu verbinden, in unser lebendiges Haus wieder einzukehren und es auch tatsächlich zu „bewohnen". Dabei lernen wir mehr und mehr, auf die Signale unseres Körpers zu hören. Wir verstehen seine Sprache. Wir vertrauen dem tiefen Wissen und der ewigen Weisheit unseres intimsten Freundes und Lehrers. Allmählich können wir erspüren, wie sich unser Körper in unterschiedlichen Stimmungen bewegen möchte und wie wir seine Schwere oder seine Trägheit, seine Überaktivität oder sein Angespannt-Sein mit der Kraft unseres Geistes liebevoll beeinflussen können: dynamisch oder meditativ, durch Dehnen oder Pressen, aktiv oder einfach nur passiv.

Die Übungen helfen uns, uns unserer körpereigenen Weisheit wieder bewusst zu werden, die Intelligenz unseres Körpers und die uns innewohnende Intuition und Kreativität zu reaktivieren und uns von ihr leiten zu lassen. Die so erzielte und nachhaltige Wirkung unterscheidet sich grundlegend von den Resultaten eines erzwungenen Fitness-Trainings. Indem wir Bewegungen *geschehen lassen*, statt sie zu *machen*, können die in unserem Körper gespeicherten Informationen frei werden. Die in der DNS ruhende kreative Intelligenz kann sich von innen nach außen schöpferisch entfalten. Sie kann spontane Entscheidungen treffen über Formen und Rhythmen freier Bewegung und Atmung.

Unser ständig fordernder Verstand (linke Gehirnhälfte), der häufig unseren spontanen Bewegungs- und Gefühlsimpulsen, unserer Kreativität und Intuition im Wege steht, hat dann endlich einmal die Möglichkeit, sich auszuruhen. Doch das ist oft schwieriger, als traditionelle asiatische und westliche Übungsabläufe jahrelang ohne jegliches Körper-Bewusstsein zu kopieren und zwanghaft zu trainieren, um sie dann mit akrobatischer Vollkommenheit durchzuführen. Die tiefen inneren Bedürfnisse des Körpers nach Lösung von Spannungen werden dabei übergangen. Seine ihm innewohnende Weisheit über das *wie, wann, wie oft* wird überhört.

Indem wir Bewegungen
geschehen lassen,
können die im Körper
gespeicherten Informationen
frei werden.

2 Ost und West – zwei Welten in unserem Kopf

*Wissenschaft ist **In**formation*
*Weisheit ist **Trans**formation*
SATYA SAI BABA

Der Wissenschaftler in uns
und der Weise in uns
führen einen ständigen Dialog.

Die Verbindung unserer beiden Gehirnhälften

Sich selbst kennenzulernen ist nicht leicht. Es ist schwierig, aus der Skala unserer Gefühle und Wertungen sowie in den daraus entstehenden Reaktionen und Handlungen unsere Grundmuster zu erkennen. Ich meine damit jene Grundmuster, die sich wie ein roter Faden durch alle Bereiche unseres Lebens ziehen – unsere individuellen Eigenarten. Wirksame Werkzeuge der Selbsterforschung sind bewusstseinsentfaltende Körperübungen sowie bestimmte Formen des Atems, des Affirmierens und des Visualisierens. Mit Hilfe verschiedener Methoden aus Ost und West – uraltes und zugleich zeitloses Wissen, aus alten, überholten Strukturen herausgelöst und in unsere sich wandelnde Gegenwart integriert – habe ich wirkungsvolle Ergebnisse erzielt und tiefgreifende Erfahrungen bewirkt. Eine Zusammenfassung dieser zeitgemäßen Synthese östlicher und westlicher Methoden und Erfahrungen möchte ich gerne mit dem Leser und Übenden teilen.

Es ermöglicht uns zu erkennen, dass wir keine isolierte Ganzheit sind. Wir sind gebündelte Energiefelder, die mit allem, was lebt, verbunden sind. In uns ist Vergangenheit, Gegenwart und Zukunft. Jede unserer Handlungen, jede Bewegung, jeder Gedanke, sei er noch so unbewusst, beeinflusst unseren Körper und gleichzeitig unsere Umgebung. So können wir mit unseren Gedanken, Worten und Handlungen

Disharmonie, Unordnung und Zerstörung in uns und um uns herum verbreiten. Doch ebenso können wir Ordnung, Harmonie und Heilung bewirken. Es ist unsere *Ent*scheidung, welche Richtung wir wählen. Es liegt an unserer *Unter*scheidung, die richtigen Entscheidungen zu treffen. Die im zweiten Teil dieses Buches vorgestellten einfachen und praktischen Methoden tragen dazu bei, unser Unterscheidungsvermögen zu schärfen, unser Bewusstsein zu entfalten, unsere Wahrnehmung und unsere Bewusstheit zu erhöhen.

Bei den Körperübungen konnte ich immer wieder beobachten, dass bei fast allen Personen die linke Körperhälfte verspannter, unbeholfener, unbewusster ist. Das heißt, ihre rechte, bewusstere Körperhälfte, ihr gesamtes Alltagsleben, wird vorwiegend von der linken Gehirnhälfte, vom Verstand gesteuert. Hier liegt ihr Schwerpunkt, in dem sie je nach sozialen Normen und Zwängen, den Vorstellungen von Familie, Gesellschaft und Beruf entsprechend, intensiver leben. Wissenschaftliche Hirnstromuntersuchungen haben ergeben, dass bei den meisten Menschen ein Ungleichgewicht zwischen rechter und linker Gehirnhälfte besteht. Seither ist es eines der Ziele in meiner Arbeit, eine Verbindung der verschiedenen Anteile unseres Gehirns anzustreben.

Unsere Großhirnrinde besteht aus zwei spiegelgleichen Hälften, deren Äußeres nicht vermuten lässt, dass tief greifende funktionale Unterschiede zwischen beiden bestehen. Beide Teile, die linke und die rechte Hemisphäre, sind über einen großen Nervenstrang – den Balken oder das *Corpus Callosum* – verbunden. Der überwiegende Teil der rechten Körperseite ist mit der linken Hemisphäre verbunden. Gegengleich verhält es sich mit der linken Körperhälfte und der rechten Hemisphäre.

Gezielte Körperübungen, Atemmethoden, kreatives Visualisieren und Affirmationen sowie bestimmte Tonfrequenzen (Musik) können die verschiedenen Anteile unseres Gehirns harmonisieren und das Gleichgewicht unserer beiden Gehirnhälften verbessern. Dies wirkt sich positiv auf die Koordination und Symmetrie unserer beiden Körperhälften aus. Auf diese Weise wird ein kreatives Handeln möglich, das weder den Verstand (linke Hemisphäre) noch die Intuition (rechte Hemisphäre) vernachlässigt. Denn Kreativität und Bewusstseinsentfaltung entstehen im Zusammenspiel von linker *und* rechter Hemisphäre. Dazu gehören das bewusste logisch-rationale Erfassen der Welt um uns herum sowie

Intuition, Gefühl, mystische Wahrnehmungen, Phantasie, Träumen und Ideen. Diese der rechten Hemisphäre zugeordneten Qualitäten sind bei vielen Menschen unterdrückt oder werden mit Skepsis betrachtet und manchmal sogar belächelt.

Die Harmonie
deiner beiden Gehirnhälften
bewirkt ein Gleichgewicht
zwischen Denken, Sprechen,
Fühlen und Handeln.

Von *äußerer* Fitness zu *innerer* Fitness – das Gleichgewicht zwischen unserer Innen- und Außenwelt

In dem Kapitel *Die Harmonie der Gehirnhälften* werde ich Übungen vorstellen, die zum Teil dem Yoga, zum Teil verschiedenen östlichen und westlichen Meditationstechniken entnommen sind. Sie unterstützen dich, deine beiden Gehirnhälften wieder in Einklang zu bringen, so, wie sie ursprünglich von der Schöpfung gedacht waren. Während des Übens geht es dabei keineswegs um ein anstrengendes Lern- und Leistungsprogramm, sondern vielmehr darum, dir zunächst einmal eines möglichen Ungleichgewichts bewusst zu werden und dieses zunächst zu akzeptieren. Ich meine damit ein Ungleichgewicht zwischen rechter und linker Gehirnhälfte und den diagonal entsprechenden Körperhälften, das genauso einem Ungleichgewicht zwischen Sexualität, Herz und Kopf, zwischen Denken, Fühlen, Sprechen und Handeln entspricht. Ausgehend von diesem Ist-Zustand kannst du mit entsprechenden ausgleichenden Übungen die Reise zu deiner körperlich-seelisch-geistigen Ganzheit antreten.

Im Gegensatz zum mechanischen anstrengenden Fitness-Training aktivieren die *inFit*-Methoden die tiefe Weisheit unseres Körpers, die ihm innewohnende Intuition. Sie führen zum Kern unseres Wesens. Dabei geschieht die schrittweise Bewusstwerdung unserer selbst – eine körperlich-seelisch-geistige Bewusstseins-Entfaltung. Es ist eine Reise der Erkenntnis zu dem in unseren Gehirn- und Körperzellen gespeicherten Wissen über die Entwicklungsgeschichte unseres menschlichen Daseins. Unsere Innen- und Außenwelt werden mehr und mehr in Einklang gebracht. *Innere* und *äußere* Fitness werden eins. Das eine bedingt das andere.

Getrenntsein strebt immer nach Ausgleich. Was krank macht, ist ständige Ein*seitigkeit*. Ein*heit* dagegen, die Verbindung unserer beiden Hälften, führt zur Ganzwerdung. Unsere westliche Gesellschaft leidet an einer geradezu alarmierenden Linkslastigkeit des Gehirns. Wir leben abwechselnd in zwei Welten: in der raumzeitlich begrenzten (linke Hemisphäre) und in einer überraumzeitlichen, grenzenlosen Welt (rechte Hemisphäre). Beide machen die Ganzheit des Menschen aus.

Von früh bis spät ruft uns die eine Welt nach außen – Intellekt, Ratio, Sprache. Unser innerster Wesenskern aber – Intuition, Gefühl, „Sprachlosigkeit", die Seele – ruft uns nach innen. Die Außenwelt verlangt von uns Wissen, Können, Handeln. Sie erwartet, dass wir unentwegt etwas *machen*. Unser inneres Wesen aber verlangt, dass wir das, was wir zutiefst sind, unsere innere Wahrheit, *erkennen* und aus dem *Sein* leben und wirken. Der Wissenschaftler in uns (linke Hemisphäre) und der Weise in uns (rechte Hemisphäre) führen einen ständigen Dialog. Wer antwortet intuitiv richtig (rechte Hemisphäre)? Wer ist im Recht (linke Hemisphäre)? Diese Zweiheit, gespeichert in unserem Gehirn, äußerlich sichtbar im Unterschied unserer beiden Körperhälften, steht oft im Konflikt. Die linke Hemisphäre, unser Intellekt, sucht die Lösung ausschließlich in der Außenwelt, während unsere Intuition sie bereits kennt. Liebevolle, mitfühlende Toleranz mit uns selbst und mit unseren Mitmenschen kann uns helfen, diese trennende, häufig schmerzhafte Zweiheit aufzuheben.

Wenn wir uns ausschließlich von der linken Gehirnhälfte beherrschen lassen, werden wir in der Außenwelt möglicherweise ein sehr erfolgreiches Leben führen, aber wir werden keine *ganzen* Menschen. Wir können äußeren Wohlstand anhäufen, Macht, Prestige und vielleicht werden wir sogar die Welt erobern. Unsere innere Wirklichkeit aber, die verborgen ist hinter der Welt der Materie, unser inneres Territorium, bleibt unerforscht und ungelebt. So stehen wir in einem doppelten Auftrag, sind oft hin und her gerissen, was sich deutlich im Körper zeigt. Die rechte Hemisphäre, die Sehnsucht nach unserer verschütteten *inneren Quelle*, unsere Intuition, unser Gefühl und unsere Kreativität kommen dabei häufig zu kurz. Gezielte Methoden helfen uns, diese gegenseitige Bedingtheit zu erkennen, sie zu integrieren, um sie dann in der Außenwelt zu leben und zu verwirklichen. Das bedeutet, *innere* und *äußere* Fitness zu verbinden.

„Wissenschaft ist *In*-formation. Weisheit ist *Trans*-formation", erklärt Sai Baba. „Der Weise sieht nach innen. Der Wissenschaftler forscht außen." Das verbindende Element ist liebevolle Toleranz. Wenn es uns gelingt, unsere pausenlose, mehr oder weniger bewusste Gehirnakrobatik – unser Denken – gelegentlich zum Stillstand zu bringen, kann innere Erkenntnis aufsteigen – Botschaften aus den tieferen Räumen unseres Seins, aus der Intelligenz und Weisheit unseres Körpers.

Die Stimme deiner Intuition spricht zu dir
hinter deinen Worten und Gedanken.
Ihr Flüstern kannst du nur in der Pause
zwischen deinen Worten und Gedanken wahrnehmen.

DEEPAK CHOPRA

Menschliche und globale Hemisphären

Auf meiner persönlichen Reise konnte ich beobachten, dass wissenschaftliche Diskussionen, besonders aber auch religiöse und spirituelle Themen, bei uns überwiegend von der linken Gehirnhälfte geprägt sind. In östlichen Kulturkreisen wurden dieselben durch ihre vorwiegend rechtshemisphärische Ausrichtung längst verinnerlicht. Das bedeutet, dass sich die östliche Realität von der westlichen schwerpunktmäßig unterscheidet. Doch geht es letztlich nicht um die Verbindung *beider* Gehirnhälften, *beider* Kulturkreise, *beider* Hemisphären, um die Vermählung von links *und* rechts, von Ost *und* West?

Gezielten Methoden unterstützen uns darin, den „Balken" zu überwinden und die Kohärenz unseres Gehirns zu verbessern. Ich meine damit nicht nur den Balken zwischen linker und rechter Hemisphäre, sondern auch die Barriere zwischen Körper, Seele und Geist, zwischen Sexualität, Herz und Kopf, den „Bewusstseins-Balken", der gleichermaßen Mann und Frau, Familien, Gruppen, Nationen, Kulturen, Kontinente und schließlich die globalen Hemisphären trennt.

Um Begriffe wie globales Bewusstsein, kosmisches Bewusstsein oder Einheitsbewusstsein wenigstens im Ansatz erfahren zu können, ist die Reise in den eigenen Körper, ins eigene Gehirn, das Eintauchen in die Tiefe unseres Herzens zur *Quelle unserer inneren Kraft*, kurz: die Reise in unseren eigenen Mikrokosmos unerlässlich. In uns ist der erste Ansatz. In unserem Inneren beginnt die Wandlung über die ersten befreienden Schritte von links nach rechts und zurück, die schließlich zu einem ganzheitlichen Überblick, zu einer erweiterten, allumfassenden Sicht führen. Die Verbindung unserer beiden Hälften, die Versöhnung der Polarität und die Integration der Dualität in uns ist zugleich die Ausgangsbasis zu einer Verbindung von Ost und West, von Wissenschaft und Spiritualität, von intellektuellem Wissen, kreativer Intelligenz und der Weisheit unseres Herzens.

Den Weg des Herzens sehe ich heute als die einzige Möglichkeit, Wissenschaft und Weisheit, Körper, Seele und Geist zu verbinden. Er führt zu dem tiefsten Wissen, zu der Wirklichkeit, die der unmittelbaren Intelligenz unseres Herzens entspringt. Der Weg des Herzens verbindet die Welt der Erscheinungen mit der Stille des Seins (Körper/Geist, Himmel/Erde), aus der die Welt der Formen immer wieder neu geboren wird. Verkörperte Liebe ist der sichtbare Ausdruck. Gelebte Liebe ist die befreiende Verwirklichung.

An dieser Stelle möchte ich Rabindranath Tagore zitieren. Seine Weisheit ist wie ein roter Faden, der sich durch alle Bereiche meines Lebens und meiner Arbeit zieht. Ich habe seine inspirierenden Worte mit meinen persönlichen Einsichten und den daraus gewonnenen Erfahrungen kombiniert:

Der Tag
das Elixier des Lebens, Sonne, Licht

bricht auf im Osten
östliche Hemisphäre, rechte Gehirnhälfte,
Sonnenaufgang, Einatmen

wie eine Knospe,
Fülle des Bewusstseins, verborgen in der Schale des
menschlichen Gehirns,
verkapselt im Herzen und
in den Zellen des Körpers

die ihre Hülle durchbricht,
die Trennung zwischen Körper und Geist,
zwischen linker und rechter Gehirnhälfte,
zwischen Ost und West wird aufgehoben

um sich im Westen
westliche Hemisphäre, linke Gehirnhälfte,
Sonnenuntergang, Ausatmen

als Blüte zu entfalten.
Verbindung zu einer strahlenden Ganzheit:
Innen und Außenwelt, Ost und West,
Körper und Bewusstsein werden eins.

3 Prana – die Quelle unseres Lebens

Der rhythmische Puls des Atems

Prana durchströmt alle Wesen im Universum.
Durch Prana werden sie geboren. Durch Prana leben sie.
Und wenn sie sterben, geht Prana wieder im Kosmos auf.
Prana durchdringt die Wolken, die Erde und alle Formen der Materie.
Prana ist die Quelle aller Erkenntnis.

VEDEN

Prana ist die Energie, die das Universum auf allen Ebenen der Schöpfung durchdringt. Und diese Energie ist physikalischer, sexueller, seelisch-geistiger und kosmischer Natur. Alle Schwingungsenergien sind Prana. Prana ist Wärme, Licht, Elektrizität, Magnetismus. Der Sanskritbegriff Prana wird häufig mit Atem übersetzt. Doch es umfasst viel mehr. Es ist Hauch, Leben, Wind, Elan, Energie, Kraft. Es ist die verborgene, potenzielle Energie in allen Lebewesen. Prana ist die Antriebkraft jeglichen Handelns. Es ist die Energie, die schöpft, erhält und wieder zerstört. Mit jedem Atemzug nehmen wir Prana in uns auf. Prana ist die wichtigste „Nahrung" für unser Leben, für unsere Lebendigkeit.

Genauso wie in unserem Körper existiert Prana in der Erde, im Wasser, im Feuer, in der Luft und im Äther. Es ist die Energie, die alles belebt. In den *Upanishaden* – einem Teil der *Veden*, der heiligen Schriften aus dem alten Indien – heißt es, dass Prana das Prinzip von Leben und Bewusstsein ist. Prana ist die kosmische Energie, die unseren menschlichen Körper durchflutet, erneuert und erhält. Sie verbindet über den Atem Körper, Seele und Geist. *Pranayama* – ein Begriff aus dem Yoga – bedeutet Ausdehnung, Erweiterung durch den Atem. Durch Pranayama verbinden wir unseren individuellen Atem mit dem kosmischen Atem.

Nachdem du als Neugeborenes vom Mutterleib abgenabelt worden bist, haben deine Lungen die Funktion der Plazenta übernommen: Durch deinen Atem verbindest du dich wieder mit deiner „kosmischen

Mutter“, mit der Welt, mit dem Universum – jeden Augenblick, mit jedem Ein- und Ausatmen. Dein Atem ist auch wie die Nabelschnur zu deiner Seele. Du bist durch deinen Atem mit deiner Seele und mit der Seele von allen Lebewesen – Menschen, Tiere, Pflanzen und Mineralien – verbunden. Er verbindet dich mit allem, was dich unmittelbar umgibt, mit allem, was lebt.

Wenn du bewusst atmest und bereit bist, dich auf tiefe Atemerfahrungen einzulassen, kannst du erleben, dass alles im Universum atmet: Pflanzen, Tiere, Menschen, die Erde. Du kannst früher oder später den Atem als rhythmischen Lebenspuls des gesamten Universums wahrnehmen: ein-aus-ein-aus. Du erkennst, dass jedes Lebewesen seinen eigenen Atem-Rhythmus hat und sich mit jeder Ein- und Ausatmung erneuert.

Dein Atemrhythmus zwischen ein und aus, leer und voll, aktiv und passiv, Werden und Vergehen ist wie ein Pendel, das dir deine eigene Polarität vor Augen führt. Über den Atem kannst du diese beiden Pole verbinden und integrieren: Beim Einatmen öffnest du dich Prana, der reinen, universellen Lebens-Energie. Du lässt sie tief in dich einströmen, dich von ihr durchdringen und beleben. Beim Ausatmen gibst du Prana wieder an deine Umgebung ab. Bereits das bewusste Beobachten dieses Vorgangs löst heilende Veränderungen aus. Einatmen bedeutet sich dem Leben zuzuwenden, Energie zu empfangen. Ausatmen heißt loslassen, abgeben. Das ist die Ausgangsbasis für Transformation und Heilung: Verspannung wird zu Entspannung, Enge zu Weite und Freiheit. Angst wandelt sich in strömende Lebensenergie und Liebe. Das Gleichgewicht zwischen Aus- und Einatmen spiegelt dir die Harmonie zwischen deiner Innen- und Außenwelt, zwischen deiner Fähigkeit zu geben, loszulassen und zu empfangen.

*Es geht nicht darum, den Atem zu **machen**,*
*vielmehr ihn zu **empfangen**.*
Wenn wir „machen“ und „haben wollen“,
können wir nicht offen sein zu empfangen.
Empfangen ist Hingabe.
Das betrifft auch die Rückkehr nach Hause,
zur Quelle, zu deinem großen Ich, zu deinem Selbst,
die Hingabe an das Sein, die Hingabe an dein Herz.

Den Atem zu „empfangen“ ermöglicht dir
die Verbindung und Aussöhnung von Bauch, Herz und Kopf
mit allem, was IST – in dir und um dich herum.

Empfangen und Geben im Austausch

An dieser Stelle möchte ich eine ganz einfache harmonisierende Übung mit dir teilen:

Du siehst dich mit deiner inneren Wahrnehmung in weiter, offener Natur unter hellblauem Himmel vor einem großen, wunderschönen Baum stehen, dessen Krone voller Blüten und Blätter ist. Spüre deinen Atem. Du atmest ein, du atmest aus. Was dich am Leben erhält, ist der Sauerstoff, den du einatmest. Was den Baum am Leben erhält, ist das Kohlendioxid, das du ausatmest. Du atmest weiter ein, du atmest aus. Der Baum vor dir atmet mit seinen Blättern. Er atmet Kohlendioxid ein und Sauerstoff aus. Wenn er Sauerstoff ausatmet, atmet er deine Gabe ein. Wenn du Kohlendioxid ausatmest, atmest du seine Gabe ein. Du gibst, was er empfängt. Du empfängst, was er gibt.
Gib dich deinem Atem hin. Schwinge mit diesem gegenseitigen energetischen Geben und Empfangen. Spüre den Dialog des Atems, die Verbindung zueinander. Empfange die Geräusche des Baumes. Öffne dich dieser wunderbaren Energie! Kannst du sie empfinden? Kannst du verstehen, wie der Baum sich dir mitteilt und was er dir mitteilt? Nimm sie mit deinem ganzen Körper, mit deinem ganzen Sein in dir auf. Lausche, höre hin. Da ist eine besondere Botschaft für dich!

Wer tiefe, bewusste Atemerfahrungen erlebt hat, erkennt den Atem wie ein lebenslanges „Schöpfungs-Gebet“: ein pulsierendes, nonverbales Gebet, eine zeitlose, rhythmische Musik, die in die Körper aller Lebewesen ein- und ausströmt. Ich nehme unsere Atemorgane manchmal wie kostbare Musikinstrumente wahr, deren einwandfreie Funktion von unserem bewussten Atem beeinflusst wird. Wir atmen jeden Augenblick – von der Geburt bis zum Tod. Wir atmen uns ins Leben – durch die Geburt in die Welt der Erscheinungen und wieder zurück zu unserem Ursprung. Wenn wir uns dieser Tatsache immer wieder bewusst werden und darüber hinaus unseren Atem als Medium zur Bewusstseins-Entfaltung erkennen, werden wir seine heilende und transformierende Kraft erleben.

Orgasmus, Tod und Geburt

Meine erste tiefe Erfahrung mit dem Atem war ein unvergessliches Erlebnis, obwohl ich völlig unvorbereitet war und absolut nichts erwartet hatte – vielleicht gerade deshalb durfte es geschehen. Es ereignete sich während einer längeren Atemsitzung, durch die mich mein erster Atemlehrer führte: Zu Beginn langweilte ich mich. Da war nichts als Gähnen, ausgelöst durch die vermehrte Sauerstoffzufuhr. Nach einiger Zeit wurde mein Kopf immer leerer und weiter, als ob sich das Gehirn mehr und mehr ausdehnte, lichter und heller wurde. Ich verlor jeglichen Sinn für Zeit und Raum, vergaß, wo ich war, wer ich war. Da war nur Atmen. Ich wurde zum Atem. Gleichzeitig erlebte ich den Atem plötzlich als Fahrzeug zum Kommen und Gehen – zum Leben, zur Liebe, zum Licht. Ich erkannte auf einmal, dass zwischen Orgasmus, Tod und Geburt kein Unterschied existiert. Es ist dieselbe Energie. Es sind Höhepunkte von geballter schöpferischer Lebensenergie. Sexualität, Sterben und Geburt sind wie eine Reise ins Leben, ins wirkliche Leben – von der Zeit in die Zeitlosigkeit und zurück in die Zeit. Der Atem ist die Brücke. Der Moment des Sterbens ist der Orgasmus unserer Seele in die Unendlichkeit, – eine endgültige und gleichzeitig ewige Erlösung. Der Augenblick der Geburt ist der Orgasmus der Seele in die Zeit, die Rückkehr in die Dualität.

In diesem Moment erkannte ich, warum die kurzen Momente zwischenmenschlicher, genitaler Orgasmen mir längst nicht mehr genügten. Unsere Seele ruft früher oder später nach den ihr eigenen, sich ausdehnenden paradiesischen Seinszuständen, die uns in eine erweiterte

Wirklichkeit führen – eine Wahrnehmung jenseits von Zeit und Raum. Das Ausatmen entspricht dem Loslassen, dem Sterben des Egos. Es geht unmittelbar über in das Einatmen – in die Geburt zur Seele, zum Geist, zur göttlichen Liebe. An der Schwelle zwischen Ein- und Ausatmung – während der Atempause – sind die Grenzen zwischen Geburt und Tod aufgehoben. Irdische und göttliche Liebe, Diesseits und Jenseits verbinden sich, werden eins. Der neue Mensch kann gezeugt und wiedergeboren werden – innerhalb des Körpers. In diesem Augenblick erkannte ich meine Unsterblichkeit hinter dem Kommen und Gehen meines Atems.

Der Atem ist wie deine Nabelschnur zum Universum.
Er verbindet deinen individuellen Atem mit dem „kosmischen Atem".
Er verbindet deine Innenwelt mit deiner Außenwelt.
Er ermöglicht dir, deine Gegensätze zu verbinden und integrieren,
die Dualität zu leben und schließlich zu transzendieren.

Das Universum ist von heilendem Prana durchdrungen. Prana ist wie der Nektar des Lebens. Jeder kann beliebig davon „trinken", seine Zellen damit ernähren, aufladen, beleben. Und das bedeutet Lebendigkeit. Prana ist jene Kraft, die wir über unseren Atem in unseren Körper, in unsere Seele, in unseren Geist einströmen lassen. Der Geist wird ruhig. Das kleine, unbewusste Ich ergibt sich dem großen *Ich Bin*. Was bleibt, ist Klarheit, reines Bewusstsein. Unser individueller Atem hat sich mit dem Atem des Universums verbunden. Beide sind eins geworden. Das sind jene Augenblicke, die in den Schriften aller Kulturen als die Momente beschrieben werden, in denen wir *Prana, Chi, Licht, Od,* die höchste *kreative Intelligenz*, unsere *absolute Wahrheit, Gott* – mit welchen Begriffen auch immer wir *ES* bezeichnen – in jeder Zelle unseres Körpers, bis in den verborgensten Schichten er*leben*, er*leiben*. Wir selbst sind es, die sich mit jedem Atemzug „Leben einhauchen" – mit anderen Worten – in*spirieren*, be*geistern*.

Sauerstoff – das heilende und verjüngende Lebenselixier

Atem ist Leben. Atmen bedeutet, sich dem Leben hinzugeben, es in seiner Totalität anzunehmen. Durch bewusste Atemlenkung können wir auf körperlich-seelisch-geistige Krankheiten, auf Spannungen, Blockaden und Disharmonien heilend einwirken. Prana kann zum Zweck der Heilung auch auf andere Menschen übertragen werden. Wer über einen hohen „Pranahaushalt" verfügt, vermittelt den Menschen seiner Umgebung ein besseres, belebendes oder erfrischendes Gefühl. Sicher kennst du auch Menschen, in deren Gegenwart du dich ganz besonders wohl fühlst. Dagegen ziehen unter Pranamangel leidende Menschen unbewusst Prana von den Menschen um sich herum ab. Und das ist das Gefühl, bestimmte Menschen würden ohne ersichtlichen Grund eine Art Müdigkeit oder Erschöpfung hinterlassen, ein Phänomen, das ich persönlich gelegentlich in meiner Arbeit mit Gruppen oder in Einzelsitzungen beobachte.

Wie Nahrungsaufnahme lebensnotwendig ist, so ist es unerlässlich, die Lungen zu durchlüften und jede Zelle des Körpers mit Sauerstoff zu versorgen und aufzutanken.

Bereits im Altertum galten die Lungenflügel als Flügel der Seele. Und tatsächlich drückt die Art und Weise, wie deine Lungenflügel von deiner Atemluft bewegt werden, wieviel Raum sie füllen, etwas von dem Zustand deines seelischen Befindens aus. Du bist entweder „flügelarm" – lässt deine Flügel hängen – oder du bist „beflügelt". Auf jeden Fall äußert sich im Flügelschlag deiner Lungen neben dem bewegten Lebensatem auch der Geist deiner Seele. Beim Einatmen werden deine Zellen von Prana durchflutet. Deine Seele, dein Geist wird belebt. Beim Ausatmen schwemmst du alle Toxine, alles Dunkle und Unbewusste aus Körper, Seele und Geist.

Prana ist nicht nur Sauerstoff. Sauerstoff ist ein Bestandteil von Prana. Unser menschlicher Körper besteht aus siebzig Trillionen Zellen. Jede dieser Zellen braucht in jeder Sekunde Sauerstoff, um zu überleben, um überhaupt funktionieren zu können. Mit Sauerstoff und anderen Grundstoffen kann die Zelle eine lebenswichtige Substanz erzeugen: Adenosinetriphosphat – ATP genannt. ATP ist wie der „Sprit" des

Lebens. Durch ATP schlägt unser Herz. Doch ohne Sauerstoff ist kein ATP möglich und ohne Atem kein Sauerstoff – ein Kreislauf, an dessen Anfang dein rhythmischer Atem steht.

Wissenschaftliche Untersuchungen haben ergeben, dass viele Krankheiten durch Sauerstoffmangel ausgelöst werden. Durchblutungsstörungen entstehen, wenn die feinen Äderchen im Gewebe, die Kapillaren, erschlaffen. Herzbeschwerden wie Angina pectoris können die Ursache von Gefäßverengung und den dadurch bedingten Sauerstoffmangel sein. Auch ein Infarkt kann durch verengte Gefäße und die dadurch reduzierte Sauerstoffzufuhr ausgelöst werden. Es stellt sich die Frage: Was war zuerst: Sauerstoffmangel oder Gefäßverengung? In allen Fällen gilt: Vorbeugen ist besser als Heilen! *Durch regelmäßiges, bewusstes, tiefes Atmen* können wir die Sauerstoffzufuhr unterstützen.

Rheuma ist ein Leiden, bei dem unsere körpereigene Abwehr versagt oder aber überreagiert. Gelingt es uns, den Sauerstoffhaushalt auszugleichen, können rheumatische Erkrankungen möglicherweise wieder ausgeheilt werden. Das sauerstoffhaltige Prana ist auch ein entsäuerndes Lebenselixier. Atmung und Nieren wirken zusammen, um das wichtige Basen-Säure-Gleichgewicht zu erhalten. Schon zehn Minuten täglich bewusst frische und reine Luft tief ein- und auszuatmen kann eine Blutübersäuerung neutralisieren. Frequenz und Tiefe der Atmung steuern dabei den pH-Wert und über den Rückkoppelungseffekt das Zentralnervensystem. Zu schwaches Atmen führt zu einer erhöhten Kohlendioxid-Konzentration im Blut, was ein Absinken des pH-Wertes (Azidose) zur Folge hat. Gerade weil Atmen so einfach ist, verkennen wir die ungeheure Macht des Atems. Wusstest du, dass siebzig Prozent deiner Ausscheidungen über den Atem geschehen? An zweiter Stelle folgt das Schwitzen und erst dann die Entleerung von Darm und Blase.

Wenn wir die Zellstruktur unseres Körpers betrachten, können wir gelegentlich Zellulitis (Orangenhaut) entdecken. Warum? Das Fettgewebe, das unter der Oberhaut sitzt, bekommt zu wenig Sauerstoff, den Motor für unseren Fett-Stoffwechsel. Jedes Lebewesen hat Fettzellen. Sie sind ein Geschenk der Natur, damit wir auch bei Hungersnöten überleben können. Fettzellen sind extrem dehnfähig. Im menschlichen Körper finden wir sie häufig an den Oberschenkeln, am Gesäß, am Bauch und an den Hüften, an der Brust und am Kinn. Essen wir im Übermaß, vergrößern sich die Fettzellen. Wir werden „fett“. Bei einer

Diät verlieren wir zwar schneller Wasser, aber nur nach und nach Fettpolster, da sich die Fettzellen nur sehr langsam von ihrem Fett lösen und ebenso langsam aus dem Körper ausgeschieden werden. Doch die mit Hilfe von Sauerstoff gebildete körpereigene Substanz ATP beschleunigt den Abbau von Fett. Wo Sauerstoff ist, bildet sich weniger Fett. Wenn wir uns ausreichend Sauerstoff zuführen, wirkt jede Diät effektiver.

Deine Atemorgane sind wie kostbare Musikinstrumente,
deren einwandfreie Funktion von
deinem bewussten Atem beeinflusst wird.

Bewusstes, tiefes Atmen, indem alle Atemorgane mit einbezogen werden, bewirkt ausreichende Sauerstoffversorgung. Und das heißt *Leben*. Über deine Atemorgane belebt Prana dein Zentralnervensystem, Rückenmark und Gehirn. Von dort aus durchströmt es deinen gesamten Organismus. Neben der äußeren Atmung, die in deinen Lungen stattfindet, gibt es in jeder Zelle deines Körpers auch eine innere. Der arterielle Blutstrom transportiert den Sauerstoff vom Lungenkapillarsystem zum peripheren Kapillarsystem. Der venöse Blutstrom leitet daraufhin das von den Zellen abgegebene Kohlendioxyd zum Lungenkapillarsystem zurück. Dieser Kreislauf lässt sich mit einer Glühbirne im elektrischen Stromkreis vergleichen. Je besser dieser Kreislauf funktioniert, umso heller leuchtet das Licht. Dasselbe gilt für deinen Atem, dein „Lebenslicht". Je bewusster, tiefer und gleichmäßiger dein Atemkreislauf fließt, umso schneller werden abgestorbene Zellen ausgeschieden und durch neue ersetzt. Das Resultat:

- vermehrte Lebensenergie
- erhöhte körperlich-seelisch-geistige Gesundheit
- Lebendigkeit
- ein klarer Geist
- Lebensfreude
- Verjüngung und Langlebigkeit.

Du strahlst von innen nach außen. Du hast Charisma, eine lebendige, erhebende Aus*strahlung*.

Das faszinierende Wechselspiel zwischen Atem, Gedanken und Gefühlen

In den Yogaschriften heißt es:

Ist dein Atem ungleichmäßig, so schweift dein Denken ab.
Ist dein Atem stetig, so auch dein Denken.
Um Stetigkeit zu erlangen, muss dein Atem bewusst werden.
Schwindet dein Atem, so schwindet dein Leben.
Daher lenke deinen Atem.

Prana bedeutet Hauch, Atem, Leben, Energie. *Ayama* heißt Streckung, Dehnung, Regulierung, Verlängerung der Atemorgane. *Pranayama* ist also die Verlängerung des Atems. Pranayama-Übungen sind Atemübungen aus dem Yoga, durch die die Atemorgane willentlich, rhythmisch bewegt und gedehnt werden. Im Pranayama unterscheiden wir drei Phasen: Einatmen, Ausatmen und Anhalten. Das Einatmen aktiviert den Organismus. Das Ausatmen führt verbrauchte Luft, Toxine und Schlacken ab. Das Anhalten verteilt die Energie über deinen ganzen Körper. Die Atembewegungen umfassen die waagrechte Ausdehnung deines Körpers, das senkrechte Hochziehen und die Umfangerweiterung deiner Lungen, deines Becken- und deines Brustraumes.

Bei manchen Menschen ist die Einatmung länger als die Ausatmung, bei anderen ist es umgekehrt. Das hängt von den Schwankungen ab, denen wir situationsbedingt im Leben unterworfen sind, und von der Art, wie wir damit umgehen. Durch bewusstes Atmen kannst du diese Schwankungen beeinflussen. Während der Einatmung strömt Energie in deinen Körper. Mit der Ausatmung lässt du mit derselben Energie jedes Mal ein Stückchen mehr los, was sich da jahrelang an körperlich-seelisch-geistigem Müll, an überflüssigem Ballast, in deinem Organismus angesammelt hat.

In der Yogalehre heißt es, die Ausatmung ist die Kunst, Nerven und Gehirn zu beruhigen. Der unruhige Geist mit seinen zahllosen Gedanken wird still. Die Pause zwischen Ein- und Ausatmung ist die Kunst, den Atem in der Schwebe zu halten – ein Moment des Innehaltens, der dich wieder zu deinem Ursprung, zu deiner *inneren Kraftquelle* führt.

Wenn der Atem stillsteht, so stehen auch deine Sinne, deine Emotionen und Gefühle und dein Denken still. Du erlebst Augenblicke der Stille, des Friedens, der Harmonie und eines reinen, klaren, ungetrübten Geistes. Du ruhst geborgen im Sein. Der Atem ist die Brücke zwischen deinem Körper, deinen Sinnen, deinen Gefühlen und deinen Gedanken. Atem und Gedanken und die daraus entspringenden Emotionen und Gefühle bedingen sich gegenseitig.

Depressionen, Aggressionen, Ängste – sie alle haben das charakteristische Muster unregelmäßiger Atmung. Sind wir beispielsweise wütend, neigen wir dazu, den Atem nach der Einatmung anzuhalten, während es für Depressive typisch ist, zu seufzen und längere Pausen nach der Ausatmung zu machen. Sind wir nervös oder gereizt, atmen wir kurz, hastig, flach. Sind wir dagegen glücklich, atmen wir lang und tief. Wenn wir ängstlich sind, stockt der Atem. Sind wir sehr konzentriert, neugierig oder erstaunt, halten wir den Atem unbewusst an.

Durch bewusstes Atmen können wir lernen, den Atem und damit verbunden unsere Gefühlswelt zu stabilisieren. Tiefe, bewusste Zwerchfellatmung ermöglicht einen entspannten und gleichzeitig wachen Gemütszustand. Jemand, der häufig von schnellen, heftigen, emotionalen Ausbrüchen überrollt wird, sollte langsam, tief und regelmäßig atmen. Er wird überrascht sein, wie einfach es ist, seine intensiven Emotionen über bewusstes Atmen aufzulösen. Und das bedeutet loszulassen und sich Neuem zu öffnen.

Um tiefer atmen zu können und damit mehr Prana in den Körper einströmen zu lassen, ist es wichtig, die Lungen so gut wie möglich zu leeren. Geiz oder Großzügigkeit eines Menschen – in allen Lebensbereichen, auch in der Gefühls- und Gedankenwelt, sich selbst und der Umwelt gegenüber – lassen sich an seinem Atemmuster ablesen. Alexander Lowen, der Begründer der bioenergetischen Therapie, erklärt:

„Atem ruft Gefühle hervor. Doch viele Menschen haben Angst, etwas zu fühlen. Sie haben Angst vor dem Leben überhaupt. Und sie haben dieselbe Angst vor dem Tod. Mangelhafte Atmung erzeugt Beklemmung, Reizbarkeit und Spannung. Die Unfähigkeit, tief zu atmen, ist das größte Hindernis auf dem Weg zu emotionaler Gesundheit, zur Feude am Leben. Beinahe alle Menschen heute sind „arme Schnaufer“. Ihre Atmung ist oberflächlich. Bei Stress halten sie den Atem an. Doch das erhöht den Stress, steigert die Spannung, die Reizbarkeit."[1] Wilhelm Reich sieht einen unmittelbaren Zusammenhang zwischen Atem- und Orgasmusfähigkeit.

Ein harmonischer Atem-Rhythmus – das bedeutet gleichmäßiges Ein- und Ausatmen – stärkt die Atemorgane, beruhigt unsere Nerven, unsere Psyche und unsere Gedanken. Ist die Atmung unregelmäßig, so ist auch unsere Psyche schwankend und unausgeglichen; der Geist ist dann ebenfalls unruhig. Stimmungsschwankungen bis hin zu schweren psychischen Störungen steuern die Atemfrequenz. Umgekehrt kann bewusstes Atmen psychische und mentale Störungen harmonisierend beeinflussen.

Die Atmung eines Menschen verrät seinen wahren Gemütszustand, obgleich seine Worte oft das Gegenteil aussagen. „Geübte Atmer" können mit ihrem eigenen Atem sogar ausgleichend auf die körperlich-seelisch-geistige Verfassung anderer Menschen wirken. Atem geschieht sowohl autonom als auch willentlich. Wir können unsere Atmung willkürlich beschleunigen oder verlangsamen, und wir können Atempausen einlegen. Der autonome Atem zeigt sich während des Schlafs, wenn wir sozusagen „atmen lassen". Wir können heilend auf unsere körperlich-seelisch-geistige Verfassung einwirken, wenn wir neben willkürlichen Atemübungen zum Ausgleich unsere Atmung einfach nur autonom geschehen lassen, das bedeutet, sie einfach nur beobachten, ohne einzugreifen. Ich bezeichne das als das „Wu-wei-Atmen" (siehe Kapitel 4, Wu-wei, das Wunder der Absichtslosigkeit).

Dabei können wir entdecken, in welchen Körperbereichen die Atmung mehr beziehungsweise weniger fließt. Häufig gerät sie im Bauchraum, im Brustkorb oder im Hals- bzw. Nackenbereich ins Stocken. Dadurch bilden sich an diesen Stellen im Laufe der Zeit Muskelverspannungen, die wiederum das Durchströmen des lebensnotwendigen Prana verhindern. Die Lebensenergie ist an diesen Stellen unterbrochen. Körper und Bewusstsein sind getrennt. Diese energetisch unterversorgten Punkte ziehen gleichzeitig Krankheiten an. Krankheitssymptome – Störungen und Schmerzen verschiedener Art – sind Signale in der

1 Alexander Lowen, Bio-Energetik, Therapie der Seele durch Arbeit mit dem Körper, Rowohlt, Reinbek 1979.

Sprache des Körpers: Die „sprechenden Stellen“ bringen die Trauer über die verloren gegangene Einheit von Körper und Bewusstsein zum Ausdruck. Es ist wie ein Trennungschmerz. Über bewusstes, tiefes Atmen und Bewusstseinslenkung wird es möglich, den Schmerz nach und nach aufzuheben, Disharmonien auszugleichen. Die „wunden Punkte“ – ob tief im Inneren des Körpers, der Seele und des Denkens oder an seiner Peripherie – können mit Hilfe der Atmung wieder regeneriert und neu belebt werden. Es ist die Weisheit unseres Körpers, seine ihm eigene Intelligenz, die uns in ihrer eigenen Sprache immer daran erinnert, Leben zu erhalten, unsere Gesundheit zu fördern und unser Bewusstsein zu entfalten.

Verkörperte Liebe, beseelter Geist – das Liebesspiel mit dem Schöpfer

Die ungeheure Kraft, das Geheimnis des Atems, ist seit Jahrtausenden bekannt, ebenso die zahlreichen Methoden, die unterschiedliche Erfahrung ermöglichen: von der Steigerung körperlicher Vitalität und Gesundheit über die Auflösung psychischer Blockaden zur Hellsichtig- und Hellfühligkeit, bis zur Entfaltung unseres Menschseins, unseres Bewusstseins und unseres innersten Potenzials, bis hin zur höchsten Gotteserfahrung. In den alten Hochkulturen in Ägypten, im Vorderen Orient bei den Sufis, aber auch in Indien und anderen asiatischen Ländern wurde der Atem als etwas Heiliges betrachtet. Die Lehre des Atems war eine Geheimlehre, in die nur jene Personen eingeweiht wurden, die einen entsprechenden Reifegrad erreicht hatten und die es verstanden, verantwortungsbewusst mit Lebensenergie umzugehen.

Verbunden mit der Kraft der Gedanken und der Magie der Vorstellung ist der Atem eines der wirkungsvollsten Instrumente, dein menschliches Potenzial in allen Bereichen deines Daseins zu entfalten und zu leben. Dein Atem ist das Medium zur „Initiation ins Leben“, für jeden Menschen erfahrbar, der sich dem Atem wirklich öffnet, der bereit ist, zur Quelle zurückzukehren und sich als Teil der Schöpfung, als Mitschöpfer wieder zu erkennen.

Wenn du dich dem belebenden und heilenden Fluss deines Atems hingibst, wenn du Prana – die Urlebensenergie – bewusst in dich einströmen lässt, dann beantwortet der Atem selbst alle Fragen, die du an ihn hast. Er bietet dir sein größtes Geschenk, er verrät dir sein tiefstes Geheimnis, das in keinem Weisheits-Buch der Welt mit noch so faszinierenden Worten zu finden ist – jenes Geheimnis, das hinter allen Techniken, hinter allen Konzepten, Dogmen und Religionen verborgen darauf wartet, wieder entdeckt zu werden:

Die Initiation ins Leben,
die Erfahrung deiner selbst,
die Heimkehr zu deinem Ursprung.

Der Atem führt dich als Lebensreisebegleiter zu deinem innersten Zentrum, zu deiner Kraftquelle, und von dort wieder nach außen, in dem Maße, in dem du bereit bist, dich auf das Leben in seiner ganzen Fülle und damit auf den grenzenlosen Strom der Liebe einzulassen. Und auf dieser „Initiations-Reise" ist es möglich, den Atem wie einen Geliebten zu erfahren, einen ewigen, bedingungslos Liebenden, der immer zur Verfügung steht, ob du nach innen oder nach außen reist. Der Atem verbindet dich mit deinem *inneren Geliebten*, der immer war, immer ist und immer sein wird – im Zentrum deines Herzens, im Herzen jeder Körperzelle, in der Tiefe deiner Seele. Er ermöglicht dir die Erfahrung, dass du *verkörperte Liebe* und *beseelter Geist* bist, dass du beides bist – und noch viel mehr.

Ich erlebe das Atmen manchmal wie ein befreiendes, bedingungsloses *Liebesspiel mit dem Schöpfer*, in mir und durch mich, der nicht fragt: Wann, wo, warum, wie oft und wie lange? Er ist einfach – überall und jederzeit. Und er durchdringt alles. Dabei löst er alles Krankhafte, alles Festgefahrene, alles Unbewusste und Begrenzende auf. Er ist frei von Konzepten, frei von Erwartungen und Illusionen und den dadurch bedingten Enttäuschungen. Er kennt keine Dogmen, Normen, Konfessionen und keine Konventionen. Und er kennt kein Gesetz, kein Alter, kein Geschlecht, keine Rasse. Er führt unmittelbar in die Freiheit. Und das bedeutet: *Atem-Befreiung – ein Hauch von Ewigkeit.*

Sei wie die Flöte – Murali – gerade und leicht,
ein Rohr, das Seinem Atem keinen Widerstand bietet.
Dann wird Er kommen und euch zu sich nehmen.
Er wird mit zarter Hand auf euch spielen
und Sein Atem wird bezaubernde Musik
zur Freude der ganzen Schöpfung hervorbringen.

SAI BABA

Transformierende Atem-Erfahrungen

Ich bin immer wieder berührt von der Tiefe ungewöhnlicher, ja teilweise sogar lebensverändernder Erfahrungen unserer Seminarteilnehmer und Klienten während Gruppen- und Einzelsitzungen. Häufig sind es Menschen, die sich das erste Mal mit dem Atem vertraut machen und völlig unbedarft, ohne irgendwelche Erwartungen, sich der Kraft ihres Atems übergeben. An dieser Stelle möchte ich einige Berichte wiedergeben, die ich nach Rücksprache vermitteln darf – persönliche, besonders berührende Erlebnisse während verschiedener Atemsitzungen.

Rita

Meine Arme und Hände liegen weit ausgebreitet und geöffnet. Intensive Vibrationen strömen von meiner rechten Hand durch den Körper hinüber zur linken. Beide Handflächen liegen auf dem Boden. Es ist, als ob es keinen Unterschied gibt zwischen meinen Händen und dem Boden. Sie sind eins. Dann fühle ich, wie ich von überallher Energie in mir aufnehme – aus der Erde, aus der Luft, von allem, was mich umgibt. Und ich kann so viel davon haben, wie ich brauche. Es ist alles da, es gibt keinen Mangel. Und doch – es fällt mir nicht leicht, das anzunehmen, aufzunehmen … Dabei wird mir bewusst, dass ich auch in meinem täglichen Leben nur schwer annehmen kann! … Ich hatte immer Angst davor, abhängig zu werden. Plötzlich wird mir auch der Unterschied zwischen „Nehmen“ und „Empfangen“ bewusst! Nie war ich wirklich bereit zu „empfangen“. Ich war nie wirklich „empfangende“ Frau. Doch hier und jetzt kann ich die mich durchströmende Energie empfangen. Zum ersten Mal mache ich die Erfahrung, was „hingebendes Empfangen“ wirklich ist.

Nach einiger Zeit erlebe ich mich in mir und doch zugleich mit allem verbunden, was es gibt, mit der ganzen Welt, verschmolzen mit allem. Ein völlig ungewohntes Gefühl, als ob ich neu geboren wäre … warm und geborgen, glücklich, unendlich glücklich und dankbar, dankbar, dass es mich gibt, meinen Körper, den Atem. Ich bin von neuer, bislang unbekannter Energie und Fülle so lebendig.
Rita S., Sozialhelferin

Uschi

Das Herz-Sutra in Verbindung mit bewusster Atmung hat mich begleitet.

Eine Nacht wie viele andere zuvor in Deutschland. Es ist 1.30 Uhr. Ich fahre bei Basel Richtung Autobahn, vorbei an verschlafenen Ortschaften. Alles ist dunkel und still. Einige Fenster sind erleuchtet. Warum? Meine Gedanken fliegen. Ist gerade ein Kind geboren und die ganze Familie sitzt zusammen und feiert, freut sich? Ist gerade ein Mensch gestorben? Auch hier sitzt die Familie zusammen, weint, trauert. Hinter jedem Fenster wohnt eine besondere Geschichte, ein besonderes Leben.

Meine Geschichte: Ich fahre nach Hause zu meiner Mutter. Sie ist vor einigen Stunden verstorben, eingeschlafen, in eine andere Welt gegangen, die ab heute ihre Welt sein wird. Sie ist mit ihrem letzten Atemzug nach Hause gegangen. Ich fahre nach Hause zu meinem Vater, der zurückgeblieben ist, der nun alleine in seiner äußeren Heimat weiterlebt. In dieser Nacht werden auch bei uns die Fenster erleuchtet sein.

Die Autobahn ist leer, die Fahrt ist lang. Ich habe kaum geschlafen. Doch ich atme – vollkommen bewusst – ein – aus, wieder ein und wieder aus … Der tibetische Energie-Atem, Atemlenkung in mein Herz und andere aktivierenden Atemmethoden helfen mir durch diese lange Nacht. Dazwischen beobachte ich einfach nur den Atem, lasse mich ins „Zeuge-Bewusstsein“ fallen. Es atmet mich. Woher kommt mein Atem? Das Herz-Sutra – „Gate Gate Paragate Parasamgate Bodhi Svah“ (Gehe weiter, gehe weiter, gehe darüber hinaus, gehe vollkommen darüber hinaus, im reinen Geist sei fest gegründet) – begleitet mich, begleitet meine Mutter, die jetzt „weiter gegangen" ist. Dieses Mantra der Heilung und der Transformation des Herzens und des Mitgefühls in Verbindung mit Atem ist auch in den nächsten Tagen immer für mich präsent, trägt mich wie auf einer Welle.

Jene lange Nacht auf der Autobahn und die folgenden Tage haben es mir bewusst gemacht: Atem ist Leben und bewusstes Atmen trägt uns durch alle Lebensphasen.

Uschi Hetzel, Therapeutin

Heiner

Mein Körper fühlt sich wie ein Gefäß an, eine Schale. Einige Stellen in dieser Schale, besonders im unteren Beckenraum, sind blockiert. Da ist ein unerträglicher, berstender, stechender Schmerz, der mich an die Geburtswehen meiner Frau erinnert. So muss es bei ihr gewesen sein. Ich atme weiter, rhythmischer, intensiver … Plötzlich bin ich mit meinem Bewusstsein in meiner Frau. Ich fühle wie sie. Und da erkenne ich auf einmal, wer sie ist und wie sie ist und was sie tief in ihrem Inneren wirklich bewegt. Ich bin vollkommen ergriffen. Nie habe ich sie so bewusst wahrgenommen, so erkannt und so geliebt, wie in diesen Minuten, obwohl sie gar nicht in diesem Raum anwesend ist. Und obwohl wir getrennt leben, weiß ich, dass wir in Wirklichkeit gar nicht getrennt sind, niemals sein werden, auch wenn sie tatsächlich zu diesem anderen Mann gehen sollte. Da ist eine höhere Verbindung, die immer war, immer ist, immer sein wird, egal, wo und mit wem sie lebt. Meine mich vernichtende Eifersucht der letzten Monate ist jetzt wie weggeblasen … In diesem Augenblick bin ich bereit, sie freizugeben. Dieser Impuls bewirkt in meinem Herzen eine tiefe, befreiende Erlösung. Plötzlich fühle ich mich frei, frei innerhalb meines Herzens. Es scheint sich jetzt unendlich auszudehnen! Und dann kann ich mich auf einmal in das Bewusstsein der Mit-Atmenden in diesem Raum einschalten. Wo immer ich meine Aufmerksamkeit hinlenke, sind da plötzlich die Informationen aus ihrem Leben, über ihre augenblicklichen inneren Prozesse, über das, was war, was ist und was geschehen wird. In diesem Raum gibt es keine Wertung über gut oder böse, kein Urteil über richtig oder falsch. Dort spielt sich alles gleichzeitig ab – Vergangenheit, Gegenwart, Zu-

kunft – wie auf einer Filmleinwand. Doch sind die Bilder, Emotionen und Gefühle nicht nacheinander, sondern parallel projiziert.
Heiner K., Architekt, 45

Martin

… Dann nahm ich wahr, wie Licht in jeden Winkel meines Körpers strömte, mich auflud wie eine Batterie. Alles in mir wurde freier, weiter, dehnte sich aus. Ich wurde überschwemmt von Wellen voller Glückseligkeit, die ich kaum ertragen konnte. Dann wieder war es, als ob alle Zellen meines Körpers unter Feuer stünden, Feuer, das alles verbrennt, was überflüssig geworden ist. Es fühlte sich an wie eine körperliche, seelische, geistige Tiefenreinigung. Denn sogar mein Kopfinneres – mein Gehirn – war von diesem Feuer durchdrungen.
Martin D., Steuerberater, 37

In der Natur – Erfahrung mit dem Wu-wei-Atem

Annemarie

Ich gehe langsam durch den Park, ich fühle und spüre intensiv und atme bewusst. Dann lege ich mich ins leicht feuchte Gras, zur Sonne hin, atme und genieße. Die Sonnenstrahlen wärmen, ein lauer Wind streichelt meine Haut, der Blütenduft des Ahornbaumes liegt warm in der Luft. All das nehme ich viel subtiler, bewusster wahr. Ich erinnere mich: beobachten, geschehen lassen, atmen *lassen*. Ich fühle die weiche, feuchte Erde, auf der ich liege, atme sanft und lasse geschehen. Jetzt ist es gelungen: Ich werde geatmet und bin in einer unendlichen Weite, der Himmel öffnet sich, pastellfarbig in allen Tönen kommt er auf mich zu, hüllt mich ein, ich schwebe immer weiter, spüre mein Herz, mein drittes Auge … ich atme nur noch aus, immer weiter. Diese unendliche Weite und Fülle ist nicht zu beschreiben, ich liege da und mag nicht einmal mehr bewusst atmen, ein Sein-Gefühl, wie ich es noch nie erlebt habe, etwas Wohliges, Schweres und gleichzeitig ganz Leichtes ist in mir, so leicht, so durchlässig, ich fühle mich groß und gleichzeitig klein, ich fühle mich Alles – so stelle ich mir die unendliche Glückseligkeit vor, das ewige Paradies.
Annemarie Held, innerFitness®-Trainerin

Markus

Anfangs hat sich mein Ego, mein kleines Ich, noch gegen diese Übung gewehrt. Als es mir gelungen ist, meinen Verstand auszuschalten, die Gedanken loszulassen und mich nur auf den Atem einzulassen, ist etwas Unbegreifliches geschehen: Ich lief barfuss über die Wiese, spürte das erste Mal so richtig bewusst das Gras unter mir … bis ich dann den zarten, lieblichen Duft des Flieders intensiv mit meinem geschärften Riechsinn wahrnahm. Ich wurde davon magisch angezogen. Ich war innerlich so ergriffen, dass ich Tränen in den Augen hatte. Ich erlebte den Flieder als Teil von mir. Dann ging ich zum Wasser. Plötzlich war ich von der Melodie des fließenden Wasser eingehüllt. Ich war eins mit dem Wasser, mit der Erde, auf der ich saß, mit der Luft, die ich atmete, und mit dem Feuer, das in mir brannte … In mir waren nur noch Glückseligkeit, Dankbarkeit und grenzenloser Frieden.
Markus Hannes, Atemlehrer, 30

Herbert

… Und wie von selbst wurde mein Atem auf einmal tiefer, länger, runder. Die lähmende Angst, die in meinem Brustraum steckte und meinen Nacken und Kehlkopf zuschnürte, löste sich langsam auf. Ich fühlte mich freier … doch nicht lange. Hinter der Angst versteckte Gefühle drängten an die Oberfläche, Gefühle, die ich in meinem Alltagsleben verdrängt hatte, nie zugelassen. Da war eine große Traurigkeit. Auf einmal wusste ich, warum ich hierher gekommen war. Es gibt da noch eine andere Welt in mir, eine Welt tiefer Empfindungen, die ich bisher nicht wahrnehmen wollte. Erinnerungen aus meiner Kindheit wurden wach … Wortfetzen wie „ein Mann weint nicht, zeigt keine Gefühle", während mir nach Jahren wieder einmal die Tränen kamen. Die Worte und die Tränen – sie waren die Tür zum Gefängnis meines Innenlebens. Und hier in dieser Sitzung erlebte ich meinen Atem zum ersten Mal wie einen befreienden Schlüssel zum versperrten Schloss in die Welt meiner Emotionen und Gefühle. Dann wurde ich überschwemmt von einer ganzen Skala unterdrückter Emotionen und verdrängter Gefühle. Jetzt bin ich erschöpft und zugleich erleichtert. Ich fühle mich insgesamt rund, empfindsam, etwas verunsichert noch durch diese Erfahrung. …
Herbert R., Ingenieur, 55

Mary

Wir nahmen Prana über die Füße auf und dehnten uns Schritt für Schritt nach allen Seiten aus, vom unteren bis zum oberen Körper und weit darüber hinaus. Diesmal hatte ich das Gefühl, bereit zu sein, mich voll und ganz dem Atem hinzugeben. Kein Widerstand oder ähnliche Abwehrmechanismen. Ich lag auf der Unterlage und war versucht, mit ihr eins zu werden. Nebenbei gab ich mich der Musik hin und wurde selbst ein Teil von ihr. Die geführten Worte und die Klänge öffneten mir den Weg zu meinem innersten Wesen. Das Prana, das ich aufnahm, war so ganz ich, dass ich mich in meinem Atem verlor. Ich fühlte mich durchdrungen von einer subtilen Präsenz von allen Seiten des Universums. Ich spürte mich der Unendlichkeit näher.

Über die Füße strömte die universelle Lebensenergie in meinen Körper und dehnte diesen Schritt für Schritt in meiner geistigen Vorstellung mit jeder Ausatmung nach allen Seiten hin aus. Ich fühlte mich immer durchlässiger, spürte deutlich, wie Blockaden gelöst wurden, von den Beinen über die Mitte bis weit über den physischen Körper hinaus. Dann folgende Erkenntnis: *Ich bin … Ich bin Leben und Tod … Ich bin alles und nichts … Ich bin Körper und Körperlosigkeit … Ich bin die Leichtigkeit des Seins … Ich bin absoluter Frieden … ICH BIN …*

Jetzt war ich eingetaucht in reines Gewahrsein, aus dem alles kommt und zu dem wir alle wieder zurückkehren. Ich umarmte Gott und die Welt. Ich umarmte mein friedvolles Ich und erkannte: Ich bin „atmendes Sein“.

Maria Steiner, Hebamme, 32

Marianne

Ich hatte gerade mit dem Polaritäts-Atem begonnen, wollte bestimmte Eigenschaften mit dieser speziellen Atem-Methode in mir integrieren. Solange mein Bewusstsein noch auf der „wertenden“ Ebene blieb, war für mich klar, dass es innerhalb der Dualität keinen Wert ohne Gegenwert gibt: Tag und Nacht, Feuer und Wasser, Licht und Finsternis, kalt und heiß. Der Atem führte mich etwas tiefer. Dort – auf der Ebene der Gefühle – war es dasselbe: Liebe und Hass, Freude und Trauer,

Angst und Mut. Nach einiger Zeit kam ich plötzlich in einen Zustand, in dem sich diese Gegensätze aufzuheben schienen. Ich erreichte einen Punkt, an dem sich meine innerlich zitierten Worte und Bilder zu vereinigen schienen. Mein Körper schien wie von selbst zu atmen. Es fehlt mir die Sprache, das zu beschreiben. Da gab es plötzlich keine Polaritäten mehr, keine Spannungen, keine Werte. Es gab nur mich, aber nicht mein Alltags-Selbst, sondern ich erlebte mich als all DAS und doch als das EINE, vollkommen wertfrei. Es war wie eine *Er*lösung, eine *Auf*lösung in meinem Mittelpunkt. Es geschah wie ein Blitz, der mir mit einem Schlag in einem Augenblick mein geborgenes innerstes Zentrum ohne Gegensätze offenbarte, jenseits aller Worte, Bilder, Gefühle. Diese Erfahrung kann ich weder mit dem Intellekt, noch mit meinem ganzen angelesenen und angelernten Wissen verstehen. Es ist ein Erleben, das auf der höchsten Ebene und zugleich in meinem tiefsten Inneren stattgefunden hat, ein Erleben, das jede äußere Form und alles, was ich bisher gelernt, gehört und gesehen hatte, übertrifft. …
Marianne M., Deutschlehrerin, 49

Gundula

Es war kein einfacher Prozess, mit der Wahrheit hinter meinen diversen Masken, die ich jetzt plötzlich erkannte, konfrontiert zu werden. Ich kam mir vor wie eine Zwiebel, deren Schalen über den Energie-Atem schichtweise abgeschält wurden. Mit jeder Schale führte mich mein Atem weiter zu meinem innersten Kern, der etwas ganz Empfindsames zu beschützen und zu verbergen schien. Das Schlimmste auf dieser „Reise" war die Angst. Es war die Angst, eine Hülle, eine Maske nach der anderen fallen zu lassen, immer nackter zu werden, mich vollkommen zu entblößen, Überflüssiges fallen zu lassen, so nackt, bis ich innerlich völlig nackt vor mir selbst dastand, mit allen Unvollkommenheiten, die mir nach einiger Zeit gar nicht mehr so bedrohlich schienen. Sie waren Teil meines Menschseins. Ich konnte sie plötzlich akzeptieren. Da wurde mir auf einmal bewusst: Wenn ich mich nicht selbst in meinem Innersten zu entdecken und zu lieben wage, mit allem, was ist, wie kann ich dann jemals den Schöpfer, Gott, in mir und in meinen Mitmenschen entdecken? Wenn ich mich nicht in meiner innersten Nacktheit annehmen kann, die zunächst tatsächlich viel bedrohlicher erscheint, als

mich äußerlich nackt zu zeigen, dann lebe ich doch in einer Welt selbst geschaffenen Scheins. Ich bin dann mehr Schein als Sein, selbst meine spirituellen Konzepte betreffend. In diesem Augenblick erkannte ich, dass ich mich bis zu dieser Atemsitzung in einem selbstgefälligen Scheinglauben bewegte und zeigte. Ich lebte gefangen in einer selbst kreierten Illusion, die einzig eine Vorstellung über Gott, meine Weltanschauung und über mich selbst war. …
Gundula K. Yogalehrerin, 41

Mira

Noch nie habe ich das JA zum Leben so intensiv erlebt. Es war wie ein Bejahungs-Schrei aus allen meinen Zellen, das JA zu der, die da liegt, das JA, dass es mich gibt, das JA zu allem, was ist. Es war wie ein Orgasmus, der im Innersten meines Brustraums explodierte und statt aus den Genitalien aus dem tiefsten Punkt meines Herzens strömte, sich von dort über den ganzen Körper wellenförmig verbreitete, alle Zellen erfasste, von den Zehennägel bis zu den Finger- und Haarspitzen strömte und weit darüber hinaus. Dann war ich nur mehr Freude, Glückseligkeit und reines Bewusstsein … Stille, unendliche Stille und Frieden …“
Mira M. Tänzerin, 49

Armin

Ich fühlte mich plötzlich wie eine Kugel, die innerhalb ihrer Kugel weitere Kugeln birgt. Ich atmete weiter. Die Kugeln wurden durchsichtiger. Dann drang ich zu etwas vor – es war ein Raum, der sich schwer in Worten beschreiben lässt, eine Ebene, die nichts mehr und doch alles zu enthalten schien … wie ein kleiner Punkt und doch grenzenlose Weite, ein Zustand von Einheit, der mit allem verbunden ist, jenseits der Dualität und doch innerhalb der Dualität, als ob das Weibliche und das Männliche an diesem Punkt in mir eins geworden sind, wie ein Aufheben und Zusammenfallen aller Gegensätze. Und auf einmal wurde mir noch etwas klar: Es war das Wissen, dass die tiefsten, innersten Erfahrungen der Mystiker aller Welt, aller Kulturen und aller Zeiten in diesem Raum dieselben sind … Sie unterscheiden sich einzig in den Begriffen, wie sie auf der Ebene der Sprache in den verschiedenen Religionen aus-

gedrückt werden. Und genau da beginnt schon wieder die schmerzhafte Trennung. Genau dieser Punkt der Trennung ist der Ursprung unserer menschlichen Sehnsucht. Die mystische Erfahrung aber liegt jenseits meines Intellekts, jenseits meines Verstandes, jenseits aller Begriffe, Worte und Symbole. Äußere Formen, Symbole spiegeln einzig die Sehnsucht, die Gedanken und die Gefühlswelt verschiedener Traditionen und Religionen. Die wirkliche Religion ist die unmittelbare Seinserfahrung, dass letztlich alles aus dem Raum meiner innersten Quelle entspringt, geboren aus meinem Ursprung, um sich von dort nach außen über verschiedene Symbole, Wege und Methoden zu offenbaren …
Armin L., Theologe, 58

Prana ist die Quelle deines Lebens.
Prana und Atem gehören zusammen.
Ohne Prana ist Atmen nicht möglich.
Und ohne Atem kannst du kein Prana in dir aufnehmen.
Das eine bedingt das andere.
Atem ist dein rhythmischer Lebenspuls,
der wie ein Pendel deine innere Kraftquelle
mit deiner Außenwelt verbindet.
Dein Atem ist der Schlüssel zu deinem Ursprung,
dort, wo sich alle Spannungen und Gegensätze auflösen,
alle Polaritäten verbinden.

4 Der Schlüssel zum *inFit*-Bewusstsein

Größer aber noch als der sichtbare Weltraum mit seinen Elementen
ist der Raum im Inneren des Herzens.
Er birgt Feuer und Wind, Himmel und Erde, Sonne und Mond...

VEDEN

Menschliches Handeln folgt immer einer Absicht. Wir alle *tun* etwas, um ein Ziel zu erreichen, so auch bei Übungen. Wir streben verschiedene Wirkungen an. Wir handeln zweckorientiert. Unsere Vorstellung ist gebunden, gefesselt an eine Absicht. Die Aufmerksamkeit ist während des Handelns und Übens nur am Ziel. Das Motto ist: Wenn ... dann. Ein intensives, bewusstes Erleben unserer *selbst* innerhalb unseres *Körpers* droht mit einer Einstellung, die nur auf das Ergebnis unseres Handelns ausgerichtet ist, verloren zu gehen. Wenn wir in dieser Haltung üben, verfehlen wir das Frei-Sein, die Freude und die Leichtigkeit des Augenblicks.

Es ist kaum möglich, spontan und unbeschwert zu üben, wenn wir ehrgeizig und verbissen den „Belohnungs-Bonbons“ am vermeintlichen Ziel nachjagen. Ich habe beobachtet, dass ein solch zweckgebundenes, leistungsorientiertes Üben die mögliche Wirkung einschränkt: Das eigentliche Ziel, besser gesagt: die tiefe Erfahrung, die hinter allen vordergründigen Zielen verborgen ist, wird verfehlt.

Wu-wei, das Wunder der Absichtslosigkeit

Wie können wir unsere innere Haltung ändern? Erlaube mir, dich in diesem Kapitel mit *Wu-wei* vertraut zu machen:

Wu-Wei – *Nicht-Tun* – bedeutet absichtsloses Handeln. Dieser Begriff aus dem *Tao-te-ching* bezeichnet die Haltung des Nicht-Eingreifens in den natürlichen Lauf der Dinge. Es ist spontanes Handeln, das sich frei von Absichten der jeweiligen Situation anpasst. Wu-Wei ist frei von Anstrengung und Begierde … *Denn das Tao ist beständig, ohne Aktion, wodurch es nichts gibt, was nicht geschieht,* erklärt Laotse im Tao-te-ching. Für mich gibt es keinen Unterschied zwischen dem *Wu-Wei*-Zustand und dem *innerFitness*-Bewusstsein. Es ist reines Gewahrsein, verbunden mit entspannter, losgelöster Achtsamkeit.

Der Taoist hütet sich, ständig in den Lauf der Dinge einzugreifen. Er gibt allem die Möglichkeit, sich gemäß seiner eigenen Natur zu entfalten. Nur so kann ihm Erfolg beschieden sein. Wu-Wei kann als Handeln innerhalb der Grenzen des Natürlichen und Notwendigen verstanden werden. Das Tao wirkt spontan und absichtslos gemäß seiner Natur, und trotzdem gibt es nichts, was ungetan bleibt. Was aber ist das *Tao*? Chuangtse, einer der alten Taoisten, beschreibt es so:

> *Vom Tao kann man durch keine Gedanken und kein Nachsinnen etwas wissen. Man nähert sich ihm, indem man im „Nichts", in der Leere ruht, indem man nichts nachgeht und nichts verfolgt … Der Weise lehrt etwas, das nicht mehr in Worten Ausdruck findet … Das Tao, das mit dem Namen genannt wird, ist nicht das ewige Tao … Alles, was wir uns vorstellen, was wir wahrnehmen, wandelt sich! Doch DAS, was wahrnimmt, ist unwandelbar.*

Es gibt viele Meister in den philosophischen Schulen der Antike und der heutigen Zeit, im Osten und im Westen. Jeder von ihnen beansprucht, die richtige Antwort gefunden zu haben. Wenn wir fragen, was ist das *Tao*, dann wage ich zu antworten: Es findet sich in jedem der Systeme – als Leere und Fülle, als Zeit und Zeitlosigkeit, als absolute innere Stille und Frieden, während aktiver, dynamischer oder meditativer äußerer Bewegung, unabhängig von jeder Tradition, Disziplin oder Übungsform. Begrenzungen und Bedingungen schwinden. Wer wirklich aus dem *Tao*, aus dem so genannten *Wu-wei*-Zustand, lebt, übt und handelt, für den gibt es kein Richtig oder Falsch, kein Gut oder Böse. Schein und Sein sind eins geworden.

Der Übende bewegt sich aus der Mitte, aus dem Raum reiner Wahrnehmung, reinen Gewahrseins, in dem es keines erzwungenen Machens und Wollens mehr bedarf. Ruhig und gelassen übt er weiter, und diese

Haltung durchdringt sein ganzes Tun. In der japanischen Zen-Tradition gibt es dazu den berühmten Ausspruch: „Im Wasserschleppen und im Holzhacken, darin besteht das wundervolle Tao." Der Sufi-Meister und Poet Rumi erklärt: „Jenseits von Gut und Böse gibt es einen Raum, dort werde ich dir begegnen."

Die subtile Kraft und die Wirkung des Wu-wei, der Absichtslosigkeit, sind nicht zu unterschätzen. Absichtslosigkeit und entspannte Konzentration, Disziplin und Konsequenz widersprechen sich nicht. Während du aufmerksam, konzentriert und bewusst bei der Sache bist, erkennst du plötzlich: Das Ziel ist ja bereits in mir. Diese Erfahrung kann durch die Kunst des spielerischen und doch bewussten Übens, genauso aber während des Handelns im Alltag erlebt werden. Die Besonderheit ist dabei die Leichtigkeit, die Geschmeidigkeit, der Fluss der Bewegung. Die Bewegung, das Handeln, geschieht bewusst von innen nach außen und führt die Form. Der Atem fließt sanft und rhythmisch, parallel zur Bewegung – ein Prinzip, das sich auf jede Übungsdisziplin sowie auf jede beliebige Tätigkeit im Alltag übertragen lässt:

Joggen, Yoga, Qi-Gong, Aikido, Autofahren, Tanzen, Kochen, Schwimmen – du kannst es bei jeder Sportart, beim Liebesspiel, im Fitnesstraining oder während meditativer Bewegungsrituale erleben. Der Schritt von der imitierten, im Äußeren ge*machten* Bewegung, vom unbewussten, mechanischen Handeln zum *Wu-wei*-Zustand, zum absichtslosen Tun, zum *innerFitness*-Bewusstsein, ist zunächst nur ein kleiner Impuls. Es ist

die Entscheidung
zu vermehrter Achtsamkeit,
tieferer Wahrnehmung,
erhöhter Bewusstheit.

Absichtslosigkeit fragt nicht nach dem Ergebnis. Der Wille ist dem absichtslosen Tun untergeordnet. Du lässt das Ziel los. Dabei gibt es keine störenden Gedanken, kein erzwungenes Machen, keinen überflüssigen Ehrgeiz. In der Absichtslosigkeit bleibt Raum für Spontaneität und Leichtigkeit und nicht zuletzt für Kreativität, während sich das Ziel – das gewünschte Ergebnis – wie von selbst verwirklicht. Der Prozess kreativer Selbstverwirklichung kann durch das Prinzip der Absichtslosigkeit anstrengungslos geschehen. Du als Schöpfer gehst auf im Tun. Und in diesem Augenblick gibt es niemanden, der bewertet und analysiert, keine zerstörerische Kritik, kein Be- und kein Verurteilen.

Hinter dem Geheimnis der Absichtslosigkeit verbirgt sich eine wunderbare Schöpfung, entstanden aus einem spontanen, unschuldigen Handeln, das die wirkungsvollsten Ergebnisse während des Handelns beziehungsweise Übens selbst erzielt. Das Ziel liegt nicht ausschließlich im Ergebnis. Es vollzieht sich während des Tuns. Gleichzeitig geschieht dabei jene befreiende Erfahrung: Der Schöpfer und seine Schöpfung werden eins. Der Schöpfer ist in seine Schöpfung „eingegangen". Und doch hat er sich während seiner Schöpfung Schritt für Schritt verwirklicht und befreit. Mit anderen Worten: Du und deine Übung sind nicht mehr getrennt. Du wirst zur Übung selbst. Der Schöpfer in deinem Inneren wirkt und befreit sich durch dich aus sich selbst heraus. Dieser Prozess kann umso leichter geschehen, je mehr du alles erzwungene *Machen* und *Wollen* loslassen kannst. Nicht nur beim Üben, auch in jeder Lebenssituation – beim Arbeiten, Spielen, Lieben – kannst du in den Raum des Tao, in den *Wu-wei*-Zustand beziehungsweise in das *in-Fit*-Bewusstsein eintreten …

Möge jeder, der diese Zeilen aufnimmt, DAS erfahren, was sich mit Worten allein nicht mehr vermitteln lässt, denn darin liegt das *Wesentliche* … das Er*leben*, das Er*leiben* des einzigen Geheimnisses, für das es sich zu leben lohnt. Es ist die Entdeckung unserer Unsterblichkeit, das Gewahrsein unseres Ursprungs, unserer grenzenlosen Liebe, die verborgen hinter allen unseren mehr oder weniger bewussten menschlichen Handlungen und Übungen liegt. Es ist der Ruf unserer transzendentalen Wirklichkeit, die sich mit der Welt der Erscheinungen, mit unserem Körper, mit unserem Herzen, verbinden möchte, um durch unsere Sinne – in der sicht-, hör- und fühlbaren Welt – gelebt und verwirklicht zu werden.

Möge dabei Schritt für Schritt unsere „Vertreibung aus dem Paradies" – die Urwunde unseres Menschseins –, die Lebens- und Todesangst und die damit verbundene Angst vor Trennung, die Trennung von uns selbst, von unseren Mitmenschen, die Trennung von unserem Ursprung, wieder aufgehoben sein.

In dem Maße, in dem du dein innerstes Potenzial anzapfst,
dich mit dem Schöpfer in dir wieder verbindest,
kannst du deine körpereigene Intelligenz, die Klarheit deines Geistes,
die Weisheit deines Herzens aktivieren und dein Mitgefühl entfalten.
Und das bedeutet: wieder nach Hause zu kommen,
nach Hause, in deine wahre Heimat, in deinen Garten Eden,
den jeder von uns mit und in sich trägt.

Teil II

Von äußerer Fitness zu *innerFitness*®

mit praktischen Übungen für Körper, Seele und Bewusstsein

OM
ES SELBST ist in mich eingegangen, in jede Zelle,
bis in die Fingerspitzen.
ES manifestiert sich und offenbart sich in und durch mich
als Atem, wenn ich atme,
als Auge, wenn ich sehe,
als Ohr, wenn ich höre,
als Mund, wenn ich spreche,
als Geist, wenn ich denke,
als Kraftquelle, wenn ich liebe.
ES liebt durch mich und verbindet sich durch mich
mit allem, was IST.
Somit IST ALLES in mir und ich in ALLEM.

5 Eine Unze Praxis ist besser als eine Tonne Theorie

Die Erfahrung durch die Praxis ist das Wesentliche.

Einer der großen indischen Yogameister, der Arzt Shivananda, legte das anzustrebende Verhältnis von Theorie und Praxis nach langen theoretischen Berechnungen in Prozenten fest: **Ein Prozent Theorie, 99 Prozent Praxis.**

Bis zu diesem Kapitel bist du mit wesentlichen theoretischen Grundlagen vertraut geworden. An dieser Stelle stehst du an der Schwelle zur Praxis. Worte, Informationen, Konzepte und Theorien können die unmittelbare Erfahrung nicht ersetzen. Ich meine damit das Erleben deiner selbst, deine äußere Wahrheit und deine innere Wirklichkeit – durch deinen Körper, mit deinem Herzen, durch die Welt deiner Gefühle, das Bewusstsein deiner Präsenz in allen Bereichen deines Lebens, auf allen Ebenen deines Daseins.

Das in *Teil II* und *Teil III* dieses Buches vermittelte Übungsprogramm ist eine Forschungs- und Entdeckungsreise zu dir selbst, in dein Bewusstsein, in dein Herz, in deinen Körper. Es ist eine Reise zu einem Wissen, das immer da war und immer da sein wird. Es sind Übungen, die sich gezielte Methoden aus verschiedenen Traditionen zunutze machen – jahrhundertelang entwickelt und erprobt. Sie wandeln, erweitern und ergänzen sich, genauso wie unser Leben in dieser sich ständig verändernden Welt. Auch die Bedürfnisse unseres Körpers und die Möglichkeiten, uns in und durch unseren Körper zu erfahren, sind Teil dieses lebendigen Wandels. Wenn wir aufmerksam und bewusst sind, können wir eine tiefe Weisheit entdecken, ein Wissen, das in jeder unserer Zellen schlummert, in jedem Winkel unseres Bewusstseins.

Der Schlüssel ist nicht so sehr das Tun und Machen, sondern das Wahrnehmen, das Erspüren und Geschehenlassen, das bewusste Handeln aus der Stille, aus dem Zentrum deiner inneren Kraftquelle. Daneben bedarf es einer gewissen Übungsdisziplin, mit der wir von außen über den Körper unsere inneren Räume erspüren. Von dort führt der Weg wieder nach außen. Unsere Intuition, das uns innewohnende Wissen, kann dann über unsere Kreativität in unserem Alltag in jedem Augenblick gelebt und verwirklicht werden.

Damit das Übungsprogramm in die verschiedenen Bereiche unseres Lebens hinein wirken kann, ist es wichtig, mit der richtigen Einstellung zu üben. Ich empfehle dir, die Methoden, die du dir auswählst, nicht als Mittel zum Zweck, sondern als eine ganzheitliche Erfahrung, als Entdeckungsreise zu dir selbst zu betrachten.

Solange du es nicht erfahren hast,
sind es nichts als Worte.
Wenn du es erfahren hast, werden Worte überflüssig.
Die Worte sind dazu da, dich zu inspirieren, es zu erfahren.
Fühlen ist erfahren,
und durch dieses Erfahren entfaltest du dich weiter.

MILTON TRAGER

Ein Perlenmosaik für Anfänger und Fortgeschrittene

Ein Mosaik aus Perlen und Sternchen

Vor dir liegt jetzt eine Fülle von erprobten Methoden, die dich lehren, dich selbst und deine Umwelt intensiver und bewusster zu erleben. Du kannst dabei Wohlbefinden genießen, mehr Lebendigkeit, tiefere Entspannung und eine erweiterte Wahrnehmung aller deiner Sinne. Darüber hinaus kannst du zu neuen und unerwarteten Erkenntnissen und Einsichten gelangen. Du lernst ein flexibles Übungsprogramm kennen, das du deinen jeweiligen persönlichen Bedürfnissen anpassen kannst.

Erlaube dir, das Abenteuer zu entdecken, das du bist, das Abenteuer deiner Wahrheit. Und das bedeutet, mitten in deinem Alltag, deinen

Körper, deinen Atem, dein Bewusstsein und deinen Geist zu erforschen und zu erweitern. Unterwegs kann es geschehen, dass du dich von langjährigen Begrenzungen, von überflüssigem Ballast befreist. Dabei kannst du eine ungewöhnliche Leichtigkeit und Erneuerung erleben – in deinem Körper, in deiner Psyche, in deinem Geist.

Damit du das Übungsprogramm deinen persönlichen Bedürfnissen gemäß nutzen kannst, findest du hier eine leicht verständliche, strukturierte Aufschlüsselung:

Alle Übungen in diesem Buch sind ihrem Schwierigkeitsgrad entsprechend mit Perlen oder Sternchen versehen.

Stell dir ein Perlenmosaik vor – ein wunderbares Mosaik aus einzelnen Perlen, das du dir selbst zusammenstellst. Dabei entscheidest du selbst, welche Perlen aus den Übungsabschnitten in Teil II und III du benutzen und ausprobieren möchtest. Die Perlen sind austauschbar entsprechend der körperlichen, seelischen und geistigen Wirkung, die du verspürst. Du kannst das Mosaik jederzeit ergänzen oder ändern. Du selbst bestimmst das Tempo, den Zeitpunkt und die Dauer deines Übungsprogramms – so wie es deinen Bedürfnissen entspricht. Dein Mosaik kann nach deinem Belieben und kreativen Impulsen erweitert oder verkleinert werden. Vielleicht genügen dir zu Beginn nur zwei oder drei Perlen, mit denen du regelmäßig zehn bis zwanzig Minuten „spielst".

In jedem Fall – du findest ein überschaubares Programm, das jeder Übungswillige und Experimentierfreudige leicht erlernen und im Gedächtnis behalten kann. Es ist ein Programm, das zu *eigenverantwortlichem Üben* motiviert. Welche Perlen oder Sternchen auch immer den einzelnen Themen du entnimmst und ausprobierst – sie sind deines eigenen Glückes Schmied!

Erlaube dir,
mitten im Alltag
das Abenteuer zu entdecken,
das du bist!
Anfänger
sind eingeladen einzusteigen!
Fortgeschrittene
haben die Möglichkeiten weiter zu gehen!

Eine Perle

Alles, was mit einer Perle gekennzeichnet ist, ist für Einsteiger gedacht. Natürlich können auch Fortgeschrittene damit spielen und dabei immer wieder Neues für sich entdecken.

Zwei Perlen

Mit zwei Perlen markierte Übungen empfehle ich bereits Eingestiegenen. Gleichzeitig ermöglichen sie eine Vertiefung und Weiterführung, aufbauend auf den Einsteiger-Übungen.

Drei Perlen

Die wenigen Drei-Perlen-Methoden sind wie Mega-Vitamine für Fortgeschrittene. Sie sind für die Forscher unter den Übenden, die Mut zur Eigenverantwortung haben, sowie Kraft und Ausdauer, sich selbst immer wieder neu zu begegnen.

Sternchen

„Sternchen-Übungen" sind für alle Übenden geeignet, egal, wo sie sich auf ihrer äußeren und inneren Reise gerade befinden. Es sind Methoden für jeden Augenblick, jederzeit im Alltag durchführbar.

Der Übungsteil im Überblick

In **Teil II** findest du in jedem der fünf Übungskapitel Perlen für Einsteiger und für Fortgeschrittene. Du kannst die Übungen selbstständig nach der hier gegebenen Beschreibung erlernen. Das schließt nicht aus, dir erfahrene Begleitung zu suchen, vielleicht im Rahmen einer Übungsgruppe (siehe zertifizierte Trainer im Anhang).

Der Abschnitt *innere und äußere Rhythmen* macht dich vertraut mit einfachen Körper-, Atem und Entspannungsmethoden, die dir Lebendigkeit und eine entspannte Dynamik in deinem Alltag ermöglichen. Sie aktivieren den Fluss deiner Lebensenergie und erweitern dein Wahrnehmungsvermögen.

Das Kapitel *Das große Geheimnis des Atems* lädt dich ein, den Atem als wesentliche Grundlage aller anderen Praktiken zu erkennen. Du findest Methoden für jeden Augenblick, ausgewählte Übungen zu erhöhter Lebendigkeit und Bewusstheit deines Körpers, zur Aktivierung deines Geistes und zur Beruhigung deiner Gedanken und Nerven. Ich lege dir ans Herz, die Atemmethoden nicht nur an der Oberfläche zu streifen, sondern dein Übungsmosaik wirkungsvoll zu erweitern, zu ergänzen und zu vertiefen. Somit kannst du dem tiefen Geheimnis deines Atems Schritt für Schritt näher kommen.

In *Harmonie der Gehirnhälften* findest du ein ausgewähltes Übungsprogramm, das es dir ermöglicht, deinen Intellekt und deine Intuition sowie deine Innen- und deine Außenwelt zu verbinden. Verschiedene Körper-, Atem- und Bewusstseinsübungen aus Ost und West verbessern die Koordination deiner beiden Gehirnhälften und gleichzeitig die Symmetrie deiner beiden Körperhälften. Die gezielten Methoden unterstützen einen harmonischen Dialog, ein ergänzendes Zusammenspiel zwischen Verstand und Gefühl, zwischen Körper und Geist, zwischen deinem Intellekt und der tiefen Weisheit deines Herzens.

Deine sieben wichtigsten Energiezentren mit den ihnen zugeordneten Drüsen und deren lebensnotwendigen Hormonfunktionen kannst du in dem Abschnitt *Dein Körper, das „Buch mit den sieben Siegeln“* erforschen. Dieser Abschnitt vermittelt dir Übungen, deine Chakras zu aktivieren und zu harmonisieren, Unausgewogenheiten ins Gleichgewicht zu bringen, eine Über- oder Unterfunktion der Energiezentren und der entsprechenden Drüsen günstig zu beeinflussen.

Vielleicht möchtest du erforschen, ob und wie du Schöpfer deines Lebens und deiner Welt bist und wie du negative Gedankenstrukturen und die entsprechenden Verhaltensprogramme erkennst und auflöst. Die dazugehörigen Perlen findest du in dem wichtigen Kapitel *Von der Macht der Gedanken, der Kraft des Wortes und der Magie der Vorstellung*. Du erkennst deine Gedanken, deine Worte, deine inneren Bilder und Gefühle als das Grundwerkzeug deiner eigenen Schöpfung – ob positiv oder negativ. Zwölf wesentliche Punkte unterstützen dich, die in dir schlummernde kreative Intelligenz zu fördern.

Teil III: Bist du bereit, tiefer zu „surfen"? Dann kannst du die Quintessenz aller Methoden im Übungsprogramm von Teil III entdecken: *Das Paradies ist in dir – das Garten-Eden-Mysterium*. Entsprechend deiner Bereitschaft findest du dort wesentliche Botschaften und wertvolle Schlüssel – unbezahlbare, kostbare Perlen für Anfänger und Fortgeschrittene. Dabei kann es geschehen, dass du das Garten-Eden-Mysterium plötzlich als eine Ebene deines Bewusstseins entdeckst. Das bedeutet: Du hast deinen verloren geglaubten paradiesischen Urzustand wieder gefunden; mitten in der Tiefe deines Körpers, durch die Akzeptanz deines Menschseins, erlebst du die Rückverbindung mit deiner Präsenz – dein natürlicher Urzustand, der du bist. Während du Schritt für Schritt die Heilung und Alchimie deines Herzens erlaubst und die Transmutation deines Körpers ermöglichst, näherst du dich gleichzeitig deiner inneren Heimat.

Wertvolle *Vergebungsrituale* unterstützen dich, deinem letzten und tiefsten Geheimnis – deinem unbegrenzten Wesen, deinem Ursprung, deinem „kosmischen Kind" – näher zu kommen: DAS, was durch dich und aus dir geboren werden und sich entfalten möchte, immer wieder neu, die Essenz deines Lebens, die durch dich und alle Lebewesen verkörpert und in der Welt verwirklicht und gelebt werden möchte.

Erlaube deiner Kreativität und Intuition, gepaart mit Unterscheidungskraft, welche Perlen du kombinieren oder einzeln benutzen möchtest. Lass dich von deiner Abenteuerlust beflügeln und gleichzeitig von einer konsequenten Übungsdisziplin durch deinen Alltag tragen. Die Perlen und Sternchen laden ein zum „Spielen ohne Stress". Damit das Spiel und seine Wirkungen Schritt für Schritt in allen Bereichen deines Lebens fühl- und sichtbar werden und sich entfalten können, empfehle ich dir eine gewisse Ausdauer und möglichst tägliches Spielen.

Lass dich finden von deiner inneren Heimat,
von dem Paradies in dir!
Entdecke dein wahres Erbe – deinen natürlichen Zustand!
Erkenne die Unschuld, die Kreativität und die
Freiheit deines „kosmischen Kindes"!

Zehn Hinweise zum richtigen Üben

Bevor du dich mit den Übungen vertraut machst, empfehle ich dir, zehn wesentliche Hinweise zu beachten.

1. Vor dem Essen
Körper- und Atemübungen sollten vor dem Essen durchgeführt werden oder aber erst zwei bis drei Stunden nach einer Mahlzeit.

2. Zeitpunkt und Zeitdauer
Finde die für dich richtige Zeit heraus – morgens vor dem Frühstück oder abends vor dem Essen. Erlaube deinem Körper, die für dich geeignete Zeitdauer herauszufinden.

3. Lockere Kleidung, reine, frische Luft
Übe in einem gut durchlüfteten Raum in weiter, lockerer und bequemer Kleidung. Versuche bei geeigneter Temperatur gelegentlich nackt zu üben. Es ist ein herrliches, befreiendes Gefühl.

4. Regelmäßig
Nachdem du dein persönliches „Übungsmosaik" zusammengestellt hast, übe für eine bestimmte Zeit konsequent und regelmäßig. Lasse das Üben zu einem natürlichen, selbstverständlichen Bestandteil deines Lebens werden, wie Essen, Trinken, Zähneputzen. Finde zu einem Gleichgewicht von Disziplin, Konsequenz und „sich etwas Gutes gönnen".

5. Losgelöst und präsent
Stimme dich ein. Öffne dich – deinen Körper, dein Herz, dein Bewusstsein. Erlaube deinem Verstand, eine Zeitlang leer zu werden. Denn je ru-

higer der Gedankenstrom, desto bewusster kannst du wahrnehmen, was in dir und durch dich geschieht. Nimm Kontakt auf mit deiner Präsenz.

6. Bewusst
Lass die von dir gewählten Übungen weder zu einem mechanischen Fitnesstraining noch zu einem zwanghaften Leistungsstreben werden. Bleib mit deiner Aufmerksamkeit ganz im Hier und Jetzt, jeden Augenblick während der Übung. Beobachte, wie dein Geist immer wieder abschweift. Oder wie er vorauseilen will, irgendein Ziel zu erreichen.

7. Körperweisheit erkennen
Je entspannter und absichtsloser du übst, je mehr Leistungszwang und Zieldenken du loslassen kannst, desto tiefere Erfahrungen kannst du erleben. Lass dich immer wieder von der Weisheit deines Körpers führen, nicht von deinem Intellekt. Dein Körper ist weiser als alle Vorstellungen und Erwartungen, die du von dir, von anderen, von den Übungen und deren Wirkungen hast.

8. Ausdehnen
Spüre bei Körper- und bei Atemübungen die Dehnungen bis über deine Haut und darüber hinaus. Weite dich, so gut du kannst – die Haut ist unser empfindsamstes Sinnesorgan. Als „nach außen gerichtetes Gehirn" ist sie gleichzeitig Sender und Empfänger von Informationen, Empfindungen und Emotionen. Erlaube deinem Bewusstsein, sich über deine Haut hinaus auszudehnen und zu entfalten. Es ist möglich, versuche es.

9. Anstrengungslos
Übe weniger aus dem Kopf, sondern aus einem Raum des anstrengungslosen Geschehenlassens: vom *Machen* zum *Lassen*. Lass dich aus dem Raum des Tao bewegen, aus dem Wu-wei-Bewusstsein. Es ist weiser als der Käfig unseres begrenzten Verstandes. Irgendwann erlebst du plötzlich: *ES bewegt sich durch mich, ES atmet durch mich, ES handelt durch mich …*

10. Absichtslos
Öffne dich der universalen Lebensenergie von außen, die durch dich strömen möchte, die sich mit der in dir schlummernden Energie, mit

deinem Potenzial verbinden möchte. Dann kann es geschehen, dass du fühlst: Es ist der Schöpfer, der durch mich übt, der sich durch mich bewegt und atmet. Du entdeckst auf einmal, dass du immer mehr in jenen Zustand kommst, der wahre Meditation ist, Meditation aus deinem Selbst: das absichtslose Dasein, überall und jederzeit. Jetzt kannst du jede andere Tätigkeit in deinem Alltag aus dieser Präsenz durchführen. Du bist der Schöpfer/Übende, und du bist selbst zur Übung geworden – absichtslos, anstrengungslos. *Innere* und *äußere Fitness* sind eins geworden. Und dann gibt es keinen Unterschied mehr, keine Trennung zwischen innen und außen.

Kommunikation mit deinem intimsten Lehrer

Lerne die Signale deines Körpers kennen

In der Tiefe deines Körpers ist viel mehr Intelligenz,
Wissen und Weisheit als im Käfig unseres begrenzten Verstandes.
Die Quelle von Weisheit liegt hinter Worten und Gedanken.
Worte hindern uns häufig daran, das zu finden,
was sich hinter ihnen verbirgt!

Verkörpertes Wissen ist verinnerlichtes Wissen. Das bedeutet über unsere Sinne, über unseren Körper unmittelbar erfahrenes, in der Welt gelebtes und verwirklichtes Wissen. Die Erinnerung ist in unseren Zellen gespeichert. Es ist das, was man ohne große Worte als *gelebte Weisheit* beschreibt. Doch die Quelle von Weisheit liegt hinter Gedanken und Worten. Wie aber können wir uns aus dem Netz unserer täglichen Wort- und Gedankenverstrickungen befreien, die uns daran hindern, uns bewusst, lebendig und total in und mit unserem Körper zu erleben?

Worte – gesprochen oder geschrieben – lenken uns ab und hindern uns häufig daran, das zu finden, was schon immer da war, immer ist und immer sein wird. Es ist unser reines Bewusstsein, das sich mit unserem Körper verbinden möchte, unsere reine Lebensenergie, die unseren

Körper durchdringen möchte. Dazu bedarf es keiner Worte, vielmehr der Bereitschaft wahrzunehmen, geschehen zu lassen und – noch wichtiger – sich jeden Tag immer wieder neu daran zu erinnern, dass wir nicht nur einen Körper haben, sondern dass wir Körper sind, dass wir beseelte Körper und lebendige, verkörperte Liebe sind.

Unser Körper gibt ohne Worte in der ihm eigenen Sprache Hinweise auf alle Fragen. An dieser Stelle möchte ich dir zur Einleitung ein erstes Kommunikationstraining mit deinem Körper – einen Dialog mit deinem weisesten und intimsten Lehrer und Freund – anbieten. Es sind zwölf Fragen, die du ihm jederzeit und überall stellen kannst, wenn du dich daran erinnerst – je öfter, desto besser. Wenn du über Mut zur Selbstbetrachtung verfügst und ausdauernd und geduldig bist, nimm dir die Zeit, dich hinzusetzen und Frage für Frage schriftlich zu beantworten! Du lernst dabei, die Sprache deines Körpers bewusster wahrzunehmen, sie zu verstehen und auf seine Signale einzugehen.

Dein ganzer Körper beantwortet nonverbal in der ihm eigenen Sprache alle Fragen, die du ihm stellst, wenn du seine Signale kennen lernst und beachtest. Dieselben Fragen kann auch dein Kopf beantworten. Wir haben „zwei Welten" in unserem Kopf – eine „rechte" und eine „linke" Hemisphäre. Beachte bei dieser Übung: Welcher Anteil antwortet wirklich aus mir? Ist es die Welt meines Intellekts, begrenzt auf meinen Verstand, die in meiner linken Gehirnhälfte zu Hause ist? Oder antwortet die Welt meiner inneren Weisheit, meine Intuition, die kreative Intelligenz meines Körpers, die aus meiner rechten Gehirnhälfte spricht? Die Antworten sind überraschend.

1. *Fühle ich mich mit meinem Körper verbunden?*
2. *Lebe ich wirklich in meinem und durch meinen Körper?*
3. *Akzeptiere und liebe ich meinen Körper?*
4. *Bin ich offen oder verschlossen?*
5. *Bin ich steif oder gelenkig?*
6. *Wie ist das Gleichgewicht zwischen meiner körperlichen und geistigen „Gelenkigkeit"?*
7. *Wie wirken meine Gedanken, meine Gefühle und meine Worte auf meine Lebensenergie?*
8. *Welchen Lebensraum gewähre ich mir und den Menschen, mit denen ich persönlich und beruflich verbunden bin?*

9. *Sexualität, Herz und Kopf – spielen sie zusammen oder besteht ein Ungleichgewicht?*
10. *Was überwiegt zur Zeit in meinem Leben: Geben oder Nehmen? Empfangen oder Loslassen?*
11. *Wem vertraue ich mehr – dem Wissen und der Weisheit meines Körpers oder der Meinung von außen, von meiner Umwelt?*
12. *JA oder NEIN? Wo liegt mein Schwerpunkt? Habe ich den Mut zu einem klaren JA oder NEIN und zum entsprechenden Handeln in meinem und durch meinen Körper?*

Ich empfehle dir, diesen Test einmal pro Monat durchzuführen. Beobachte, wie sich deine Antworten verändern.

6 Innere und äußere Rhythmen

Der gleiche Strom des Lebens,
der Tag und Nacht durch meine Adern strömt und mich bewegt,
durchströmt die Welt
und tanzt in großen Rhythmen weiter.

RABINDRANATH TAGORE

Alles geschieht in uns, in unserem Körper. Alles, was außerhalb passiert, ausgelöst durch Bewusstseinsübungen, verschiedene Atemtechniken oder Körperbewegungen, nimmt jeder unterschiedlich in seinem Körper, in seiner Welt wahr. Nicht jede Übung hat dieselbe Wirkung auf jeden Menschen, auch wenn dies häufig so behauptet wird. Die unterschiedlichen Quellen widersprechen sich leider viel zu oft. Es bedarf höchster Achtsamkeit und Intuition für den eigenen Körper und im Therapiebereich für den Körper des anderen, herauszufinden, welche Übung für wen und zu welchem Zeitpunkt geeignet ist. Doch je bewusster und konsequenter wir üben, desto empfindsamer werden wir für uns selbst und für andere, und wir entdecken: In der Tiefe unseres Körpers ist viel mehr Intelligenz, Wissen und Weisheit als im Käfig unseres begrenzten Verstandes.

In diesem Kapitel kannst du einfache Körper-, Atem- und Entspannungsmethoden kennen lernen, die dir Lebendigkeit und entspannte Dynamik für deinen Alltag ermöglichen. Sie aktivieren den Fluss deiner Lebensenergie und erweitern dein Wahrnehmungsvermögen. Suche dir die Übungen heraus, von denen du dich persönlich angesprochen fühlst. Wenn du diese für eine gewisse Zeitdauer durchführst, wird dein Körper in seiner Sprache dir selbst verraten, welche Perlen in dein Mosaik passen.

Eines aber ist sicher: Was immer du für dich entdeckst – alle Übungen haben in jedem Fall eine ganzheitliche Wirkung. Das heißt, sie wirken gleichzeitig auf mehreren Ebenen – auf der körperlichen, der seelischen und der geistigen Ebene. Sie beeinflussen die Welt deiner

Emotionen, deine Stimmungslage, dein Denken, dein Fühlen, deine Intuition, deine Kreativität. Sie wirken *innen* und *außen*.

Und nun wünsche ich dir Spaß, Inspiration und Erfolg auf deiner Entdeckungsreise!

Es ist der Schöpfer,
der sich durch dich spontan und frei
ausdrücken möchte –
in allen Bereichen deines Lebens.

Entspannung durch Dehnen und Strecken

Genieße deinen Körper

Stell dich aufrecht hin, Beine und Füße so breit, wie es für dein Gleichgewichtsempfinden stimmt. Schließe deine Augen, lenke deine Aufmerksamkeit von der Außenwelt nach innen, in deinen Körper. Beginne dann langsam, dich mit tiefen Atemzügen in alle Richtungen dehnen und strecken zu lassen, den Bedürfnissen deines Körpers gehorchend. Spüre, welche Teile deines Körpers sich strecken, welche sich zusammenziehen wollen. Spüre die Dehnung deiner Haut. Vielleicht entdeckst du einige verspannte Bereiche. Wenn ja, lenke deine Aufmerksamkeit und Ausatmung bewusst in diese Körperteile und beobachte, was geschieht. Kannst du dir ein Gähnen mit weit geöffnetem Mund ohne vorgehaltene Hand erlauben und befreiende, wohlige Entspannungslaute zulassen? Kannst du diese Übung genießen, auch wenn sie von frühester Kindheit von einem Verbot überschattet sein mag? Erlaube sie dir trotzdem so oft wie möglich!

Dynamische Entspannung

Erlaube deinem Körper, sich frei und spontan zu bewegen

Manche Menschen glauben,
nur Durchhalten mache uns wirklich stark.
Doch manchmal stärkt uns
gerade das Loslassen!

Du kannst dein tägliches Übungsprogramm damit beginnen, indem du diese Übung ein paar Minuten lang durchführst.
Die dynamische Entspannung ist aber auch als Einzelübung geeignet.
Dauer: etwa fünf bis fünfzehn Minuten

1. Du stehst aufrecht, die Füße etwa hüftbreit auseinander. Stell dir vor, dein Körper sei ein Federbett, das ausgeschüttelt wird. Die Schüttelbewegungen beginnen langsam und rhythmisch in den Beinen und breiten sich von den Knien nach oben über deinen ganzen Körper aus. Atme dabei tief und bewusst. Die Einatmung geschieht durch die Nase, die Ausatmung durch den Mund. Lass mit jeder Ausatmung alles los, was du jetzt bereit bist, aus deinem Körper, aus deiner Seele und aus deinem Gehirn zu entlassen. Der Inhalt muss dir nicht unbedingt bewusst sein. Du kannst dich zur Unterstützung von rhythmischer Trommelmusik begleiten lassen. Erlaube den Rhythmen der Trommeln, deinen inneren Rhythmus zu aktivieren und wieder ins Gleichgewicht zu bringen. Blockierte, festgehaltene Lebensenergie kann wieder freier fließen.

2. Lass nach einigen Minuten aus den Schüttelbewegungen raumgreifende, spontane Bewegungen entstehen. Folge dabei wieder dem Bedürfnis deines Körpers. Lass dich frei und spontan aus dir selbst heraus bewegen, mit oder ohne Musik. Erlaube deiner Schöpferenergie, dich spontan und frei zu durchströmen. Es ist der Schöpfer, der sich durch dich bewegen und ausdrücken möchte – in allen Bereichen deines Daseins. Beobachte, welchen Bewegungsraum du dir erlaubst, wie frei du dich bewegst und wo du dich bremst, welche Körperteile du in deiner Bewegung begrenzt wahrnimmst. Vergleiche

dein Alltagsleben mit dieser einfachen Übung. Vielleicht kannst du feststellen, dass es derselbe Lebens- und Bewegungsraum ist, den du dir selbst und deinen Mitmenschen im täglichen Leben gewährst, auf mehreren Ebenen – auf der körperlichen, auf der emotionalen und der geistigen Ebene. Wie innen, so außen: Eines bedingt das andere.

3. Nach etwa zehn Minuten Bewegung bleibst du ruhig stehen. Fühle, was in deinem Körper geschieht – beispielsweise ein Pulsieren oder Vibrieren, eine tiefere Atmung? Nimmst du einige Bereiche belebter, aktiver wahr als andere? Lege dann deine Handflächen an die Stellen deines Körpers, an denen du Schmerzen, Spannungen oder Blockaden verspürst. Lenke die durch die dynamische Bewegung freigewordene Energie mit bewusster Ausatmung gezielt in jene Körperteile. Du kannst dabei stehen, sitzen oder liegen.

Das Tao des Gehens

Erweitere die Wahrnehmung deiner Sinne

Das Tao des Gehens ist eine nach innen und nach außen gerichtete Meditation. Sie verbindet deine Innenwelt mit deiner Außenwelt. Diese Übung lässt sich jederzeit durchführen.

Finde einen Platz, an dem du ungestört stehen und dich entspannen kannst (vorzugsweise in der Natur). Werde dir dann deines ganzen Körpers bewusst, von den Fußsohlen, die den Boden berühren, bis hinauf zu den Haarspitzen. Erlaube deinem Verstand, leer zu werden. Falls Gedanken auftauchen, lass sie kommen und gehen, ohne dich damit zu identifizieren.

1. Beginne dann – möglichst barfuß – über den Boden zu gehen. Beobachte besonders den Augenblick, in dem dein Fuß abhebt und zu einem neuen Schritt ansetzt. Wie steht es in diesem verlangsamten Tempo mit deinem Gleichgewicht? Übe dieses meditative, bewusste Gehen etwa fünf Minuten lang.

2. Wenn du in freier Natur übst, kannst du eine Meditation der Sinne anschließen. Unser Körper hat fünf Sinne und neun Öffnungen, die unsere Innen- mit unserer Außenwelt verbinden und durch die wir ständig mehr oder weniger bewusst Lebensenergie über verschiedene Impulse von außen empfangen. Beobachte beim Gehen aufmerksam, welches Sinnesorgan gerade wahrnimmt. Was kannst du sehen, hören, riechen, schmecken, fühlen?

Du kannst diese Übung täglich mehrmals wiederholen. Immer, wenn du feststellst, dass dein Geist abschweift, kehrst du zu deiner augenblicklichen Sinneswahrnehmung zurück. Am besten eignet sich dazu ein bewusster, langsamer Spaziergang in freier Natur. Du wirst dich wundern, wie sich deine Wahrnehmung verfeinert – mit welchen Augen du nach einiger Zeit siehst, welche Geräusche du durch deine Ohren, welche Gerüche du durch deine Nase wahrnimmst.

Himmel und Erde in dir

Verbinde Himmel und Erde in deiner Mitte

1. Du stehst aufrecht. Lenke deine Aufmerksamkeit ausschließlich auf deine Füße. Spüre den Kontakt mit deinen Fußsohlen zum Boden. Stell dir vor, wie aus deinen Fußsohlen Wurzeln in die Erde wachsen. Wenn du einige Zeit mit deinem Bewusstsein dort verweilst, kann es geschehen, dass du ein Prickeln und Pulsieren in den Fußsohlen wahrnimmst.

2. Beginne nun, ausgehend von deinen Füßen und Knien, kleine vibrierende Bewegungen nach oben strömen zu lassen. Lass die Vibrationen von unten nach oben allmählich deinen gesamten Körper erfassen. Auch bei dieser Übung geht es darum, dich bewegen zu *lassen*, statt die Bewegung zu *machen*. Lass dich fünf bis zehn Minuten lang von innen nach außen vibrieren, während deine Fußsohlen fest im Boden verwurzelt bleiben.

3. Anschließend faltest du deine Hände vor der Brust. Bemerkst du, was in deinen Handflächen und zwischen deinen Handflächen geschieht? Spürst du einen Energiefluss, ein Prickeln und Pulsieren, einen Energieaustausch von der rechten zur linken Handfläche und umgekehrt? Verweile ein bis zwei Minuten in dieser Haltung und Wahrnehmung.

Den Energiefluß spüren

4. Öffne dich dann ganz weit nach oben, dehne dabei Arme und Hände weit in den Raum, Füße und Beine etwa dreißig Zentimeter breit, Knie locker halten. Mit jeder Einatmung stellst du dir vor, wie du über Hände, Arme und Kopf Energie aus dem Kosmos in deinen Körper holst, tief in deinem Brustraum sammelst und im Herzen zentrierst. Mit dem Ausatmen lenkst du den Energiestrom durch deinen Körper, die Beine hinunter über die Fußsohlen tief in das Herz der Erde.

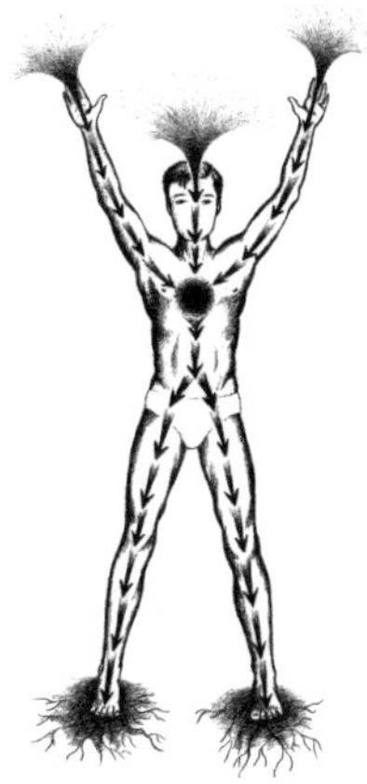

Himmel und Erde in mir (4.)

5. Anschließend stellst du dir vor, wie du mit jeder Einatmung aus dem Herzen der Erde Energie durch deine Füße, Beine, dein Becken und deinen Bauch nach oben ziehst, tief in deinem Brustraum sammelst und in deinem Herzen zentrierst. Mit jedem Ausatmen lenkst du den Energiestrom nach oben durch Hals, Kopf, Arme und Hände in den Kosmos. Führe diese Atmung drei bis sechs Zyklen lang durch. Damit sich deine Oberarme und der Schultergürtel nicht verspannen, kannst du Arme und Hände jeweils nach unten und nach oben zum Atem mitbewegen.

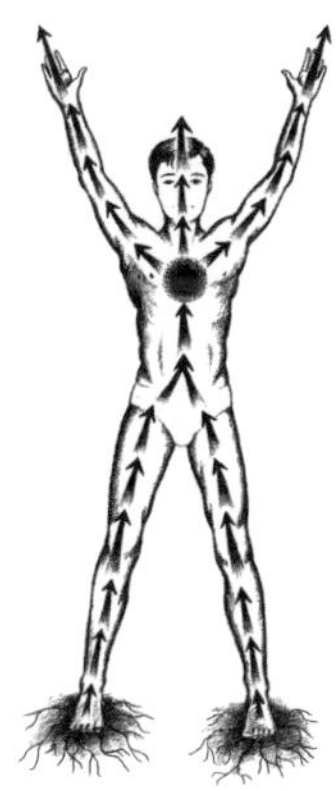

Himmel und Erde in mir (5.)

6. „Sauge“ anschließend mit jedem Einatem kosmische Energie aus dem Himmel in deinen Körper: über Kopf, Hände und Arme und gleichzeitig Energie aus der Tiefe der Erde durch deine Fußsohlen, Beine und Bauch. Sammle und zentriere diese Energie wieder in deinem Herzen. Visualisiere anschließend eine sich nach rechts drehende Lichtspirale im Zentrum deines Herzens, die sich mit jedem Ausatmen vergrößert und sich vom Zentrum deines Herzens nach außen über deinen ganzen Körper verteilt, deinen ganzen Körper durchflutet. Führe diesen Übungsschritt dreimal aus.

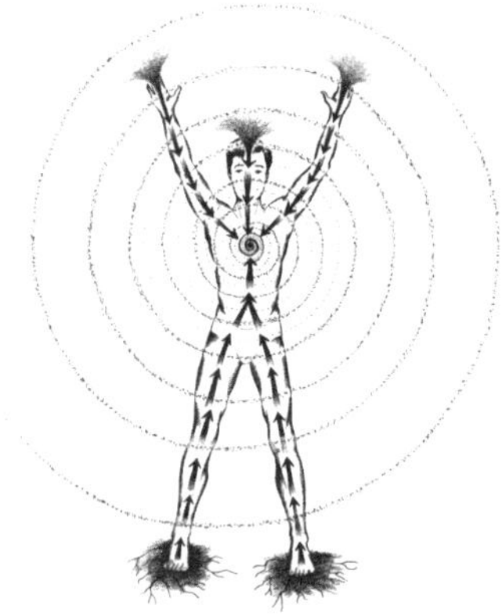

Himmel und Erde in mir (6.)

7. Abschließend legst du deine Fingerspitzen auf das Brustbein. Sammle und zentriere den Energiestrom wieder auf den Punkt unmittelbar hinter dem Brustbein. Stell dir vor, wie gebündelte, weiche, goldgelbe, heilende Lichtstrahlen aus deinen Fingerspitzen tief in die Höhle deines Brustraums fließen, während du sanft deinen Atem dort hinlenkst. Beobachte, was geschieht.

Vielleicht nimmst du während des Übens wahr, wie dein Körper zur Brücke zwischen Himmel und Erde wird, wie Himmel und Erde, wie „kosmische“ und „irdische“ Energie sich in der Tiefe deines Körpers „begrüßen“ und heilend verbinden. Die Menschwerdung kann letztlich nur tief innerhalb unseres Körpers geschehen – im Zentrum unseres Herzens, im Herzen jeder Zelle, über die heilende Verbindung von Bewusstsein und Körper.

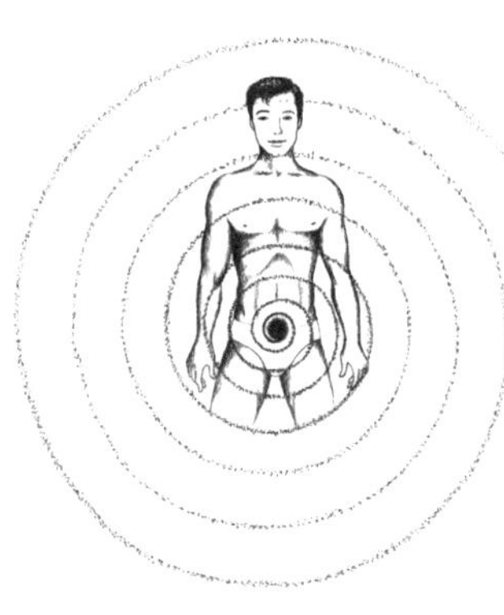

Himmel und Erde in mir

Du kannst jeden der sieben Schritte einzeln als eine in sich abgeschlossene Einheit üben, jeweils fünf bis zehn Minuten. Du kannst auch den Energiesammelpunkt vom Herzzentrum zur Körpermitte, zum Hara (etwa vier Finger breit unterhalb des Nabels), verlagern. Experimentiere, teste den Unterschied. Das Wichtigste dabei ist die Kombination von Haltung und Atem mit der Kraft bildhafter Vorstellung.

Menschwerdung geschieht
tief innerhalb deines Körpers –
im Zentrum deines Herzens –
im Kern jeder Zelle.

Wir sind spirituelle Wesen,
die durch ihren Körper
Mensch-Sein erfahren wollen.

Bodyflow – Bewegung aus der Stille

Von der Trägheit und Schwere des Körpers zur Lebendigkeit und Freude

Bodyflow sind fließende, ineinander übergehende Bewegungen aus dem Raum der Stille, von innen nach außen. Diese Übung kann wirklich Befreiung, Freude und Wohlbefinden vermitteln, besonders dann, wenn du jede Technik und Kontrolle über die Art und Weise deiner Bewegung loslässt. Wir haben die tiefen inneren Bedürfnisse unseres Körpers nach Lösung von Spannung, nach Bewegung, seine ihm innewohnende Weisheit über das *Wie* und *Wie lange* oft genug überhört und häufig übergangen. Ich meine jene wichtigen Bedürfnisse, in denen verschüttete Schichten von Anspannung und Blockaden über den Atem, über spontane Bewegungen aufgelöst und freigesetzt werden können. Der freie, spontane Bewegungsfluss, der wirklich von innen nach außen führt, bringt Schicht um Schicht an die Oberfläche. Sie können über rhythmische oder langsame meditative Bewegungen in Verbindung mit bewusster Atmung ausagiert und befreit werden.

Erlaube dir Bewegungen, die deinem Körper ungewohnt sind, die er seit den Tagen deiner Kindheit vergessen hat. Lass deiner Phantasie dabei freien Lauf. Experimentiere. Irgendwann entdeckst du, dass du dich freier, spontaner, ausdrucksvoller in deinem eigenen Rhythmus bewegst. *Lass* dich bewegen, wie es für deinen Körper stimmt. Spüre in dich hinein: Ist da mehr das Bedürfnis nach langsamen, fließenden oder nach rhythmischen, dynamischen Bewegungen, vielleicht auch nach Stillstand? Was immer aus dir herauskommen mag, setze es um in die entsprechende Bewegung. Erlaube deinem Innenleben, sich über Bewegung, Atem und Ton nach außen zu stülpen. Schwinge mit, während du Beobachter bleibst.

Überlass dich deiner Lebensenergie, von der du dein ganzes Leben lang bewegt wirst, jener Lebenskraft, die durch jeden Winkel, durch jede Faser deines Körpers strömen und sich befreien möchte. Du kannst *Bodyflow* mit und ohne Musik durchführen. Finde die für dich geeignete Musik, entsprechend dem jeweiligen Bedürfnis deines Körpers. Versuche beides. Entdecke, wie die äußeren Rhythmen – langsam getragen oder dynamisch – deine inneren Rhythmen beeinflussen; wie vielleicht zuvor negative Empfindungen oder Trägheit und Schwere des Körpers sich auf einmal in Lebendigkeit, Lust und Freude verwandeln können. Die Übungsdauer beträgt etwa zehn bis zwanzig Minuten.

Die transformierende, heilende Kraft von *Bodyflow – Bewegung aus der Stille* ist nicht zu unterschätzen. Sie ermöglicht dir, die Intelligenz und die Weisheit deines Körpers aufzuspüren und dein Bewusstsein noch mehr mit deinem Körper zu verbinden. *Bodyflow* beeinflusst deine körperliche Flexibilität und diese wiederum bedingt die geistige Beweglichkeit. Verschüttete Kreativität und schlummernde Intuition können sich entfalten und in alle Lebensbereiche hinein wirken.

Wir haben
die tiefen inneren Bedürfnisse
unseres Körpers
oft genug
überhört und übergangen.

Laufen – eine aktive Körpermeditation

Befreie deinen Geist, beflügle deine Seele

Meditation – ein viel diskutiertes und oft auch umstrittenes Thema – dient heute als Sammelbegriff für eine Vielzahl von Übungsverfahren unterschiedlicher Herkunft. Und doch haben sie alle dasselbe Ziel: das Bewusstsein des Übenden in einen Zustand zu versetzen, in dem er zu einer vertieften Wahrnehmung seiner selbst, zu Ausdehnung, Entspannung und Befreiung gelangen kann. Gemeinsames Kennzeichen aller Meditationsformen ist es, den Geist des Übenden zu sammeln, zu beruhigen und zu klären – wie die Oberfläche eines aufgewühlten Gewässers, dessen Grund man nur erblicken kann, wenn die Oberfläche still und das Wasser klar ist.

Dieser Zustand kann auf verschiedenen Wegen erreicht werden. Zum Beispiel durch Körper- und Atemübungen, durch Bewusstseinsschulung, durch Konzentration auf symbolische Formen oder verschiedene Klänge, auf Empfindungen wie Liebe oder durch das Verweilen in einem Zustand gesammelter, inhaltsloser Wachheit wie beispielsweise im Zen. Die Übungen sollen nicht als Mittel zum Zweck verstanden werden, sondern als ein Weg, der das Ziel bereits beinhaltet. Der wirkliche Erfolg zeigt sich darin, dass der Übende diese Erfahrung dann in das tägliche Leben integrieren, in den Alltag einbringen kann. Er ist fähig, das Erfahrene auch tatsächlich zu leben.

Joggen beziehungsweise *bewusstes Laufen* ist meiner persönlichen Erfahrung nach einer der Wege, den Alltag und den Körper in die Meditation mit einzubeziehen. Mehr und mehr kann der Alltag dann – in jeder Situation und in jedem Augenblick – zur gelebten Meditation, zur Spiel- und Übungswiese werden. Laufen ist – ähnlich wie Tanzen – eine der Möglichkeiten, den Körper während der Bewegung bewusst zu erleben, während du beobachtest, *wer* oder *was* da durch dich läuft. Wenn du das Laufen nicht als anstrengende Übung betrachtest, die du mit Ehrgeiz betreibst, kannst du vieles in dir und um dich herum wahrnehmen: wie deine Lungen arbeiten, wie dein Atem freier wird. Du kannst die Sauerstoffzufuhr in deinem Gehirn, das energetische Prickeln im ganzen Körper und deinen verstärkten Pulsschlag spüren. Du fühlst, wie sich deine Poren öffnen, wie mit der Ausatmung saure, giftige Stoffe über die Haut mit dem Schweiß ausgeschieden werden. Die anfängliche Müdigkeit löst sich auf, und du wirst lebendig bis in den letzten Winkel deines Körpers. Deine Sinne werden geschärft, die Wahrnehmung wird erhöht. Du erlebst die Welt um dich herum aus einer neuen, erweiterten Sicht.

Bewusstes Laufen ist eine besondere Form *aktiver Meditation*. Nach einiger Zeit regelmäßigen Laufens kann dich ein erhebendes Gefühl erfassen. Vielleicht spürst du dich endlich wieder einmal in deinem Körper, erfüllt mit neuer Lebenskraft. Versuche einmal zwischendurch, dich von dynamischen, musikalischen Rhythmen aus dem Walkman inspirieren zu lassen. Das wirkt stimulierend auf das Gehirn und von dort aus auf den ganzen Organismus. Bewusste Bewegung und Atmung sind der Schlüssel, eine träge Masse Fleisch, eine schlafwandlerische Existenz, in einen wachen, voller Lebendigkeit strahlenden Körper zu verwandeln. Mit etwas Disziplin ist das Laufen einer der einfachsten Wege, aus der Trägheit herauszukommen.

Deinen Geist zu befreien,
deine Seele zu beflügeln bedeutet,
deinen Körper vom Geist bewegen zu lassen,
vom Bewusstsein tragen zu lassen,
von Bewusstheit und Präsenz
durchdringen zu lassen.

Damit das Laufen nicht zur qualvollen Pflicht wird, sondern zu einem lebendigen, ganzheitlichen Erlebnis, ist es wesentlich, bewusst auf Bewegung und Atem zu achten. Folgende zwölf Punkte ermöglichen dir eine Lauferfahrung, die weit in deinen Alltag wirkt:

1. Du selbst bestimmst die Zeit, das Tempo, die Strecke und die Regelmäßigkeit deines Laufens. Lass das Laufen zu deiner eigenen persönlichen Meditation werden. Folge der Weisheit deines Körpers, indem du darauf achtest, wie du dich während des Laufens und danach fühlst. Dein Körper weiß genau, was für dich jeweils am besten ist.

2. Beginne mit kurzen Strecken und laufe dort, wo die Luft am reinsten ist. Laufe zunächst langsam und lege bei Bedarf kurze Gehpausen ein.

3. Laufe so aufrecht wie möglich – Schulter, Brust, Bauch und Hüften in einer senkrechten Linie, die Beine locker heben, die Knie nach oben und vorwärts stoßend.

4. Achte auf deinen Kopf. Er sollte leicht beweglich auf deinem Nacken schweben. Dein Nacken bleibt locker, die Schultern frei und nach unten gesunken, weg von den Ohren.

5. Die Arme schwingen locker zu beiden Seiten deines Körpers, in Übereinstimmung mit Schritt und Atmung. Ellbogen, Handgelenke und Finger sind locker, keine geballte Faust.

6. Lenke deine Aufmerksamkeit bewusst immer wieder in deine Füße, besonders in die Fußsohlen, in die Knöchel, Waden, Knie, Oberschenkel, in deinen Becken- und Bauchraum, in dein Gesäß. Vielleicht bemerkst du, wie deine Organe und Gedärme rhythmisch zum Laufschritt massiert werden.

7. Atme möglichst durch die Nase. Die Ausatmung kann durch den Mund geschehen. Entwickle einen Laufrhythmus, in dem Schritte und Atmung übereinstimmen – beispielsweise vier Schritte, während du einatmest, vier Schritte, während du ausatmest. Du kannst die Schrittzahl deiner Atemkapazität anpassen. Wichtig ist, dass Ein- und Ausatmung gleich lang sind. Finde deinen eigenen Rhythmus und laufe mit deinem Atem. Versuche nicht, deinem Atem davonzulaufen.

8. Laufe lieber weniger als zuviel. Du hast Zeit. Du läufst nicht, um dich zu bestrafen, sondern um dich zu erspüren, zu erleben, in jeder Faser, in jedem Winkel deines Körpers.

9. Wenn du regelmäßig läufst, wachsen Kraft und Ausdauer deines Körpers, gleichzeitig deine Entscheidungs- und Willenskraft. Deine Herzmuskelpumpe wird stärker, der Puls beruhigt sich. Lungenelastizität und Fassungsvermögen vergrößern sich. Deine Nasengänge werden gereinigt. Füße und Beine werden bewusster und gekräftigt. Haut und Augen sprühen vor Lebenskraft. Dein Körper wird leichter und schwereloser.

10. Du kannst die Atmung beim Laufen mit Affirmationen verbinden – zum Beispiel *Mut, Kraft, Freude, Liebe, Wahrheit, Klarheit, Harmonie, Ordnung* – jeweils im Rhythmus zur Ein- und Ausatmung. Finde die für dich in deiner gegenwärtigen Situation notwendigen und geeigneten Worte (siehe auch Kapitel 10).

11. Öffne dich mit jeder Einatmung mehr und mehr deinem Körper. Stelle dir immer wieder vor, wie du mit der Ausatmung überflüssige Verspannungen und Blockaden in deinen Muskeln loslässt und wie du gleichzeitig verrostete Gedankenmuster und überflüssige Konzepte und Programme aus deinem Gehirn entlässt. Beides hängt zusammen.

12. Erlaube deinem Atem, immer tiefer in deinen Körper einzudringen. *Lass* dich atmen. *Lass* dich laufen, immer lockerer, immer freier, ohne Zwang. Und dann kann es geschehen, dass du jenen Zustand erlebst, dass du plötzlich bis zum Ende der Welt und darüber hinaus laufen könntest. Dass du dich auf einmal von deiner Präsenz getragen fühlst. Und du nimmst wahr: Nicht mehr *ich* laufe und atme, sondern: Ich *werde geatmet*, ich *werde gelaufen*. Der Schöpfer läuft durch mich. Alles geschieht mühelos, wie von selbst. Mein Körper wird leichter und leichter und könnte jetzt wie von selbst bis zum Ende der Welt laufen …

Und wenn du dich daran erinnerst,
dieses Bewusstsein,
jene Momente dieser Erfahrung
in deinen Alltag einzubringen,
kann dein ganzes Leben mehr und mehr
zur gelebten Meditation werden.

Den Morgen begrüßen – Surya Namaskar, der Sonnengruß

Durchlichte deinen Körper, deine Seele, dein Denken

Wer die Welt bewegen will,
sollte sich erst selbst bewegen.
SOKRATES

Auch der *Sonnengruß* ist eine dynamische Entspannungs-Methode, die zu entspannter Dynamik führt. Er ist eine spezielle Methode, die Energie und Heilkraft der Sonne gezielt in deinen Körper strömen zu lassen. Das unterstützt dich, deine Zellen aus der solaren Quelle zu nähren und aufzuladen und darüber hinaus – Seele und Geist zu erheben. Der *Sonnengruß* ist ein einfacher, besonders wirkungsvoller Übungs-Zyklus aus der Yoga-Tradition, den jeder und jede erfolgreich üben kann, von der Kindheit bis ins hohe Alter – überall und jederzeit.

Der Yoga-Philosophie entsprechend ist der Mensch als Mikrokosmos das Ebenbild des Makrokosmos, durchdrungen von den fünf Elementen – Erde, Wasser, Feuer, Luft und Äther. Die Sonne wird im menschlichen Körper im Sonnengeflecht, dem Solarplexus, lokalisiert. Dieses wichtige Energiezentrum, unser sogenanntes „Bauchgehirn", ist dem Element Feuer zugeordnet. Das Sonnengeflecht kontrolliert laut Yoga-Lehre 7200 Nerven und Arterienstränge, die sich durch den Körper ziehen. Die durch den *Sonnengruß* in unserem Sonnengeflecht aktivierte und freigesetzte Energie strömt von dort in alle Körperteile und belebt jede Zelle.

Der *Sonnengruß* ist ein Übungszyklus von zwölf ineinander übergehenden Bewegungen. Die Übungen nehmen nur einige Minuten in Anspruch und wirken doch auf den ganzen Organismus. Sie haben eine heilende, stärkende, aufbauende und belebende Wirkung auf den ganzen Menschen – auf Körper, Seele und Geist. Jeder Teil des Körpers wird bewegt, gedehnt, aktiviert und bewusst gemacht. Der Sonnengruß bewirkt Kraft, gleichzeitig aber auch eine tiefe innere Ruhe. Das gesamte Verdauungssystem wird stabilisiert, das Herz gestärkt, der Blutdruck und damit die Blutzirkulation reguliert. Die Funktion der Drüsen und lebenswichtiger Organe wird aktiviert: Herz, Magen, Leber, Milz und

Därme. Unsere Immunkräfte werden gesteigert. Durch das Strecken, Dehnen und Pressen im Wechsel in Verbindung mit bewusster Atemlenkung werden Gifte und Schlacken im Körper freigesetzt und ausgeschieden.

Ich empfehle dir, den *Sonnengruß* möglichst morgens gleich nach dem Aufstehen zu üben. Doch spüre, ob es auch für deinen Körper wirklich stimmt. Durch die intensive Aktivierung des gesamten Körpers wird der Tagesrhythmus positiv beeinflusst. Trage lockere Kleidung, nichts Einengendes, besonders nicht im Bereich des Solarplexus. Du kannst auch nackt üben. Es ist ein herrlich befreiendes Gefühl. Übe in der ersten Woche nur eine bis drei Runden und steigere allmählich die Zahl der Runden. Übe in der angegebenen Reihenfolge (Ziffern 1 bis 12 in der Abbildung S. 98 f.). Finde den für deinen Körper geeigneten Rhythmus – langsam oder schnell – heraus. Beachte die korrekte Atemlenkung! Jeder Bewegung entspricht ein Atemzug. Dein natürlicher Atem führt die Bewegung. Atemansatz ist gleich Bewegungsansatz. Übe bewusst. Bleibe präsent bei der Übung, während du immer wieder in deinen Körper hineinspürst.

Stellung 1: Ausatmen, während du aufrecht stehst. Falte deine Hände vor der Brust. Begrüße die Sonne. Stell dir vor, wie ihr Licht, ihre Energie, ihre Wärme mit jedem Atemzug tief in deinen Körper strömen.

Stellung 2: Einatmen, während du deinen Körper zurückbeugst. Führe die Arme gestreckt über den Kopf nach hinten. Dehne deine Nabelgegend. Weite deinen Brustraum. Öffne deine Achselhöhlen. Spanne deine Gesäßmuskeln an.

Stellung 3: Ausatmen, während du dich langsam nach vorne beugst. Die Handflächen kommen vor die Zehen auf den Boden. Dort bleiben sie bis zum Schluss des Surya-Namaskar-Zyklus unverändert liegen. Dehne die gesamte Rückseite deines Körpers.

Stellung 4: Einatmen, während du dein linkes Bein nach hinten streckst. Deine Zehen sind aufgestellt. Dein linkes Knie berührt den Boden. Dein rechtes Bein ist um 90 Grad angewinkelt, das Knie über dem Knöchel. Beuge deinen Kopf leicht nach hinten.

Stellung 5: Halte den Atem an, während du dein rechtes Bein ebenfalls zurückstreckst. Deine Halswirbelsäule, Rücken und Gesäß bilden eine Linie, deine Zehen sind aufgestellt.

Stellung 6: Ausatmen, während du deine Arme beugst. Stirn, Brust und Knie berühren den Boden. Hebe deine Hüften und dein Gesäß so hoch wie möglich vom Boden. Deine Zehen sind aufgestellt.

Stellung 7: Einatmen, während du deinen Kopf und deinen Oberkörper zurückbeugst. Dein Brustraum ist geweitet, deine Gesäßmuskeln sind angespannt, die Zehen sind aufgestellt.

Stellung 8: Ausatmen, während du deine Hüften und dein Gesäß so weit wie möglich nach oben hebst. Arme, Beine und Oberkörper bilden ein umgedrehtes V. Bringe die Fersen so nahe wie möglich zum Boden. Deine Handstellung ist noch immer unverändert.

Stellung 9: Einatmen, während du dein linkes Bein jetzt mit einem weiten Schritt nach vorne bringst. 90 Grad anwinkeln, das Knie kommt dabei über den Knöchel. Das rechte Bein ist nach hinten gestreckt, das rechte Knie zeigt zum Boden. Die Zehen sind aufgestellt. Beuge deinen Kopf leicht nach hinten.

Stellung 10: Ausatmen, während du deinen rechten Fuß mit einem Schritt nach vorne neben den linken bringst und dich wieder langsam aus den Hüften nach vorne beugst. Fühle die Dehnung der gesamten Rückseite deines Körpers bis über die Haut.

Stellung 11: Einatmen, während du hochkommst und deinen Körper zurückbeugst. Strecke deine Arme wieder nach hinten über den Kopf. Dehne die Nabelgegend. Weite den Brustraum. Öffne deine Achselhöhlen. Spanne deine Gesäßmuskeln an.

Stellung 12: Ausatmen, während du in die Ausgangsstellung zurückkommst. Falte deine Hände vor der Brust. Atme dreimal tief durch, und stell dir dabei wieder vor, wie dein Körper von Licht, Energie und der Wärme der Sonne durchflutet wird.

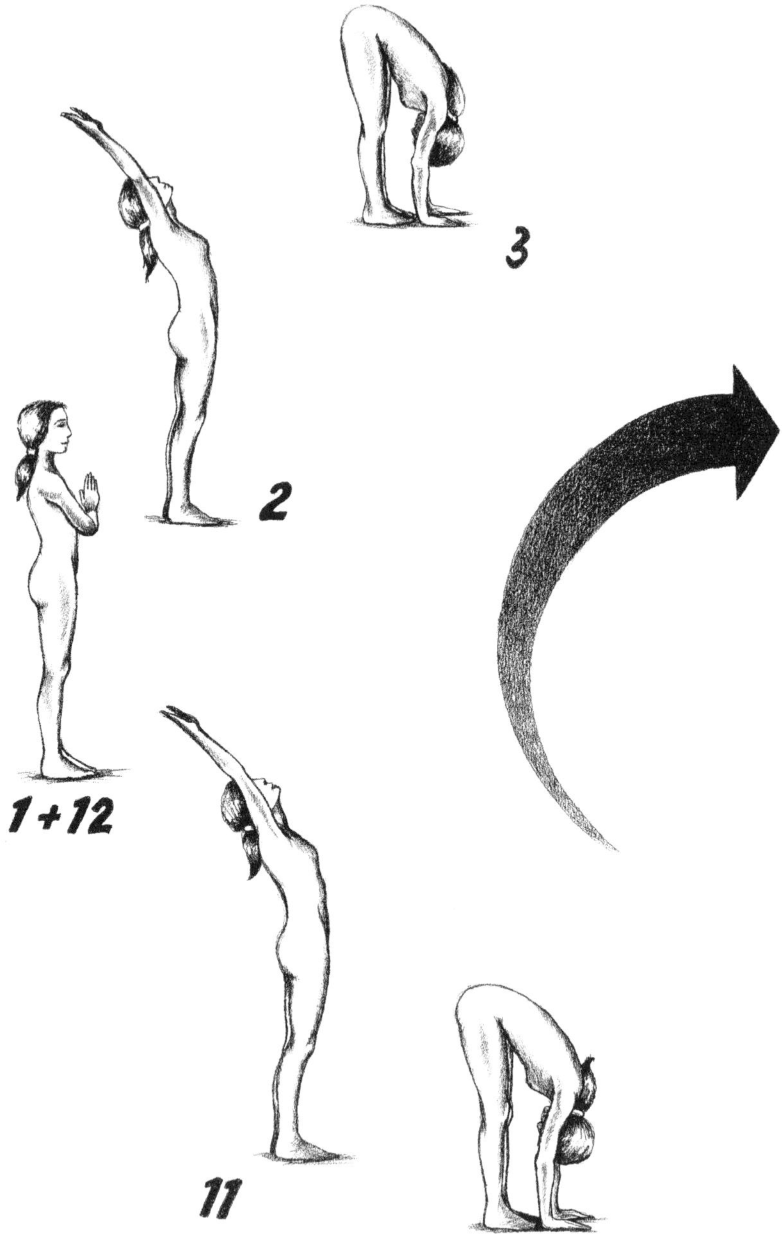
3
2
1 + 12
11
10

9

Surya Namaskar –
der Sonnengruß

Übe diesen Zyklus drei- bis zwölfmal. Lass den *Sonnengruß* mehr und mehr zu einer dynamischen Meditation werden, die deinen ganzen Körper mit einbezieht. Beobachte, wie deine Wirbelsäule täglich flexibler wird, dein ganzer Körper lebendiger, durchlässiger und schwereloser, dein Geist klarer …

Die äußerste Sonne dringt in die
Tiefe der äußersten Finsternis …
In den Upanishaden heißt es,
dass Yama, der Gott des Todes, der Sohn der Sonne sei.
Wir sterben so lange, bis wir verstehen,
dass unser zerbrechlicher Körper in Wahrheit
das Feld einer höchsten Eroberung und einer höchsten Befreiung ist
und dass das Paradies der Wahrheits-Sonne
auf der Erde und in unserem Körper ist.

AUROBINDO

7 Das große Geheimnis des Atems

Der Atem ist ein Strom, der von der physischen Ebene
zu unserem innerstem Zentrum fließt,
ein Strom, der sich seinen Weg durch unseren Körper,
durch unsere Seele und unseren Geist bahnt.
Er strömt zu unserem innersten Lebenskern und wieder zurück.

HAZRAT INAYAT KHAN

Atmen ist Leben. Wir atmen jeden Augenblick, ob wir uns dessen bewusst sind oder nicht. Jedes Lebewesen auf dieser Welt atmet. Dabei verbinden wir unsere Außen- mit unserer Innenwelt. Der erwachsene Mensch atmet pro Minute im Durchschnitt vierzehn bis sechzehn Mal. Pro Jahr ergibt das etwa 8 400 000 Atemzüge aus der „Prana-Energiequelle", die wir mehr oder weniger bewusst zu uns nehmen. In meinen Kursen und Seminaren werde ich manchmal von Teilnehmern gefragt, ob jemand „richtig" atmet. Es gibt kein „richtig" oder „falsch". Es gibt nur „bewusstes" oder „unbewusstes" Atmen.

Wenn du dir der Qualität deines Atems, deines Atempotenzials bewusst werden möchtest, ist *bewusstes* Atmen zunächst einmal das Wichtigste. Allein das aufmerksame Beobachten deines Atems löst unerwartete, heilende Veränderungen aus. Deine Körperwahrnehmung wird erhöht und bald entdeckst du die Verbindung, die Einheit von Körper, Atem und Bewusstsein.

Der Atem hat die Kraft, die alles Schwere leicht macht. Seit der Wiederentdeckung verschiedener alternativer Heilmethoden wird dem Atem in den letzten Jahrzehnten besondere Bedeutung beigemessen. Die Atemtherapie ist heute sowohl eine begleitende als auch eine selbstständige Heilmethode. Dabei ist bei allen Atemmethoden *bewusstes Atmen* der Schlüssel zu holistischer Gesundheit, zu einer Ausgewogenheit von Körper, Seele und Geist. Verbunden mit der Kraft der Gedanken und der Macht der Vorstellung ist der Atem eines der wirkungsvollsten Instrumente, unser menschliches Potenzial in allen Bereichen unseres Daseins zu leben.

Wenn wir uns dem belebenden und heilenden Fluss unseres Atems öffnen wenn wir Prana – die Urlebensenergie – bewusst in uns einströmen lassen, vermittelt uns der Atem sein tiefstes Geheimnis: Es ist das Geheimnis deines Lebens selbst – die Erfahrung, wer du wirklich bist. Es ist das unmittelbare Erleben deines Ursprungs, deiner tiefen Wahrheit, deiner Essenz. Es ist das Erkennen deiner wahren Natur.

Dein Atem ist dein „befreiender Erlöser“,
der dir „erlösende Befreiung“ schenkt.
Er ermöglicht dir die unmittelbare Erfahrung
von ganzheitlicher Gesundheit,
von Leben, von Liebe.

In diesem Kapitel findest du Methoden für jeden Augenblick, ausgewählte Übungen zu erhöhter Lebendigkeit und Bewusstheit deines Körpers, zur Aktivierung deines Geistes und zur Beruhigung deiner Gedanken und Nerven. Ich lege dir ans Herz, die Atemmethoden nicht nur an der Oberfläche zu streifen, vielmehr dein Übungsmosaik zu erweitern, zu ergänzen und zu vertiefen. Und du wirst bemerken, wie du dem wirklich tiefen Geheimnis deines Atems, dem Geheimnis deines Lebens und vor allem dem Sinn deines Lebens Schritt für Schritt näher kommen kannst.

Der volle Atem – die Atemorgane aufspüren

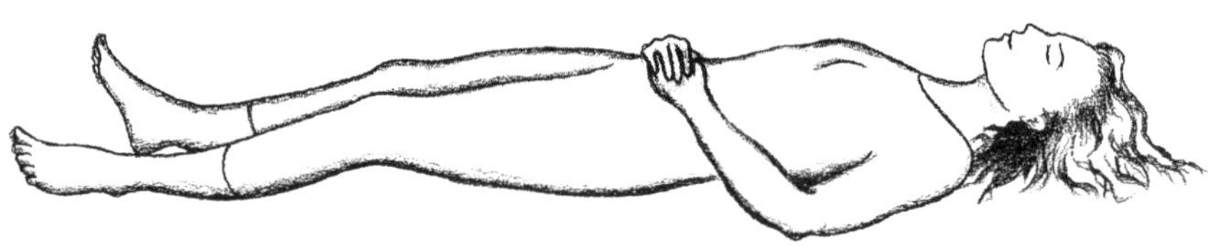

1. Bauchatmung

Wir beginnen mit dem Bauch. Diese Übung stärkt die Basis und macht den gesamten Beckenraum bewusst. Lege beide Hände auf den Bauch und fülle langsam den unteren Teil deiner Lunge. Dein Bauch wölbt sich leicht mit dem Einatmen, senkt sich beim Ausatmen. Bewahre dir so gut wie möglich einen gleichmäßigen Rhythmus und beatme bewusst und kreisförmig deinen Beckenraum bis hinten in den Lendenwirbelbereich. Führe diese Übung fünf Atemzyklen lang durch.

2. Brustkorbatmung

Lege die Hände mit den Daumen nach unten an die Rippen. Atme ein. Fülle bewusst den mittleren Teil der Lungen. Erlaube deinen Rippen und den dazwischen liegenden Muskeln, sich von innen nach außen zu dehnen. Fühle, wie sich dein Rumpf langsam und gleichmäßig wie ein Ballon weitet. Spüre die Dehnung bis über die Haut. Führe diese Übung fünf Atemzyklen lang durch.

3. Lungenspitzenatmung

Lege deine Hände auf den Brustkorb unterhalb des Schlüsselbeins. Dort befinden sich die bei den meisten Menschen vernachlässigten Lungenspitzen. Ziehe einatmend den Atem vom Bauch in den Brustraum hinauf bis in die Lungenspitzen. Führe diese Übung fünf Atemzyklen lang durch.

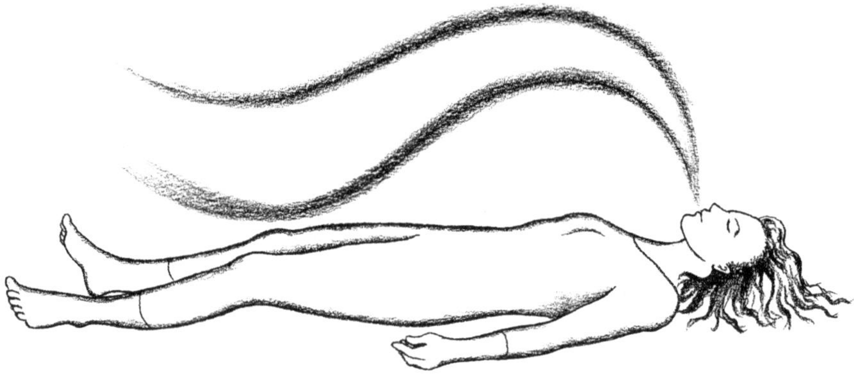

4. Vollatmung

Bauch, Brust und Lungenspitzen werden jetzt in einer einzigen Ein- und Ausatmung verbunden. Wir beginnen mit dem Bauch, gehen über zu den Rippen und füllen zuletzt die Lungenspitzen. Halte kurz den Atem an und atme dann locker wieder aus, von oben nach unten. Nach sechs Atemzyklen normal weiteratmen, während du dich bewusst im ganzen Körper spürst.

Zeige mir, wie du atmest
und ich sage dir, wie du lebst.

DYCHTWALD

Bewusstes Atmen – Empfangen und Geben im Gleichgewicht

Unsere Möglichkeit, Lebensenergie über den Atem aufzunehmen, hängt nicht so sehr von der Lungenkapazität ab, sondern vielmehr vom Rhythmus, von der Tiefe und Geschmeidigkeit des Atems – vor allem aber vom Grad der Bewusstheit.

Wenn wir von Atem sprechen, so bedeutet das, bei geschlossenem Mund durch die Nase zu atmen, voll ein- und auszuatmen und dabei alle Atemorgane einzubeziehen. Wenn wir ausatmen, zieht sich der Bauch zusammen, das Zwerchfell hebt sich und massiert dabei das

Herz. Beim Einatmen dehnt sich der Rumpf, das Zwerchfell senkt sich und massiert die Bauchorgane. Obwohl das Einatmen häufig für die wichtigste Atemphase gehalten wird, liegt der Schlüssel im Ausatmen: Je mehr verbrauchte Luft wir ausatmen, desto mehr Prana – heilendes und vitalisierendes Lebenselixier – können wir mit der Einatmung aufnehmen.

Bewusstes Atmen ermöglicht uns, zunächst unsere Atemgewohnheiten kennenzulernen, damit wir auf dieser Basis unser Atempotenzial entfalten und die Qualität unserer Atmung nach und nach verbessern können. Bereits das aufmerksame Beobachten des Atems löst überraschende Veränderungen aus: Die Körperwahrnehmung wird intensiviert, und dabei können wir entdecken, welche Teile unseres Körpers mehr oder weniger bewusst und infolgedessen mehr oder weniger belebt sind.

Sobald wir uns auf die Reise machen, unseren Atem bewusst zu erspüren und ihn durch gezielte Übungen zu entfalten, ermöglichen wir unserem Körper ein großes Geschenk: Er wird durchlässig für Prana. Das bedeutet, wir finden zurück zu unserer ursprünglichen Vitalität, zu unseren Gefühlen, zu unserer Intuition und Kreativität und nicht zuletzt zur Klarheit unseres Denkens.

1. Sitze oder liege völlig entspannt und losgelöst. Beobachte, wie der Luftstrom beim Einatmen an der Innenseite deiner Nase sich den Weg in deinen Körper bahnt, wie er über die Nasenhöhlen in deinen oberen Brustraum strömt und wie er von dort langsam tiefer in deinen Körper vordringt. Kannst du wahrnehmen, wie er beim Ausatmen in umgekehrter Reihenfolge wieder zurückströmt?
2. Spürst du einen Unterschied zwischen Ein- und Ausatmung? Einatmen bedeutet gleichzeitig Nehmen und Empfangen, Ausatmen bedeutet Loslassen, Abgeben. Was fällt dir leichter, was schwerer? Erkennst du einen Unterschied? Wenn ja: Kannst du das Ungleichgewicht auch in deinem Alltag beobachten? Ist dir bewusst, dass *Empfangen* genauso schwer sein kann wie *Geben*, für manche Menschen so gar noch schwieriger? „Empfangen“ bedingt die Fähigkeit zur „Hingabe“. Verweile in dem Zustand losgelösten Gewahrseins, während du folgende Worte in Verbindung mit deiner jeweiligen Ein- und Ausatmung auf dich wirken lässt:

3. Verweile bei jedem Wort ein bis zwei Minuten, während du deinen Atem beobachtest, ohne den Atemfluss willentlich zu beeinflussen. Wo liegt der Schwerpunkt bei jedem Wort – in der Ein- oder in der Ausatmung? Was fällt dir leichter, was schwerer: *Nehmen* oder *Geben? Empfangen (Hingabe)* oder *Schenken?* Bemerkst du einen Unterschied zwischen der Geste des *Nehmens* und der Geste des *Empfangens?*
   Es gibt zwei Möglichkeiten, einen Unterschied auszugleichen: Du zählst während des Einatmens und während des Ausatmens jeweils bis vier. Hast du Probleme mit der Einatmung (Nehmen, Empfangen, Hingabe), verlängerst du und vertiefst du deine Einatmung, indem du während des Einatmens bis fünf und während des Ausatmens bis drei zählst. Wenn dir das Ausatmen schwerer fällt (Geben, Loslassen), zählst du bis fünf während des Ausatmens und bis drei während des Einatmens. Achte in jedem Fall auf eine vollständige Ausatmung!

Einheit durch verbundenes Atmen

Verbundenes Atmen bedeutet, entspanntes Einatmen fließend und zwanglos mit dem entspannten Ausatmen zu verbinden, während du gelassen den Atemvorgang beobachtest. Dabei verbindet und harmonisiert dein Atem deinen Körper, deine Psyche und deinen Geist. Diese Übung stammt von Leonard Orr, dem Begründer der Rebirthing-Atemmethode. Sie dauert nur dreißig Sekunden, und du kannst sie immer und überall durchführen.

Du atmest sanft ein und entspannst dich, während du ausatmest. Zähle in Gruppen von fünf: Du atmest zunächst viermal kurz und rhythmisch ein und aus. Beim fünften Atemzug füllst du langsam und bewusst deinen ganzen Körper mit der Einatmung. Atme in deine Füße, in deine Beine, in deinen Becken- und Bauchraum, in deine Brust, deinen Hals und Kopf. Erlaube deinem Atem so tief wie möglich in deinen Körper einzuströmen. Dann atmest du langsam wieder vollständig aus.

Es folgen zwei bis drei normale Atemzüge. Anschließend beginnst du wieder von vorne mit vier kurzen, rhythmischen und einem langen, tiefen Atemzug. Führe diese Übung viermal hintereinander durch. Beachte:

- Atme nur durch die Nase ein und aus.
- Ein- und Ausatmen geschehen in einem ununterbrochenem Kreis – ohne Pause, ohne Unterbrechung.
- Die kurzen Atemzüge betonen die Verbindung und das Verschmelzen des Ein- und Ausatmens in ungebrochenen Kreisen.
- Während des tiefen, langen Atemzugs füllst du dich so weit auf, wie du kannst, und lässt während des Ausatmens völlig los.

Wenn du eine Weile auch nur einmal pro Tag diese *zwanzig verbundenen Atemzüge* durchführst, wird sich dein Atembewusstsein steigern. Diese eine Minute bewusster Atmung bringt neue Lebensenergie und Kraft in deinen Körper.

Flexibilität und *Kreativität* durch die Atemwelle

Das Aufsteigen der Welle aus dem Ozean
entspricht der Einatmung.
Das Umkippen der Welle, der Rückzug,
entspricht der Ausatmung.

Wenn du bewusst atmest, kannst du deinen Atem mit einer Welle vergleichen, besonders dann, wenn du auf dein Atemgeräusch hörst. Wie der Ozean unterschiedliche Wellen, verschiedene Rhythmen und Formen hervorbringt, so auch dein Atem, der aus dem Ozean deines Lebens strömt. Aus – ein – aus – ein … ein ewiger Kreislauf, der Welle um Welle aus dem Meer deiner Existenz spült und wieder zurückfließen lässt. Sobald eine Welle sich überschlägt, zurücksinkt und sich wieder im Meer auflöst, rollt bereits die nächste heran. Die Vorstellung der Welle kann dich unterstützen, fließend, rund und entspannt zu atmen.

Diese wohltuende, einfache Übung führst du am besten im Liegen durch. Stell dir vor, du liegst an deinem Lieblingsplatz irgendwo am Meer. Du fühlst eine lauwarme Brise, die vom Meer zu dir herüberströmt. Du riechst die würzige Salzluft. Du siehst und hörst, wie eine

Welle nach der anderen anrollt, sich überschlägt und wie sie sich wieder in den Ozean zurückzieht.

Du beginnst mit der Ausatmung. Zunächst muss die sich noch in den Lungen befindliche Luft voll ausgeatmet werden. Stell dir dabei ein Gefäß vor, das auch erst geleert werden muss, um Raum für neues, frisches Wasser zu schaffen. Dann visualisierst du während der Einatmung, wie jede anrollende Welle deinen Körper mit Wasser, mit heilender und nährender Lebensenergie und Kraft füllt. Der Übergang vom Einatmen zum Ausatmen ist der Augenblick, in dem sich die Welle überschlägt und ins Meer zurückfließt. Genauso ist es mit deiner Ausatmung. Deine Lungen werden leer, und es entsteht Raum für die nächste Welle, die mit der Einatmung durch deine Atemorgane strömt. Eine Welle folgt der anderen.

Atme in dieser Weise zwanglos und entspannt etwa fünf bis zehn Minuten lang.

Der wichtigste Schlüssel ist die Hingabe an deinen Atem –
Vom „Atem-Machen" zum Atem-Geschehen-Lassen",
Zum „Zeuge-Bewusst-Sein", zum „reinen Sein".
Dann geschieht der Kontakt mit deinem Ursprung,
das Eintauchen in den grenzenlosen Ozean des Seins,
das Nachhausekommen in die alles durchdringende Präsenz der Quelle,
wenn du bereit bist, dich ihr zu öffnen, dich von ihr finden zu lassen.
Dann weißt du, es gibt nichts mehr zu suchen,
denn dann bist du GEFUNDEN WORDEN. Das ist ES.

Lebendigkeit durch den Energie-Atem

*Man sollte zwischen **Bewusstsein** und **Bewusstheit***
folgende nützliche Unterscheidungen treffen.
Bewusstheit ist Bewusstsein und das Erkennen dessen,
was im Bewusstsein vor sich geht,
oder dessen, was in uns vor sich geht,
während wir bei Bewusstsein sind.

MOSHE FELDENKRAIS

Energetisches Atmen ermöglicht es dir, bis zu siebenmal mehr Sauerstoff und Energie aufzunehmen, die sich dann über die Energiekanäle im Körper verteilen. Das Blut wird optimal mit Sauerstoff, das Gehirn mit Energie aufgeladen. Dadurch kannst du dich und die Welt mit erhöhter Bewusstheit, mit einem erweiterten Bewusstsein erleben. Physische und psychische Schmerzen lassen nach. Müdigkeit wandelt sich in Lebendigkeit, Trauer in Lebensfreude, Angst in Liebe. Der Organismus kommt wieder ins Gleichgewicht. Der Geist wird klar, das Gehör schärfer, die Farben frischer. Deine gesamte Wahrnehmung wird erhöht. Und das kann dich unmittelbar zu deiner *inneren Kraftquelle* führen.

Energetisches Atmen ist rhythmisches Atmen. Unser Organismus reagiert auf ungewohnte Atemrhythmen genauso wie auf ungewohnte Bewegungsrhythmen. Wenn wir unserem Körper neue Bewegungen und Haltungen ermöglichen und unseren Atem in neuen Rhythmen fließen lassen, lösen wir auch starre Gedankenformen und Verhaltensmuster im Gehirn auf. Wir eröffnen uns neue Sichtweisen. Wir werden ganz einfach freier in unserem Denken, in unserem Bewusstsein und somit auch in unserem Handeln.

1. Atme so schnell und tief wie möglich durch die Nase ein und aus. Halte keine Atemluft zurück: komplettes Einatmen, komplettes Ausatmen. Beginne mit etwa zwölf Atemzügen. Sobald sich dein Organismus an die vermehrte Prana-Aufnahme gewöhnt hat, kannst du die Anzahl der Atemzüge langsam steigern – doch Vorsicht: Gehe bewusst und achtsam mit deinem Atem um!
2. Nach dem letzten rhythmischen, schnellen Ausatmen machst du einen langen tiefen Atemzug. Du füllst dabei deinen Körper mit so viel Prana wie möglich und hältst den Atem dann so lange wie möglich.
3. Atme anschließend langsam durch Nase oder Mund aus. Beginne mit drei Zyklen täglich. Nach einiger Zeit kannst du die Anzahl langsam erhöhen – jeweils so lange, bis du dich wacher und energetisch aufgeladen fühlst. Vielleicht spürst du ein deutliches Prickeln in deinen Händen und Füßen, das sich bis ins Gehirn ausdehnen kann.

Wenn du den *Energieatem* eine Weile geübt hast und dich damit wirklich wohl fühlst, kannst du seine kraftvolle Wirkung noch erhöhen, indem du beim Atemanhalten die After-Schließmuskeln zusammenziehst. Stell dir dabei vor, wie du den gesamten Rektalbereich einsaugst, nach oben ziehst und dort hältst. Nach einiger Zeit kann sich dein Gespür für Energie und Prana im Körper sensibilisieren. Du kannst dann immer deutlicher wahrnehmen, wie deine Lebensenergie durch deine Wirbelsäule und durch den Nacken nach oben in dein Gehirn strömt.

Entfaltung der Heilkraft durch Atemlenkung ☆

1. Reibe deine Handflächen aneinander, bis du Wärme und Energie zwischen deinen Händen spürst.
2. Lege deine Hände an die Stellen des Körpers, an denen du Spannungen, Schmerzen oder Disharmonien irgendwelcher Art verspürst. Sollten es tiefer liegende Organe sein, so nimm mit dem Handauflegen Verbindung auf und lenke den Fluss deines Atems und dein Bewusstsein an die betreffende Stelle.
3. *Einatmen*, während du dir vorstellst, wie du aus deiner Umgebung Prana, heilende Lebensenergie, durch jede Pore deines Körpers hereinholst.
4. *Ausatmen*, während du deine volle Aufmerksamkeit durch deine Arme und Handflächen zu den jeweiligen Problemzonen deines Körpers lenkst.

Wenn du möchtest, kannst du die Wirkung dieser Übung verstärken, indem du in deiner Vorstellung heilende Farben durch deine Handflächen in die entsprechenden Teile strömen lässt. Bevorzugte Heilfarben sind *Hellblau, Rosa, Grün, Goldgelb* und *Violett*. Vielleicht kannst du bereits intuitiv erspüren, welche Farbe für dich geeignet ist.

Oft wird eine innere Morgenröte erglühen
und die Winkel des schlummernden Bewusstseins erhellen.
Mein Körper – mit all seinen Zellen –
ist Dein lebendiges Gefäß und dient als Kelch
Deiner Glückseligkeit

AUROBINDO

Heilung der Fortpflanzungsorgane ☆

In den Jahren meiner Ausbildung habe ich mich längere Zeit mit Tantra und taoistischen Methoden befasst. Aufgrund persönlicher Erfahrungen und Berichte mir vertrauter Menschen bin ich zu folgendem Ergebnis gekommen: Viele unserer tiefsten Verletzungen – persönlich und kollektiv – sind gespeichert in den Zellen unserer Fortpflanzungsorgane.

Sexuelle Freiheit allein kann diese Verletzung weder löschen noch heilen. Unbewusst praktizierte Sexualität, bei der wir die Lust unserer eigenen Körper und die Gier in den Körpern unserer Partner gegenseitig im Schnellverfahren befriedigen wollen, kann alte Verletzung wieder aktivieren und neue verursachen. Was dann bleibt, ist Ekel, Hilflosigkeit, Übersättigung. Unbewusster, mechanischer Sex kann aber auch ein Ausweichen sein, ein Kompensieren: der Versuch, diese Wunden und Narben und den damit verbundenen Schmerz, der tief in den Zellen unserer Geschlechts- und Fortpflanzungsorgane steckt, zu ignorieren.

An dieser Stelle findest du eine ganz einfache, heilende Atemübung, die – regelmäßig durchgeführt – solche Verletzungen Schritt für Schritt auflösen kann:

Du sitzt oder liegst völlig entspannt. Atme tief ein. Lenke mit der Ausatmung deinen Atem, deine ganze Energie und dein Bewusstsein in deine inneren und äußeren Fortpflanzungs- und Ausscheidungsorgane. Bei den Frauen sind das die Gebärmutter, die Eierstöcke, die Blase, die Klitoris, die Dammgegend und der Anus. Bei Männern der Anus, die Hoden, der Penis, die Blase und die Prostata.

Noch effektiver ist die Übung, wenn du beim Ausatmen in deiner Vorstellung *weiches, goldfarbenes* Licht in deine Sexualorgane strömen lässt oder deiner Intuition entsprechend eine der folgenden Farben: *Hellblau, Rosa, Grün, Violett* oder *Goldgelb*.

Du kannst diese Übung jedes Mal durchführen, wenn du dich daran erinnerst, wo immer du dich gerade befindest, so oft und so lange du möchtest.

Harmonie durch die Atem-Meditation ☆

Dualität zu transzendieren ist die höchste Stufe, Negativität zu transzendieren. Was bedeutet das?

Indem du deinen Schatten erkennst, akzeptierst und integrierst, ist es möglich, ihn aufzulösen. Die *Atemmeditation* mit Gegensatzpaaren bietet sich dazu als eine der einfachsten Möglichkeiten an. Sie unterstützt dich, Gegensätze in dir zu verbinden, so dass du dich aus der trennenden Welt der Dualität und der daraus resultierenden Bewertung und Abwertung deiner selbst und deiner Mitmenschen befreien kannst.

Die folgende einfache Atemmethode, die ich an dieser Stelle mit dir teile, kannst du immer und überall zu jeder Zeit durchführen. Wähle, wann immer du dich daran erinnerst, jene Wortpaare, die deiner momentanen Verfassung entsprechen. Lass deiner Intuition und Kreativität freien Raum. Verbinde die Wortpaare mit deiner Ein- und Ausatmung. Hier ein paar Beispiele:

Einatmen – Gesundheit,
Ausatmen – Krankheit

Einatmen – Freude,
Ausatmen – Traurigkeit

Einatmen – Lebendigkeit
Ausatmen – Müdigkeit

Einatmen – Liebe
Ausatmen – Angst

Einatmen – Harmonie
Ausatmen – Aggression

Einatmen – Einssein
Ausatmen – Trennung

1. Du atmest das *Positive* ein, lädst jede Zelle deines Körpers mit dem entsprechenden Wort auf. Erlaube deinem Atem dabei tiefste Schichten deines Organismus zu berühren – Körper, Psyche, Gehirn.
2. Du atmest das *Negative* aus, mit der Vorstellung und dem Wissen, dass dein Organismus, die Weisheit deines Körpers, die Intelligenz

deines Herzens alles loslässt, was jetzt in deinem Leben, in deiner Welt überflüssig ist. Disharmonie kann sich zu Harmonie wandeln.
3. Abschließend lässt du aus deinem Unterbewusstsein ein Wort aufsteigen, ein Wort, mit dem du dich jetzt „nähren" möchtest, ein Wort, das deinen inneren Heiler aktiviert, deine Ganzwerdung unterstützt.

Einheit erleben durch das Atem-Gebet

Das *Atemgebet* ist eine beliebte Variante zur *Atemmeditation*. Es unterstützt dich, Körper, Geist und Seele unmittelbar als eins zu erleben. Es ermöglicht dir, dich mit der kreativen Intelligenz, mit der Schöpferkraft in dir und um dich herum zu verbinden. Besonders wirkungsvoll ist das Atemgebet in freier Natur. Durch regelmäßiges Üben kann es allmählich geschehen, dass du dich als Teil der Schöpfung erlebst. DAS ist Yoga. Du musst keine Bücher mehr darüber lesen, sondern du kannst die unmittelbare Erfahrung in dir selbst wahrnehmen.

1. *Einatmend* zitierst du innerlich: *Ich atme dich*
   Ausatmend zitierst du innerlich: *Du atmest mich*
   In umgekehrter Reihenfolge:
2. *Einatmend* zitierst du innerlich: *Du atmest mich*
   Ausatmend zitierst du innerlich: *Ich atme dich*

Geborgenheit durch den Lichtkreis-Atem

Der Kreis symbolisiert die Ewigkeit, ohne Anfang und ohne Ende, die vollkommene Harmonie. Im Zentrum des Kreises begegnet sich alles, was außerhalb des Kreises existiert. Im Zentrum gibt es keine Polarität, keine Widersprüche, keine Trennung von Schlecht und Gut, von Oben und Unten. Es gibt nur unendliche Stille und Frieden.

Der *Lichtkreis-Atem* ist eine Atemübung, die dir ein Gefühl von Geborgenheit vermittelt, gleichzeitig dein Energiefeld reinigen und Körper, Seele und Geist verbinden und harmonisieren kann. Er kann im Stehen, Sitzen oder Liegen durchgeführt werden.

1. *Einatmend* ziehst du in deiner Vorstellung einen Kreisbogen, dessen Ausgangspunkt in der Mitte zwischen deinen Fußsohlen liegt, über die Vorderseite deines Körpers bis zum höchsten Punkt deines Kopfes.
   Ausatmend schließt du den Kreis an der Rückseite deines Körpers entlang bis zum Ausgangspunkt. Führe diesen Atemzyklus fünfmal durch.
2. *Einatmend* ziehst du einen Kreisbogen (im Uhrzeigersinn), wieder zwischen deinen Füßen beginnend, die rechte Körperhälfte entlang bis zu deinem Scheitel.
   Ausatmend schließt du den Kreis entlang deiner linken Körperhälfte bis zum Ausgangspunkt. Führe fünf Atemzyklen durch.
3. Wiederhole danach Schritt 2 in die entgegengesetzte Richtung, anschließend nachspüren.

Nach einiger Übung kannst du dir die Atemkreise als Licht- und Energiekreise vorstellen, so dass du dich ganz in Licht gehüllt wahrnimmst.

4. Abschließend zentrierst du dich an der Stelle deines Körpers, an der du persönlich dein innerstes Zentrum wahrnimmst, deine Mitte, deine innere Kraftquelle. Lege die Fingerspitzen dorthin. Richte deine Aufmerksamkeit für ein bis drei Minuten ausschließlich auf diesen Punkt, während du dich mit sanfter Atmung tiefer und tiefer dort hineinfallen lässt.

Im Zentrum gibt es keine Trennung,
kein Gut und kein Schlecht.
Dort – an deinem Ursprung –
gibt es nur Stille und tiefen Frieden.

Schwerelos durch die Licht-Spirale

Wenn wir den Kreis öffnen, wandelt er sich zur *Spirale.* Die Reise entlang der Spirale ermöglicht es, unsere Innen- und Außenwelt zu verbinden, sie als eins zu erkennen. Die Spirale ist der Beginn der Evolution. Sie symbolisiert Bewegung, denn sie trägt uns aus dem Kreis heraus. Sie führt uns durch die Welt der Materie, durch alle Stufen unseres Daseins und schließlich gewandelt zurück zu unserem Ursprung, in unser Zentrum, zu unserer inneren Kraftquelle. Dabei können wir Augenblicke erleben, in denen wir unseren Körper als *schwerelos* empfinden – wie von den Flügeln der Seele getragen.

Die Licht-Spirale

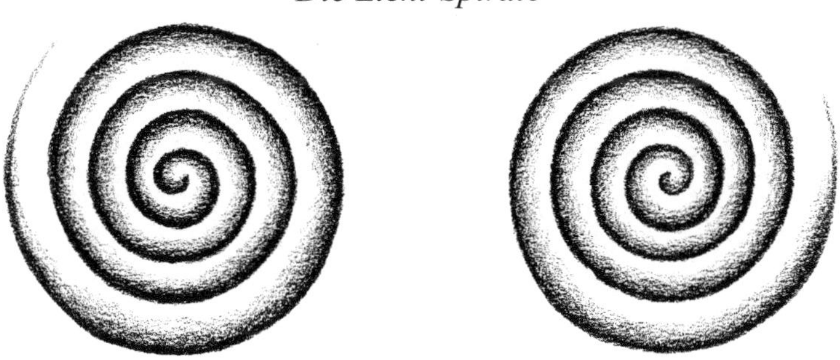

linksdrehend rechtsdrehend

Es gibt verschiedene Möglichkeiten, die Spirale als Atemmeditation einzusetzen. Bei dieser Atemübung kannst du abwechselnd eine linksdrehende und eine rechtsdrehende Spirale visualisieren.

1. Lenke dein Bewusstsein an die Stellen deines Körpers, an denen du Schmerzen, Spannungen oder Blockaden irgendwelcher Art verspürst. Das können auch tiefer liegende Organe, Knochen oder Gewebeteile sein.
2. *Einatmend* visualisierst du eine Lichtspirale, die sich nach links dreht.
3. *Ausatmend* visualisierst du eine Lichtspirale, die sich nach rechts, im Uhrzeigersinn, dreht.

Du holst mit der Einatmung die *linksdrehende Lichtspirale* direkt in deine Problemzone. Mit der Ausatmung visualisierst du die *rechtsdrehende Lichtspirale*, die alles mit sich nach außen zieht, was in deinem System Störungen verursacht.

Führe diese Übung drei Atemzyklen lang durch.

4. Abschließend lenkst du deine Aufmerksamkeit wieder an die Stelle deiner Körpers, an der du dein Zentrum wahrnimmst, und dehnst dich von dort mit der Vorstellung der *rechtsdrehenden Spirale* so weit aus, wie es dir in dem jeweiligen Augenblick möglich ist.

Kraft und Schutz durch die Licht-Pyramide

Unsere Seele „denkt" in Bildern und Symbolen. Äußere Bilder, Farben und Symbole wirken auf unsere Psyche. Sie beeinflussen, harmonisieren, entfalten und stärken sie, und zwar jeweils dem entsprechend, was wir gerade brauchen. Einige der bedeutendsten und wirkungsvollsten Symbole sind das Kreuz, der Kreis, die Spirale, das Dreieck oder die Pyramide. Atemmethoden in Verbindung mit Worten beziehungsweise Mantras, mit Formen, mit Bildern und mit Farben haben eine besonders starke Heilkraft. Die Pyramide ist ein Symbol von Energie, von Kraft und Stärke, von Schutz.

Diese Übung kannst du durchführen, wann immer du Kraft und Schutz brauchst – im Stehen, Sitzen oder Liegen.

Stell dir vor, du stehst oder sitzt in der Mitte einer Pyramide, du bist eingehüllt in eine *Lichtpyramide*. Mit der Krone deines Kopfes befindest du dich direkt unter der Spitze der Pyramide. Mit jeder Einatmung strömen Licht, Kraft und Energie durch die Spitze der Pyramide über die Krone deines Kopfes in deinen Körper. Mit jeder Ausatmung verteilen sich das Licht, die Energie und die Kraft in deinem Körper und strömen darüber hinaus in die Pyramide. Hülle dich mit jedem Atemzug mehr und mehr in dieses Licht und in das Energiefeld, das du selbst mit der Kraft der Vorstellung in Verbindung mit deinem Atem kreierst.

Gezielte Atemübungen in Verbindung mit Lauten,
mit der Kraft der Vorstellung von Bildern,
Elementen, Farben, Symbolen und Formen
haben eine besonders heilkräftige Wirkung.

Klarheit durch den Wasser-Atem

In der Yogalehre sowie im Taoismus wird das Wasser dem weiblichen Prinzip zugeordnet – Yin, das Kühlende, Heilende, der Mond. Wasser und Yin sind stärker als Stein, heißt es. Sie höhlen Versteinertes aus, dringen in alle Ritzen, weichen alles Starre, Begrenzende auf. Und darum geht es in dieser Übung, die den Atem mit dem Element Wasser verbindet.

Lege dich entspannt an einen ungestörten Ort. Nimm dir mindestens zehn Minuten Zeit für diese Übung. Visualisiere dich – nur mit dem Gewand deiner nackten Haut bekleidet – im lauwarmen Meer liegend, in türkisfarbenem, klarem, reinem Wasser. Über dir sind blauer Himmel und strahlende Sonne. Eine milde Brise streift dein Gesicht und die Teile des Körpers, die nicht vom Wasser umspült sind. Nimm jetzt deine zahllosen Poren, die Öffnungen deines Körpers wahr.

Einatmend stellst du dir vor, wie du dieses klare, reine, türkisfarbene Wasser durch jede Pore deines Körpers saugst, wie du dabei jede Zelle bis zum Knochenmark mit Prana – Wasser und Atem – durchspülst, auffüllst, nährst und heilst.

Ausatmend werden mit dieser Vorstellung überflüssiger Ballast, Toxine und Schlacken aus deinem System, aus Körper, Seele und Geist herausgespült, dem Meer übergeben. Alles, was dich belastet, was du jetzt nicht mehr brauchst, löst sich im Wasser auf: alles Starre und Festgefahrene – alte Emotionen, negative Gedanken und Konzepte –, einfach alles, was die Klarheit deines Geistes behindert und die Weite deines Herzens begrenzt.

Freude durch den Sonnen-Atem

Unsere Haut ist unser empfindsamstes Sinnesorgan. Sie entsteht in früher embryonaler Entwicklung im Mutterleib, aus derselben Zellschicht wie die Zellen unseres Zentralnervensystems. Als nach außen gerichtetes Organ ist die Haut Sender und Empfänger von Informationen und Empfindungen, die Emotionen und Gefühle auslösen. Erlaube deinem Bewusstsein während des *Sonnen-Atems*, sich bis über deine Haut auszudehnen. Allmählich kannst du dabei deine Aura wahrnehmen.

Nimm dir auch für diese Übung mindestens fünf bis zehn Minuten Zeit. Stell dir vor, du liegst, stehst oder sitzt, nur mit dem Kleid deiner Haut bedeckt, geschützt und abgeschirmt, an deinem Lieblingsplatz in der Natur – beispielsweise mitten in einer grünen Wiese mit bunten Blumen. Riechst du den Duft? Hörst du die Geräusche der Natur um dich herum, das Zwitschern der Vögel, das Summen der Insekten? Fühle das warme, leicht feuchte Gras unter deinen Füßen an deiner Haut, wie es kitzelt.

Einatmend stellst du dir vor, wie die wohlig warmen, goldgelben Strahlen der Sonne durch die Poren in deine Haut strömen. Stell dir die Poren deiner Haut wie Nasenlöcher vor, durch die du dich mit den heilenden, wärmenden Strahlen der Sonne verbindest und gleichzeitig Farben, Düfte und Geräusche der Natur in dir aufnimmst.

Ausatmend stellst du dir vor, wie das leuchtend-klare Sonnenlicht alles in deinem Körper, in deiner Seele und in deinem Denken entfernt, was du jetzt nicht mehr brauchst, was deiner Lebensfreude im Wege steht und den Fluss deiner Kreativität behindert.

Nach einiger Zeit des Übens kannst du visualisieren, wie du die sieben Regenbogenfarben, in die sich das Sonnenlicht verwandelt, mit jedem Atemzug in deinen Körper holst, wie die Weisheit deines Körpers intuitiv jene Farben „trinkt", die dein Organismus jetzt gerade braucht, damit du zurück zu deiner ursprünglichen Freude und Liebe zum Leben findest.

Weisheit und *Weite* durch den Schöpfungs-Atem

„Am Anfang war das Wort." Vor dem Wort war die Leere. Über den Wind – Hauch, Atem – in Verbindung mit der Idee und dem Wort ist die Schöpfung entstanden. Der *Schöpfungs-Atem* ist eine einfache Atemmethode, unseren physischen Körper durchlässiger werden zu lassen, unseren Energiekörper zu reinigen und auszudehnen und unsere körpereigene Weisheit mehr und mehr zu aktivieren.

Diese Form der Heilatmung lässt sich am besten im Stehen oder Sitzen durchführen. Stell dir vor, wie du mit der Einatmung Prana aus dem Kosmos durch die Krone deines Kopfes in deinen Körper strömen lässt. Die Ausatmung geschieht der Reihenfolge nach jeweils in acht Richtungen.

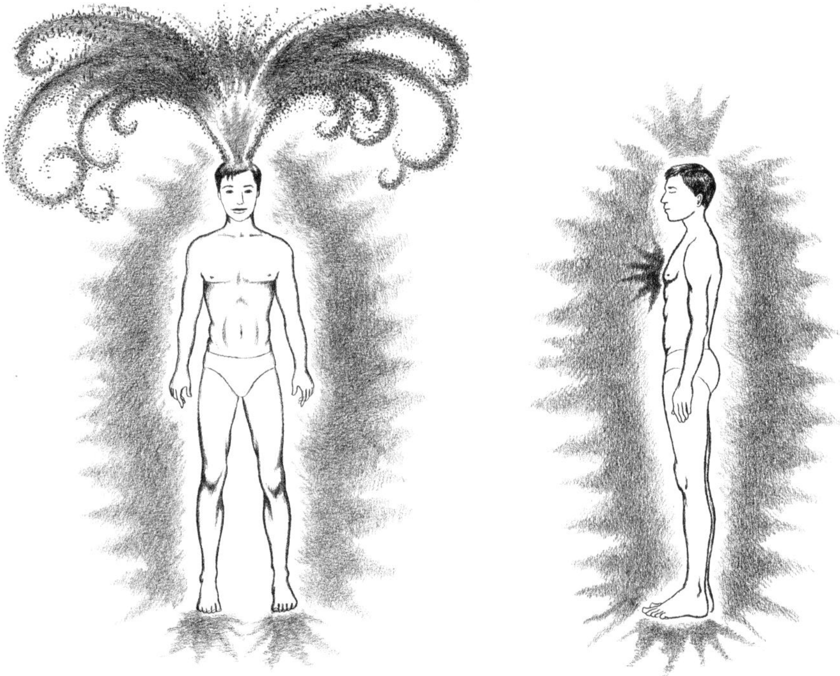

1. durch die Vorderseite deines Körpers,
2. durch die Rückseite deines Körpers,
3. durch die rechte Seite deines Körpers,
4. durch die linke Seite deines Körpers,
5. nach unten, durch deine Beine und Füße in die Erde,
6. nach oben, durch deinen Kopf,
7. durch dein Herz,
8. in alle sieben Richtungen gleichzeitig

Atme vollständig ein. Stell dir vor, du füllst deinen ganzen Körper, jede einzelne Zelle bis ins tiefste Knochenmark, mit der kreativen Intelligenz, die überall um dich herum existiert. Es ist die in deinem Körper, in deiner Seele schlummernde Schöpferkraft, die dadurch in dir lebendig wird.

Atme jeweils dreimal durch jede der Richtungen aus. Stell dir dabei vor, wie dein Atem durch deinen Körper immer weiter in deine Aura strömt, wie dein physischer Körper leichter und durchlässiger wird und wie dein Energiekörper mit jeder Ausatmung klarer und lichter wird und sich mehr und mehr ausdehnt. Atme durch die Nase aus und ein.

Lass dich von deinem Atem finden. Entdecke wieder die Kraft und Energie, die Liebe zum Leben, deine Kreativität und Intuition. Entdecke DAS, was du wirklich bist. Erlaube der grenzenlosen Weisheit des Schöpfers, sich in dir und durch dich über den Atem auszudrücken, zu entfalten und zu verwirklichen. Es ist mir ein großes Anliegen, an dieser Stelle noch einmal hervorzuheben: „Richtiges“ Atmen ist weder eine technische Disziplin noch „harte Arbeit“. Ganz im Gegenteil: Es kann inspirierend sein, erhebend, verbunden mit einem Gefühl von Freude, tiefer Glücksempfindung und echter Begeisterung.

Wer Bin Ich? Was Bin Ich?
Wer Bin Ich wirklich? Was ist mein Ursprung?
Diese Frage kannst nur du selbst beantworten,
aus deinem SELBST.
Dann entdeckst du etwas,
das viel schöner, großartiger, allumfassender ist,
als du dir je vorstellen kannst.
Und – es existiert in dir.
Es ist der Grundstoff aller Existenz.
Es ist das Elixier deiner Unsterblichkeit.
Es ist die Essenz deines Lebens.

Erlösung durch den Kreuz-Atem

Das Symbol des Kreuzes ist uralt. Du findest es in allen Kulturen. Es ist ein Symbol der Vierheit, der sich entfaltenden Polarität. Das Kreuz steht für Tod und Neugeburt, für die Verbindung und Integration aller Polaritäten. Die Längsachse, die Vertikale, symbolisiert das Prinzip des Geistes, die Querachse, die Horizontale, die Materie, die Welt der Erscheinungen.

Die beiden Balken, die sich im Kreuz schneiden, können für jedes Begriffspaar stehen: Licht und Schatten, männlich und weiblich, Raum und Zeit, Körper und Geist.

Wer innerhalb dieser Vierheit den fünften Punkt erkennt, berührt die *Quinta Essentia*, den Punkt der Erlösung und Befreiung. Es ist der Raum der endgültigen Transformation: Hier wandelt sich Jesus zum Christusbewusstsein, das Ich zum *SELBST*, der Mensch zum Göttlichen, der Körper in Licht – und damit der Tod zum ewigen Leben. In diesem Raum erkennst du deine Unsterblichkeit.

In der Mitte, dort, wo beide Balken sich begegnen, geschieht die Verbindung, die heilende Aussöhnung. Alles, was getrennt ist, kann sich hier wieder vereinen und eins werden. In diesem Raum transzendieren wir die Dualität. Hier geschieht die heilende Erlösung. Und das bedeutet die Befreiung des Herzens.

1. Der Kreuz-Atem ist am wirkungsvollsten, wenn du ihn im Stehen oder im Liegen durchführst. Stell dir deinen Körper in der Form eines Kreuzes vor, ein Kreuz aus strahlendem goldgelbem oder weißem Licht. Die Vertikale beginnt am Scheitelpunkt deines Kopfes und reicht hinunter bis zu deinen Fußsohlen und darüber hinaus. Die Horizontale erstreckt sich von deiner linken Handfläche durch die Mitte deines Brustkorbs bis hin zur rechten Handfläche. Deine Beine sind gestreckt und geschlossen, deine Arme in Herzhöhe ausgebreitet, deine Handflächen weisen nach oben.
2. Nachdem du für eine Weile das Symbol des Kreuzes visualisiert und in deinem Körper gefühlt hast, lenkst du deine Aufmerksamkeit in die Mitte, an die Stelle, wo Längs- und Querbalken deines Lichtkreuzes zusammentreffen. In deinem Körper entspricht dies dem Raum hinter deinem Brustbein. Atme einige Minuten sanft und bewusst, während du dich tiefer und tiefer in diesen Raum hineinsinken lässt.
3. Löse dich dann langsam wieder aus diesem Raum und richte deine Aufmerksamkeit auf den Scheitelpunkt deines Kopfes. Stell dir einen Ball aus weißem oder goldgelbem Licht vor. *Einatmend* lenkst du den Lichtball bis zum Herzen, während du innerlich das Wort *ICH BIN* zitierst. *Ausatmend* lenkst du den Lichtball vom Herzen hinunter in deine Fußsohlen, während du innerlich das Wort *Licht* zitierst. Stell dir dabei vor, der Lichtball strömt in jede Zelle deines Körpers, durch jeden Winkel deines Bewusstseins.
   Atme drei bis fünfmal ein und aus.

4. Anschließend lenkst du deine Aufmerksamkeit zur linken Handfläche. Stell dir denselben Lichtball in deiner linken Hand vor. *Einatmend* strömt der Lichtball von deiner linken Handfläche zur Mitte deiner Brusthöhle, in dein Herzzentrum, während du innerlich das Wort *ICH BIN* zitierst. *Ausatmend* schickst du den Lichtball von deinem Herzzentrum zu deiner rechten Hand. Links empfängst du das Licht, lässt es nach rechts durchfließen und gibst es über die rechte Hand an die Außenwelt zurück, während du innerlich das Wort *Liebe* zitierst.

1. Einatmen – *ICH BIN* –
   von der Krone des Kopfes
   zum Herzzentrum

2. Ausatmen – *Licht* –
   vom Herzzentrum bis über
   die Fußsohlen
   drei- bis fünfmal

3. Einatmen – *ICH BIN* –
   von der linken Handfläche
   zum Herzzentrum

4. Ausatmen – *Liebe* –
   vom Herzzentrum zur
   rechten Handfläche
   drei bis fünfmal

Abschließend lässt du dich noch einmal tief in den Raum deines Herzens sinken, beobachtest, was da ist – ohne Erwartung, ohne Absicht, ohne etwas zu wollen. Du verweilst für etwa eine Minute sanft atmend in diesem Raum.

Prana über den Atem aufzunehmen bedeutet,
dich mit der Quelle allen Lebens zu verbinden.
Der Atem fördert deine ***Inspiration****.*
In-spiritus *bedeutet: In den Geist eingehen,*

in das Wesen des Geistes eintauchen,
dich vom Geist durchdringen lassen.
Und das bedeutet,
zu deinem Ursprung, nach Hause, zurückkehren,
dich mit der Existenz in dir und durch dich verbinden.
Der Atem ist Inspiration.
Er ist die Brück zu deinem Urschöpfer,
zu der dir innewohnenden Schöpferkraft.

8 Die Harmonie der Gehirnhälften

Ohne die Annahme eines auch außerhalb des Gehirns existierenden Geistes wird uns das Gehirn immer rätselhaft bleiben.

JOHN ECCLES

Ob in der Innen- oder in der Außenwelt –
wir brauchen nicht zu verändern,
was wir sehen, sondern wie wir sehen.

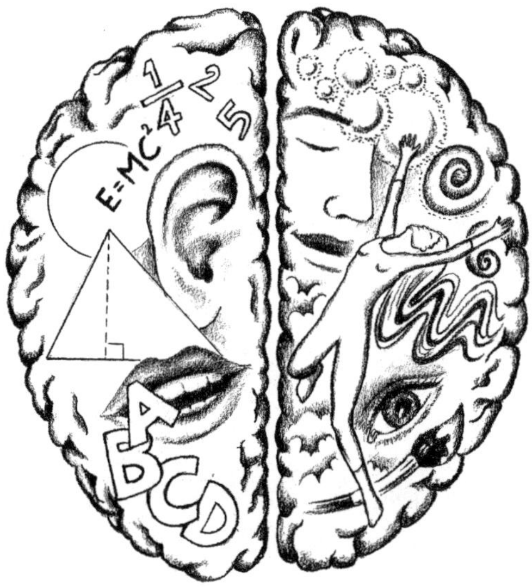

Unsere beiden Gehirnhälften

Die Großhirnrinde unseres menschlichen Gehirns besteht aus zwei spiegelgleichen Hälften, deren Äußeres nicht vermuten lässt, dass zwischen den beiden Gehirnhälften tiefgreifende funktionale Unterschiede existieren. Darüber hinaus ist der überwiegende Teil unserer linken Gehirnhälfte mit unserer rechten Körperhälfte verbunden. Gegengleich verhält es sich mit unserer rechten Gehirnhälfte und der linken Körperseite. Bekannt ist die Theorie, dass unseren Hemisphären unterschiedliche Aufgabenbereiche zugeordnet sind: Die rechte steht für unser intuitives und kreatives Potential, während der linken mehr die rational-analytischen Fähigkeiten zugeschrieben werden. Neuesten gehirnphysiologischen Erkenntnissen zufolge ist dies eine sehr vereinfachte Vorstellung. Doch dient dieses Konzept zu einem besseren Verständnis der in unserem Gehirn ablaufenden Vorgänge.

Meistens leben wir abwechselnd – selten gleichzeitig – in diesen beiden Welten: In der raumzeitlich begrenzten (linke Gehirnhälfte – rechte Körperseite) und in einer überraumzeitlich, unbegrenzten Welt (rechte Gehirnhälfte – linke Körperseite). Zwei Welten in einem Kopf, zwei Hälften in einem Körper – das alles hat eine Entsprechung in unserem Gehirn. Der Wissenschaftler, unser Intellekt (linke Gehirnhälfte), und die Intuition in uns (rechte Gehirnhälfte) führen einen ständigen Dialog, der nicht immer harmonisch abläuft und unser körperlich-seelisch-geistiges Wohlbefinden erheblich stören kann.

Während die linke Hemisphäre, unser alles hinterfragender Intellekt, die Antworten ausschließlich in der Außenwelt sucht, tragen unsere Intuition und die tiefe Weisheit in den Zellen und der DNS unseres Körpers die Antwort bereits in sich. Und es ist unser Körper, der uns dorthin führen kann. Die Weisheit des Körpers ist wie der Schamane in uns. Jede Zelle ist ein Speicher an intuitivem Wissen.

Ramana Maharshi, einer der größten Weisheitslehrer Indiens, erklärt: *Es ist so einfach – die ganze Wahrheit in einer Nussschale ist, dass Getrenntheit eine Illusion ist. Irgendwann entdeckt dein Intellekt, dass er lediglich durch eine höhere Macht existieren kann. Er hat sich dieser Macht zu übergeben. Es ist die Aufgabe deines Intellekts, sich seiner Abhängigkeit von dieser höheren Macht bewusst zu werden, sich ihr zu ergeben, um sich mit ihr zu vereinen. Dann erkennst du, dass intellektuelles Wissen nicht mit Erkenntnis zu verwechseln ist … Ebenso wenig, wie die Brille die Sonne sehen kann, kannst du das Sein mit dem Verstand verstehen. Du kannst tatsächlich nur sein. Und dieses Sein bedeutet Bewusstheit, Bewusst-Sein – das ewige zeitlose Ich Bin – und nicht mehr … Es ist dein Ursprung. Es ist in dir. Es ist dein Selbst. Nur in dir selbst kannst du deinen Ursprung finden und in ihm aufgehen. Getrenntheit existiert dann nur noch für deinen Intellekt.*

Folgende Übungen unterstützen uns, beiden Welten wieder zu verbinden, ein fließendes Gleichgewicht zwischen *rechts* und *links*, zwischen *innen* und *außen* zu ermöglichen. Dabei ist die Reise in unseren Körper, in unser Gehirn, in die Tiefe unseres Bauches und unseres Herzens, die Reise in unseren eigenen *Mikrokosmos* unerlässlich. Denn unser Gehirn ist die innere Landkarte unseres Körpers und der Körper ist die äußere Landkarte unseres Bewusstseins. In uns beginnen die ersten befreienden Schritte von links nach rechts und wieder zurück, von außen nach innen und wieder zurück. Die Verbindung unserer beiden Hälften ist die Ausgangsbasis zu einem harmonischen Nebeneinander von Spiritualität und intellektuellem Wissen, von der kreativen Intelligenz unseres Körpers und der tiefen Weisheit und Intuition unseres Herzens.

Die in diesem Kapitel aufgeführten Übungen ermöglichen dir, die Kohärenz deiner beiden Gehirnhälften zu verbessern und damit gleichzeitig die Symmetrie deiner beiden Körperhälften. Und wenn es uns modernen, zivilisierten Menschen auf diese Weise einmal gelingt, unseren Intellekt manchmal zum Schweigen zu bringen, dann können wir einen zeitlosen Augenblick lang in unsere Innenwelt eintauchen und den Schamanen, den Heiler, den Weisen und den Künstler in uns wiederfinden. Nur so können wir Schritt für Schritt unser volles Potenzial leben.

Wie Musik unser Gehirn verändert

Das Gehirn schwelgt in Musik …

Musik verfügt über eine der größten Möglichkeiten, das Gleichgewicht unserer Gehirnhälften zu fördern. Warum? Erlaube mir, auf dieses Thema etwas ausführlicher einzugehen, da Musik und Töne in allen Kulturen und Traditionen, zu allen Zeiten eine so große Wirkung auf die Menschheit und deren Verhalten hatten.

Musik hat einen enormen Einfluss auf unser Gehirn. Neueste Forschungen haben erstaunliche Erkenntnisse ergeben: Offenbar setzt jede Art von Musik Selbstorganisationsprozesse des Gehirns in Gang – die Stimulation durch Töne trainiert und verändert unser Gehirn. Doch nur klassische, anspruchsvolle oder speziell komponierte Entspannungsmusik wirkt sich positiv auf die Intelligenzleistung aus. Heavy Metal, Hardrock und Technomusik führen laut Studien zu negativen Verknüpfungen. Leise Streichermusik versetzt den Zuhörer in einen Zustand wacher Entspannung und gesteigerter Leistungsfähigkeit, in dem er bis zu 50 Prozent mehr Wissen aufnehmen kann. Untersuchungen des Musikwissenschaftlers Eckart Altenmüller belegen:

Musik ist der stärkste Reiz für neuronale Umstrukturierungen, den wir kennen. Sie verformen unser Gehirn.

Musik stimuliert die Zusammenarbeit und die Kommunikation der beiden Gehirnhälften. Wie und wo genau Musik das Gehirn trainiert, hat Altenmüller mit Computermessungen nachweisen können: Die Hörrinde, die auf den Schläfenlappen beiderseits des Gehirns liegt, erfüllt beim Musikhören unterschiedliche Aufgaben. Während die linke Rinde Rhythmus und Takt analysiert, beschäftigt sich die rechte mit Tönen und Melodie. Damit Musik für uns verständlich wird, müssen beide Gehirnhälften permanent gleichzeitig arbeiten. Eine Art Gehirnjogging, das gezielt die Koordination beider Hemisphären fördert. Die Folge: Der Informationsaustausch von links nach rechts wird verbessert – von der logisch-analytischen linken Hirnhälfte zur kreativen, intuitiven rechten Hälfte. Unsere Lernfähigkeit wird nahezu verdoppelt. Weitere Forschungen ergaben:

Musizieren bringt mehr Gehirnmasse

Am stärksten verändert sich das Gehirn, wenn es dauerhaft und intensiv mit Musik konfrontiert wird. So weist die Hörrinde von Musikern 130 Prozent mehr graue Masse auf als die von Nichtmusikern. Auch das Corpus callosum, das die beiden Hirnhälften miteinander verbindet, ist bei ihnen um bis zu 15 Prozent größer.

Musik macht glücklich

Musik hat eine tief greifende Wirkung auf das limbische System. Schöne Musik aktiviert Gehirnzentren, die glücklich machen. Das sind übrigens dieselben Areale, die beim Essen, beim Sex und bei Drogenkonsum aktiv werden. Gleichzeitig wird die Aktivität des Mandelkerns vermindert – und die Ängste schwinden dahin.

Intelligenzförderung beginnt im Gehör
Im Innenohr verwandeln Nervenzellen die Musik in Impulse, die Richtung Gehirn weitergeleitet werden. Zunächst landen sie im Hirnstamm, wo der Schall mindestens vier Umschaltstationen durchläuft. Dann geht's weiter zur Großhirnrinde und von dort aus werden verschiedene Areale aktiviert. Sprache allein führt zu Stimulierung im Frontallappen der linken Gehirnhälfte, Musik dagegen vor allem in der rechten Hälfte.

Gehirnwellen
Während bestimmter Yoga- und Meditationstechniken aus Indien, in den Zen-Übungen japanischer Herkunft, genauso aber auch während der gregorianischen Gesänge christlicher Tradition konnte man wissenschaftlich entdecken, dass der Übende die Fähigkeit erlangt, sich in einen Bewusstseinszustand zu versetzen, der als eine „Verlangsamung der Großhirnrinde" bezeichnet werden kann. Dieser Vorgang ist so zu verstehen: Das Gehirn erzeugt wellenartige, elektrische Schwingungen, die bestimmten Bewusstseinszuständen entsprechen. Das menschliche Gehirn ist eine geballte Ansammlung von Nervenzellen, die untereinander über das Zentralnervensystem mit dem Körper winzige elektrochemische Impulse austauschen, speichern, empfangen und senden.

Jede dieser elektrochemischen Entladungen erzeugt ein elektromagnetisches Feld mit einer Frequenz, die zwischen 1 und 30 Hz (Schwingungen pro Sekunde) liegt. Die Gesamtheit dieser Signale ergibt die so genannten Gehirnwellen, die mittels des Elektroenzephalogramms – EEG – gemessen werden können.

Beta-Wellen (13–30 Hz) sind messbar, wenn sich eine Person in einem wachen, gespannten und alarmbereiten Zustand befindet. Dieser Zustand entspricht unserem Alltagsbewusstsein, das nach außen gerichtet ist. Wir verarbeiten Sinnesdaten, denken analytisch, kommen in Stress, ärgern uns und sind mit der Außenwelt identifiziert.

Alpha-Wellen (8–12 Hz) deuten auf eine losgelöste Entspannung, auf einen meditativen Zustand. Im Yoga spricht man von einem wachen Geist, von bewusster Präsenz in einem entspannten Körper.

Theta-Wellen (4–7 Hz) ermöglichen einen Zugang zu sonst unbewussten Potenzialen. Sie entstehen üblicherweise im Schlaf und während tiefer Meditation – wenn das Unterbewusstsein arbeitet. Sie zeigen an: gesteigertes und plastisches Erinnerungsvermögen, Phantasie, bildhafte Vorstellungen, Kreativität, Inspiration, Tiefenentspannung, Träumen; Abschalten der Denktätigkeit bis hin zum kosmischen Bewusstsein der Mystiker.

EEG-Studien, die bei christlichen und bei Zen-Mönchen, bei Meditierenden und bei Yogis durchgeführt wurden, zeigten einen Wechsel zwischen starken Alpha- und *Delta-Wellen* (1–7 Hz), als sie ein tiefes, meditatives Bewusstsein erreichten. Normale Leute gehen jede Nacht einige Minuten durch diesen Zustand, während sie schlafen. Auch sexuelle Erregung, jede Form von Ekstase sowie Gefühle von satter Zufriedenheit, extremer Freude und tiefer Entspannung erzeugen diese Gehirnwellen.

Psychologisch-neurologische Forschungen haben längst belegt, dass regelmäßige Meditation sowie bewusst durchgeführte Tiefen-Entspannung dazu beitragen, unsere Gehirnleistung erheblich zu verbessern. Auch über einen erhöhten Intelligenzquotienten, über eine wesentliche Verbesserung des Gedächtnisses und der Konzentration, der Kreativität und der Wahrnehmungsfähigkeit wurde berichtet.

Welche Musik wirkt wie

Barock-Musik: Langsame Sätze der Komponisten Bach, Händel, Vivaldi und Corelli haben eine ideale Wirkung auf das Gehirn. Warum? Ihr Vierteltakt ist langsamer als der Herzschlag – wir geraten in einen Zustand aktiver Entspannung.

Mozart-Musik aktiviert das Gehirn zu Höchstleistungen, weil ihre Laut-leise-Zyklen einem Grundmuster des Gehirns entsprechen.

Bass-Musik: Tiefe Bass-Rhythmen fördern die Serotonin-Produktion – ein Botenstoff des Gehirns, der glücklich und ausgeglichen macht. Bässe üben vor allem auf Heranwachsende einen beruhigenden Einfluss aus.

Technomusik, Heavy Metal, Hardrock: Dauerhaft schnelle, monotone, laute und dissonante Musik wirkt sich eher negativ auf das Gehirn aus. Wichtigste Erkenntnis: Eine längere Beschallung stört die Entspannungs-, aber auch die Lernfähigkeit erheblich und senkt den IQ.

Rap-Music macht vor allem Frauen aggressiv. Mehr als 70 Prozent weiblicher Testpersonen hatten schon nach kurzer Zeit schlechte Laune und gaben an, aus unerfindlichen Gründen wütend zu sein.

Ich habe hier einige erfahrungsgemäß besonders wirkungsvolle Stücke ausgewählt, die den Alpha-Zustand sowie eine erhöhte Kohärenz der rechten und linken Hemisphäre fördern:

Vivaldi	– Die vier Jahreszeiten (Der Winter: Largo, Der Regen)
	– Piccoloflötenkonzert C-Dur, Largo, RV443
	– Konzert für Violine und Laute d-Moll
Mozart	– Konzert für Klavier und Orchester Nr. 15 D-Dur, KV 450
	– Flötenkonzert Nr. 1, G-Dur, KV 313: Andante
	– Klarinettenkonzert A-Dur, KV 622: Adagio
	– Klavierkonzert Nr. 21, C-Dur, KV 467: Andante
	– Klarinettenquintett A-Dur, KV 581, Larghetto
Bach	– Konzert für Violine und Oboe d-Moll, BWV 1060,
	– Adagio; Largo, ma non tanto
	– Suite Nr. 3, D-Dur, BWV 1068 Bach: Air
Taizé	– Cantate
	– Adoramus Te

Alpha-Bewusstsein durch Musik-Meditation

Nimm dir zehn bis fünfzehn Minuten Zeit. Achte darauf, nicht gestört zu werden. Du sitzt oder liegst entspannt, deine Kleidung ist locker. Trage nichts Einengendes, so dass die Töne und Schwingungen deinen ganzen Körper berühren und durchströmen können. Lausche der von dir ausgewählten Musik. Versuche dabei, die Musik nicht mechanisch mit den Ohren, sondern mit deinem ganzen Körper, mit der ganzen Haut zu hören und zu fühlen – von den Fußsohlen bis zu den Haarspitzen. Du kannst diese Übung unterstützen, indem du dir deinen Körper als ein großes hörendes und fühlendes Ohr vorstellst.

Entdecke deine eigene Musik, Kompositionen, von denen du persönlich berührt bist. Lass dich von dieser Musik „durchströmen“! Erlaube dir, vollkommen in das Alpha-Bewusstsein einzutauchen. Vielleicht bemerkst du nach einiger Zeit, wie die Töne der Musik deinen ganzen

Körper und darüber hinaus deine Aura streicheln. Vielleicht kannst du auch plötzlich eine Verbindung von Tönen und Farben erkennen. Fühle die Melodie durch jede Pore deines Körpers strömen. Lass alles Begrenzende, Belastende von Klängen durchdringen und auflösen. Übergib dich den heilenden Alpha-Frequenzen. Höre und spüre mit jeder Zelle, als ob jede Zelle ein sich von innen öffnendes, empfangendes Ohr sei.

Abschließend lässt du noch zwei bis drei Minuten in Stille die Musikmeditation nachklingen, während du den Alpha-Zustand genießt.

Je tiefer dir dieses Empfangen, diese Hingabe, diese Verschmelzung mit der Musik möglich ist, desto bewusster kannst du erfahren, wie du selbst zur Musik wirst. Ich habe immer wieder erlebt, dass die Musik, die von außen in mich strömte, mich in meinem Innersten so berührte, dass sie plötzlich aus jedem Winkel meines Körpers, aus jeder Faser meiner Seele zu klingen schien – als ob sie aus mir selbst gespielt würde. Dabei schien mein Körper ein Medium zu werden, ein Instrument, durch das der Schöpfer seine persönliche, individuelle Lebensmelodie durch *Seine* Form inmitten des großen Orchesters *Seiner* Schöpfung erklingen lässt.

Erlaube dir, Musik einmal anders als bisher zu hören
und zu erfühlen –
mit deinem ganzen Körper, mit jeder Zelle,
mit deiner ganzen Präsenz.
Du wist dabei empfänglich für jene Schwingungen
und Melodien, die dich besonders nähren,
harmonisieren und heilen.

Geistige Wachheit durch Kapalabathi – Der „Scheinende Schädel"

Hippokrates war der Meinung, dass für alle Sinnesempfindungen allein das Gehirn verantwortlich ist. Er erklärte, dass Augen, Ohren, die Zunge und die Hände nur das ausführen, was das Gehirn erkannt hat. Doch das Medium des Denkens war für ihn nicht die „weiße, bröckelige Gehirnmasse", sondern die Luft, die zuerst ins Gehirn kommt – das

Prana, wenn der Mensch den *Atem* einzieht, der sich von dort aus im ganzen Körper verbreitet.

Der *Scheinende Schädel* ist eine Übung aus dem Yoga – *Kapalabathi* genannt. Das ist ein Begriff aus dem Sanskrit, der – wörtlich übersetzt – „Der scheinende Schädel" bedeutet. Die Übung wirkt klärend auf Gehirn und Geist. Sie stimuliert die Zirbeldrüse und Hirnanhangdrüse. Sie fördert eine erhöhte Sauerstoffaufnahme, was wiederum unsere Konzentrationsfähigkeit erheblich steigert. Das wiederholte rhythmische Auf- und Abbewegen des Zwerchfells belebt und massiert darüber hinaus Darm, Magen, Milz, Galle, Leber und das Herz.

Setze dich aufrecht auf den Boden oder auf einen Stuhl. Rückgrat, Nacken und Kopf sollten eine Linie bilden. Die Übung besteht aus einer Reihe von schnellen Aus- und Einatmungen.

Ausatmend ziehst du die Bauchmuskeln kräftig zusammen und drückst die Luft aus der Lunge.

Einatmend entspannst du die Bauchmuskeln wieder, so dass die Luft wieder einströmen kann.

Die Ausatmung sollte kurz, kräftig und deutlich zu hören sein. Die Einatmung geschieht passiv, wie von selbst. Der Schwerpunkt liegt auf der schnellen, geräuschvollen Ausatmung, wie bei einem Blasebalg. Nach jeder Runde folgen einige normale Atemzüge.

Zu Beginn übst du drei Runden mit jeweils zwanzig Atemzügen, nach jeder Runde machst du ein paar langsame, tiefe Atemzüge.

Auch beim *Scheinenden Schädel* kannst du die Wirkung erhöhen, wenn du die Kraft deiner Vorstellung mit einbeziehst: Stell dir dein Gehirn als Blasebalg vor, der mit jeder Einatmung Licht aufnimmt und mit jeder rhythmischen Ausatmung alte Programmierungen und verrostete Denkmuster auflöst.

Gesteigerte Lebensenergie
Der Lichtball

Der Lichtball ist eine alte hawaiianische Atemmethode, bei der wir uns mit *Mana*, mit reiner Lebensenergie aufladen.

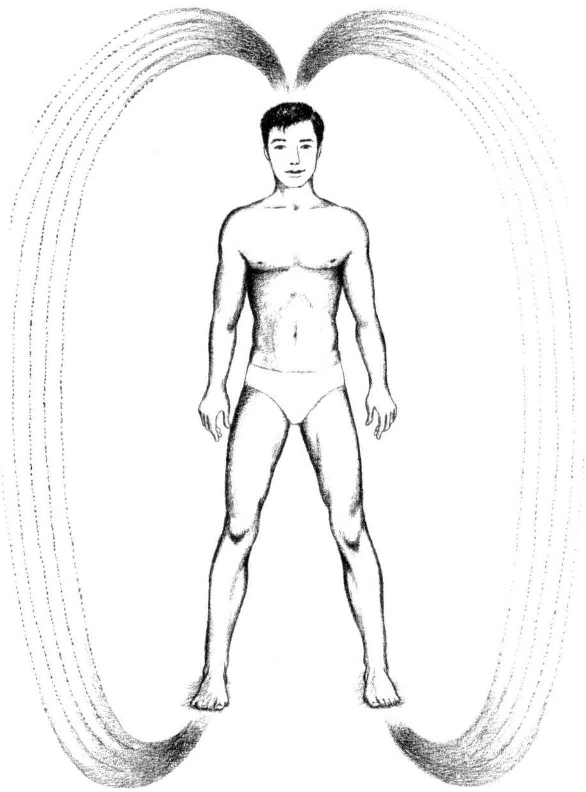

Der Lichtball

Einatmend visualisierst du, wie Licht und Energie von deinen Füßen über deine Beine und Dammgegend deine Wirbelsäule entlang nach oben in dein Gehirn strömen. Dort verbreitet sich diese Lichtenergie, belebt, erneuert und heilt jede Zelle deines Gehirns. Stell dir deinen Kopf als einen klaren, strahlenden Lichtball vor.

Ausatmend visualisierst du, wie Licht und Energie aus dem Scheitel, aus der Krone deines Kopfes – aus deinem *Lichtball* – wie ein Springbrunnen in zwei Halbkreisen rechts und links deines Körpers bis hinunter zu deinen Fußsohlen strömen. Atme über die Fußsohlen wieder ein. Wiederhole diese Übung sechs- bis zwölfmal. Du kannst dabei stehen, sitzen oder liegen. Mit jedem Atemzug werden dein Körper und dein Energiefeld mehr und mehr gereinigt, durchlichtet und aufgeladen.

Mana ist für die Hawaiianer dasselbe
wie für die Yogis Prana und die Taoisten Chi.
Es ist reine Lebensenergie,
die überall im Universum existiert.

Gehirn und Herz im Gleichgewicht – Das Namaste-Mudra

Indem wir unseren Körper in ungewohnte Bewegungen und Haltungen bringen, ermöglichen wir gleichzeitig Veränderungen auf seelischer und geistiger Ebene. Das gilt auch für die *Mudras*. Mudras sind symbolische Gesten mit den Händen, die bestimmte Gehirnregionen beeinflussen und Veränderungen im Gehirn bewirken. Darüber hinaus können sie verschiedene Bewusstseinszustände auslösen.

Das Namaste-Mudra

Das *Namaste-Mudra* – das Symbol der aneinander gelegten Hände – finden wir in verschiedenen Kulturkreisen. Das dahinter verborgene tiefe Wissen ist jedoch verloren gegangen. Die rechte Hand symbolisiert das männliche Prinzip (linke Gehirnhälfte), die linke Hand das weibliche Prinzip (rechte Gehirnhälfte). Beide Hände verkörpern die Dualität. Sie stellen die negative und die positive Kraft des Universums dar, die sich gegenseitig bedingen. Diese scheinbar polaren Welten sind nicht voneinander zu trennen: Das eine Prinzip bedarf des anderen. Wir müssen beide miteinander verbinden, um uns zu entfalten – so wie ein Vogel, der seine beiden Flügel einsetzt, um fliegen zu können.

Du bringst deine Handflächen zusammen und führst die gefalteten Hände zu deinem Herzen. Du kannst dabei stehen oder sitzen. Dieses Mudra ist eine kurze, effektive Meditation. Wenn du auch nur für drei Minuten in dieser Haltung verweilst, während du ruhig und sanft atmest, kannst du bereits eine wohltuende Wirkung verspüren.

Namaste, das bewusste Zusammenführen und Falten der Hände, hilft Gegensätze zu integrieren und ein Bewusstsein von Einheit, den Zustand der Nicht-Dualität zu erfahren. Das Mudra symbolisiert die Verbindung von Intellekt und Intuition, von Gefühl und Verstand. Es hilft uns, uns mit unseren beiden getrennten Hälften wieder auszusöhnen, indem es uns mit unserem innersten Wesen in Kontakt bringt.

Himmel und Erde werden mit mir geboren,
und alle Dinge und ich sind Eins.

CHUANG TZU

Symmetrie der Gehirn- und Körperhälften – Der Wechsel-Atem

Der *Wechsel-Atem* hilft uns, ein Ungleichgewicht zwischen linker und rechter Gehirnhälfte auszugleichen. Laut Yoga-Lehre befinden sich in unserer Wirbelsäule die drei wichtigsten *Nadis*, die Leitungen für Prana, genannt *Ida, Pingala* und *Sushumna*.

Ida strömt auf der linken Seite unseres Körpers, vom Anus bis zur Stirn. Es wird mit dem Mond in Verbindung gebracht, mit dem weiblichen Element, mit Wasser. Pingala strömt auf der rechten Seite unseres Körpers, vom Anus bis zur Stirn. Es wird mit der Sonne assoziiert, mit dem männlichen Element, mit Feuer. Die Schriften sind sich einig, dass Ida in die linke Nasenhöhle läuft und auf die rechte Gehirnhälfte wirkt. Pingala strömt in die rechte Nasenhöhle und wirkt auf die linke Gehirnhälfte.

Inzwischen haben auch Wissenschaftler bestätigt, dass wir unsere rechte Gehirnhälfte aktivieren, indem wir durch das linke Nasenloch atmen. Wenn wir durch die rechte Nasenöffnung atmen, stimulieren wir unsere linke Gehirnhälfte. Die alten Yogis wussten intuitiv eine Balance zwischen den beiden Welten herzustellen, indem sie je nach Bedürfnis die folgende Atemmethode einsetzten:

1. *Linkes Nasenloch – rechte Gehirnhälfte.* Setze dich entspannt und aufrecht hin. Beobachte ein bis zwei Minuten lang, wie dein Atem die Nasenlöcher streift. Entleere deine Lungen langsam von restlicher Atemluft. Atme dann langsam und tief nur durch das linke Nasenloch ein und aus, während du mit dem rechten Daumen das rechte Nasenloch am äußeren Nasenflügel verschließt (zwölfmal). Mache dann eine kurze Pause. Bemerkst du einen Unterschied zwischen den beiden Nasenlöchern?
2. *Rechtes Nasenloch – linke Gehirnhälfte.* Atme anschließend nur durch das rechte Nasenloch ein und aus, während du dein linkes mit dem kleinen und Ringfinger an der Außenseite des linken Nasenflügels verschließt (zwölfmal).
3. *Schnell und rhythmisch.* Führe dann dieselbe Übung durch, indem du – jeweils nur rechts und links – im schnellen Rhythmus ein- und ausatmest (zwölf- bis zwanzigmal).

Der Wechsel-Atem

Das wechselweise Atmen durch das linke und rechte Nasenloch – genannt *Anuloma Viloma* – beruhigt den Gedankenfluss, zentriert das Bewusstsein und harmonisiert unsere Gehirnhälften.

Setze dich entspannt auf den Boden oder auf einen Stuhl. Beobachte ein bis zwei Minuten das Ein- und Ausströmen deines Atems an deinen Nasenlöchern. Winkle die Zeige- und Mittelfinger deiner rechten Hand an und führe die Hand zur Nase. Legen den rechten Daumen an den rechten äußeren Nasenflügel.

Der Wechsel-Atem

Atme langsam und tief durch das linke Nasenloch ein, während du mit dem Daumen das rechte Nasenloch verschließt. Wenn du vollständig eingeatmet hast, verschließe das linke Nasenloch mit dem kleinen Finger und Ringfinger. Halte den Atem ein bis zwei Sekunden lang an. Lockere dann den Druck des Daumens und atme langsam durch dein rechtes Nasenloch aus.

Atme wieder durch das rechte Nasenloch ein, halte das linke dabei geschlossen halten. Verschließe dann das rechte Nasenloch mit dem Daumen. Halte den Atem nicht länger als zwei Sekunden an. Löse dann deine Finger vom linken Nasenloch. Atme langsam vollständig links aus und gleich wieder ein.

Atme in dieser Weise etwa zehn Minuten lang. Anschließend ein bis zwei Minuten bewusst normal weiteratmen, während du den Atemstrom an deinen Nasenlöchern beobachtest.

Wenn du dir deines Atems gewahr bist und ihn sanft auf ungewohnte Weise lenkst, löst du auch in deinem Gehirn alte Gedankenformen und Verhaltensmuster auf. Du eröffnest dir neue Sichtweisen.

Die harmonisierende Acht

Verbinde deinen Intellekt und deine Intuition

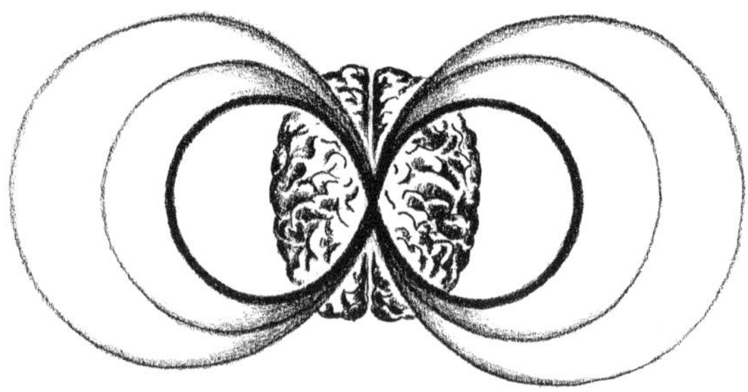

Alles Trennende wird ausschließlich von unserem Intellekt verursacht. Jenseits der Dualität existieren Harmonie, Geborgenheit, Frieden, eine satte Glückseligkeit und die Stille. Die *harmonisierende Acht* ist eine wunderbare Übung, den kritischen Intellekt zu überlisten und ihn mit unserer intuitiven Hälfte zu verbinden. Diese wirklich wohltuende Übung kannst du im Stehen, Sitzen oder Liegen durchführen:

Die harmonisierende Acht

1. Stell dir eine goldgelbe Säule aus Licht vor, die durch die Mitte deines Körpers geht, von den Fersen, entlang der Wirbelsäule, bis über die Krone des Kopfes. Richte deine beiden Körperhälften an dieser Mitte aus.
2. Beginne mit deinen Füßen, immer von der Mitte – deiner Lichtsäule – ausgehend. Zeichne in deiner Vorstellung eine große Schleife nach links, entlang der Vorderseite deines Körpers, die sich an der Rückseite wieder mit der Lichtsäule verbindet, um von dort in einem zweiten Kreis – wieder über die Vorderseite nach rechts außen und rückwärts – in die Mitte zurückzukehren.
3. Gehe langsam weiter nach oben. Visualisiere die *harmonisierende Acht*, wie auf der Abbildung gezeigt, und umkreise deinen Körper – Füße, Waden, Knie, Oberschenkel, Becken- und Bauchraum, Brustraum, Hals und Nacken, Augen.
4. Wenn du an der Stirn angelangt bist, zeichnest du die Acht über deinem Kopf, so dass du die Schleife erst über deine linke Gehirnhälfte und dann über deine rechte ziehst. In der Mitte deiner beiden Hemisphären – am *Corpus callosum* – ist der Schnittpunkt, an dem sich die beiden Kreise begegnen und wieder trennen.

Beachte: Dehne die Schleifen so weit in dein Energiefeld aus, wie es jeweils für dich stimmt. Die *harmonisierende Acht* erhöht die Kohärenz der Gehirnhälften und fördert die Symmetrie deiner beiden Körperhälften.

In dir sind Himmel und Erde, Körper und Geist,
Wissen und Weisheit.
Dein menschlicher Körper ist der Ort,
an dem Geist und Materie, Intellekt und Intuition,
das Unendliche mit dem Endlichen
sich wieder aussöhnen und verbinden.

Die vier Bewegungsrituale

Verbinde deine Gegensätze, integriere deine Polaritäten

Die *Verkörperlichung* unseres Geistes bewirkt gleichzeitig die *Vergeistigung* unseres Körpers. In uns sind Himmel und Erde, Körper und Geist, Wissen und Weisheit. Unser menschlicher Körper ist der Ort, an dem Geist und Materie, Zeit und Zeitlosigkeit, das Unendliche mit dem Endlichen sich wieder aussöhnen und verbinden. Dann leben wir unser energetisches Potenzial in der Fülle unseres Körpers, mitten in der Welt der Materie und der Zeit. Doch gleichzeitig sind wir im Bewusstsein unserer zeitlosen Unendlichkeit verankert.

Wie aber können wir die beiden Welten in unserem Kopf und entsprechend in unserem Körper verbinden? Wie können wir entdecken, dass wir gleichzeitig Form und Inhalt sind – statisch und dynamisch, flexibel und stabil? Wie ist es möglich, Stille in der Bewegung und Bewegung in der Stille zu erfahren? Wir leben in unserer Mitte wie in einem Kreis, und doch existieren wir gleichzeitig draußen, außerhalb des Kreises. Unser Bewusstsein füllt den Kreis und den Raum. Wir sind innen und außen, rechts und links, oben und unten.

Die vier Bewegungsrituale (s. Abb. S. 142 ff.) sind eine besondere Körpermeditation, die auf mehreren Ebenen gleichzeitig wirkt. Sie öffnen wichtige Energiekanäle unseres Körpers und verbinden unsere beiden Welten.

Heute geschieht es immer wieder, dass einige meiner Kursteilnehmer bereits beim ersten Üben der *vier Bewegungsrituale* berührt und betroffen sind – nicht nur wegen der Einfachheit und intensiven Wirkung der Gesten. Zum ersten Mal erkennen sie die Sprache des Körpers, die

Kraft der Geste und die Magie der Symbole in Verbindung mit Affirmationen.

Die Bewegungen werden im Stehen ausgeführt und gehen fließend und langsam ineinander über. Du kannst die Wirkung intensivieren, indem du dir vorstellst, dass alles bereits Wirklichkeit ist, während du die Gesten durchführst. Die Begleitsätze visualisierst du und sprichst sie laut oder im Geiste während der einzelnen Bewegungen.

1. Zeit und Zeitlosigkeit

a) Hände in Gebetshaltung bringen:
Ich halte die Zeit zwischen meinen Händen.

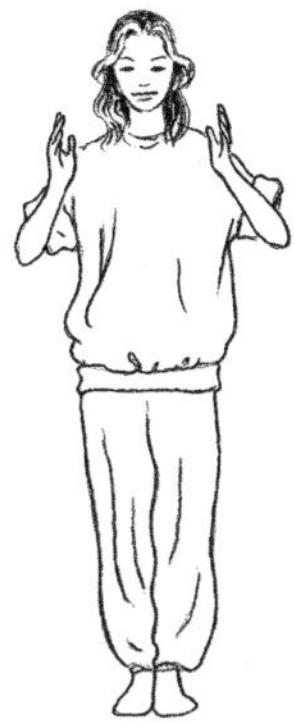

b) Hände langsam auseinanderziehen:
Ich dehne die Zeit zwischen meinen Händen.

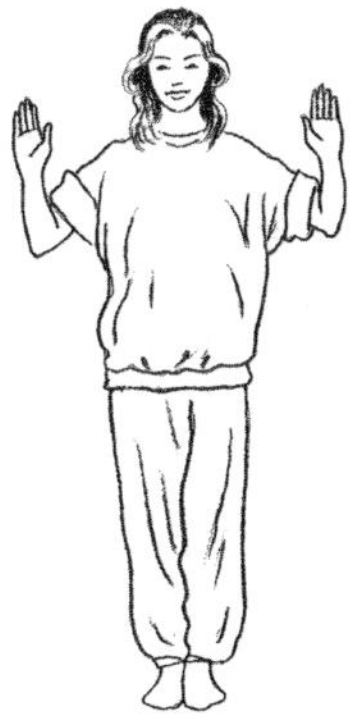

c) Arme mit geöffneten Handflächen nach vorne drücken:
Ich bin Meister meiner Zeit.
Alle Zeit der Welt steht mir zur Verfügung.

2. Form und Unbegrenztheit verbinden

a) Arme so weit wie möglich seitlich führen:
Ich dehne mich aus.

b) Gehe mit deinem Bewutssein über die Form deines Körpers hinaus in dein Energiefeld. Dehne dich in die Horizontale und strecke dich in die Vertikale nach oben und nach unten, wie ein Kreuz:
Ich bin weit und frei.
Ich bin unbegrenzt.

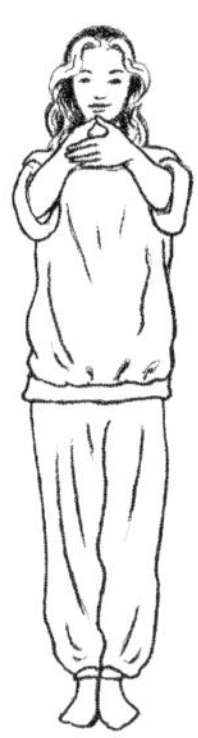

c) Führe deine ausgestreckten Arme nach vorne. Daumen und Zeigefinger beider Hände bilden ein Dreieck, Spitze nach oben:
Mit der Kraft der Pyramide hole ich das unbegrenzte Universum in meinen Körper. Ich bringe es in mein Herz.

d) Handflächen zum Herzen führen, Ellbogen an den Körper drücken:
Unbegrenztheit und Zeitlosigkeit strömen in mein Herz.
Ich öffne mein Herz und verbinde meine Innenwelt mit meiner Außenwelt.
Mein Herz weitet sich ins Unendliche.

3. Polarität verbinden

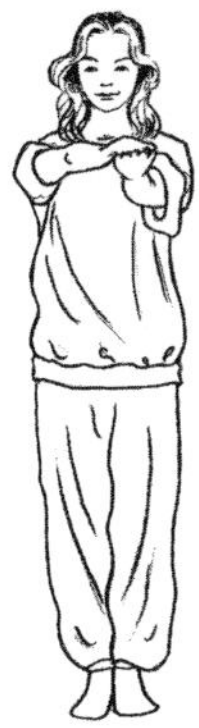

a) Den rechten Arm ausgestreckt nach oben führen, den linken nach unten, sodass beide eine Diagonale bilden. Sie symbolisieren die Polarität in uns und in der Welt: Oben-unten, Licht-Schatten, Himmel-Erde. Fühle die äußerste Grenze deiner Polarität bis über die Fingerspitzen:
Ich bin Himmel und Erde.
Ich bin Körper und Geist.

b) Mit ausgestreckten Armen beide Hände in Herzhöhe zusammenführen. Fühle die pulsierende Energie zwischen deinen Handflächen:
Ich verbinde und integriere alle Polaritäten, alle Gegensätze in mir.

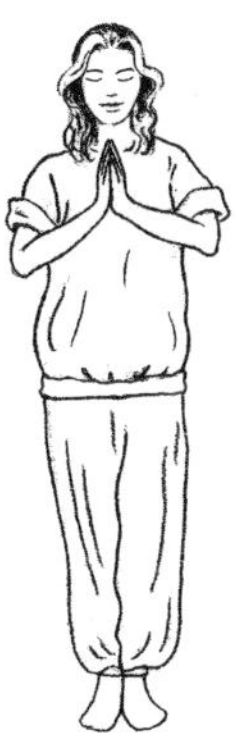

c) Hände wieder in Gebetshaltung:
Himmel und Erde, Körper und Bewusstsein verbinden sich in mir.

d) Beide Handflächen auf das Herz legen:
Ich bin geborgen in mir.
Ich bin geborgen in der Einheit des Universums.

4. Die Umwandlung

a) Den linken Arm ausgestreckt nach oben führen, den rechten nach unten. Fühle wieder die äußerste Grenze deines Körpers:
Ich bin Himmel und Erde, Körper und Geist.

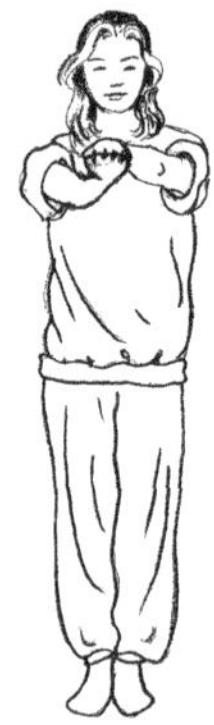

b) Die Arme ausstrecken und beide Handflächen (die linke auf die rechte) vor dem Körper waagrecht aufeinanderlegen.
Ich lasse Altes los.
Ich entlasse dankbar aus meiner Welt, was jetzt überflüssig geworden ist.
Ich schließe das Tor zum Alten.

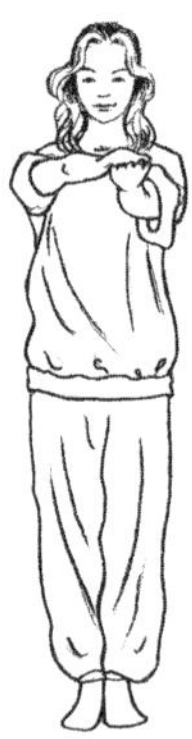

c) Drehe jetzt deine zusammengeführten Hände um 180 Grad:
Ich bin bereit für die Veränderung.

d) Führe deinen rechten Arm wieder ausgestreckt nach oben, den linken nach unten:
Ich öffne mich dem Neuen.
Ich bin bereit, Neues zu empfangen.

Abschließend wagst du symbolisch einen Schritt mit dem rechten Bein nach vorne:
Ich habe das Tor zu Neuem geöffnet und den ersten Schritt getan.

Solltest du Schwierigkeiten haben, die Sätze laut auszusprechen und gleichzeitig zu visualisieren, lass sie weg. Du kannst auch einzelne Sätze wählen oder sie deinen Bedürfnissen entsprechend umformulieren. Finde heraus, was für dich das Beste ist.

Klarsicht durch Trataka-Augenübungen aus dem Yoga

Diese Augenübungen aus dem Yoga wirken unmittelbar auf das Gehirn. Sie schärfen Sehkraft und Konzentration und fördern geistige Klarheit. Darüber hinaus lösen sie Spannungen und Druck im Augenbereich und erhöhen die Kooperation der Gehirnhälften. Es wurde beobachtet, dass das linke Sehfeld die rechte Gehirnhälfte beeinflusst und das rechte Auge auf die linke Gehirnhälfte wirkt.

Augenkreisen

1. Falls du Brillenträger bist, nimm jetzt deine Brille bitte ab. Strecke die Arme in Schulterhöhe nach außen. Mache eine Faust und strecke die Daumen nach oben. Blicke abwechselnd vom linken zum rechten

Daumen und wieder zurück, ohne den Kopf dabei zu drehen. Nur die Augen bewegen sich (zwölfmal).

2. Blicke abwechselnd zur Decke und zum Boden (zwölfmal).
3. Kreise mit deinen Augen: rechter Daumen, Decke, linker Daumen, Boden, dreimal in beide Richtungen.

Du kannst die Übungen auch mit der Vorstellung einer Uhr durchführen. Stell dir vor, du hast ein großes Zifferblatt vor dir. Bei jeder Stunde – von eins bis zwölf – machst du eine kurze Pause. Übe je einmal in beide Richtungen, dann wiederholst du dasselbe mit geschlossenen Augen.

Palmieren

Reibe abschließend deine beiden Hände kräftig aneinander, bis sie heiß werden. Lege die Hände über die geschlossenen Augen, ohne die Augenlider zu berühren. Entspanne dich dabei mit tiefen, langsamen Atemzügen und genieße die Dunkelheit hinter deinen Handflächen.

Die harmonisierende Acht mit den Augen

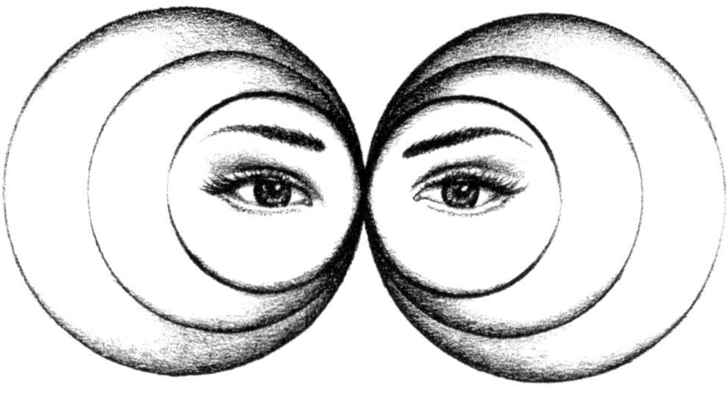

Wenn wir beide Augen zusammen nach links oder nach rechts bewegen, überqueren wir unsere Körpermitte. Mit dieser Überkreuzbewegung strecken und dehnen wir unsere äußeren Augenmuskeln und aktivieren gleichzeitig das Zusammenspiel beider Gehirnhälften. Neurologen haben herausgefunden, dass die Verbindung unserer beiden Gehirnhälften ein wichtiger Faktor für entspanntes und ganzheitliches Sehen und für die räumliche Wahrnehmung ist.

Beginne von links und beschreibe mit den Augen einen Kreis nach links oben. Komm zurück zur Mitte und wechsele auf die rechte Seite über. Lass die Kreise jedes Mal ein bisschen größer werden. Führe die Bewegung dreimal aus, anschließend *Palmieren*.

Fokussieren

Fokussieren weckt im Gehirn gespeicherte Erinnerungen und aktiviert die Kooperation unserer Gehirnhälften.

Visuelle Erinnerung – Sehen
Blicke nach *links oben.*
Halte den Blick 15 Sekunden lang.

Kinästhetischer Sinn – Hören
Blicke nach *links unten*
15 Sekunden lang halten

Kreativität
Blicke nach *rechts oben*
15 Sekunden lang halten

Geruchssinn
Blicke nach *rechts unten*
15 Sekunden lang halten

Drittes Auge
Blicke nach oben zwischen die Augenbrauen. Halte die Augen etwa fünfzehn Sekunden bis zu einer Minute in dieser Stellung. Dabei wird dein drittes Auge, das mit Hellsichtigkeit und Mentalkraft verbunden ist, aktiviert.

Visuelle Erinnerung – Sehen
(links oben)

Kinästhetischer Sinn – Hören
(links unten)

Kreativität
(rechts oben)

Geruchssinn
(rechts unten)

Drittes Auge
(oben)

Fokussieren

Nach jeder Übung kannst du *palmieren*. Das entspannt die Augäpfel und die Muskulatur um die Augen.

Sonnenlicht für die Augen

Falls du dich vorwiegend in geschlossenen Räumen mit künstlichem Licht aufhältst, entziehst du deinen Augen natürliches Licht. Tageslicht aber ist eine notwendige Nahrung für unsere Augen. Wenn du viel mit den Augen arbeitest, solltest du dich öfter ans geöffnete Fenster stellen, um natürliches Licht zu tanken. Scheint die Sonne, dann drehe dich so, dass dir das Licht direkt ins Gesicht fällt.

Schließe die Augen. Spüre die Wärme der Sonnenstrahlen auf deinem Gesicht. Siehst du die Helligkeit hinter den geschlossenen Augenlidern? Visualisiere mit jeder bewussten Einatmung, wie sich die Sonnenstrahlen direkt auf dich zu bewegen und in dein Augeninneres gelangen. Entdeckst du die verschiedenen Farben hinter deinen Augenlidern? Bewege deine Augäpfel vorsichtig unter den geschlossenen Lidern.

Drehe dann langsam den Kopf von einer Seite zur anderen. Lass die Wärme und die heilende Kraft der Sonnenstrahlen in jeden Winkel deiner Augen gelangen. Halte deine Augen die ganze Zeit über geschlossen. Sonnenlicht regt die Netzhaut an und lässt uns die Farben in kräftigeren Tönen sehen. Es stimuliert Teile des Gehirns, wie beispielsweise den Hypothalamus, die Hypophyse, die Epiphyse und deren Hormonausschüttung.

Wer alle Dinge im Selbst
und das Selbst in allen Dingen schaut,
sieht Mich in allen Dingen
und alle Dinge in Mir.

Die „geheime Pforte" öffnen

Verbinde Gefühl und Verstand, Körper und Bewusstsein

Der Hals ist die Verbindung zwischen Gefühl, Herz und Intellekt. Im Nacken sitzt unser Wille. Wenn wir den Nacken weich und flexibel machen, können wir auch unsere starren Einstellungen aufweichen und verrostete Konzepte aus unserer Welt, aus unserem Gehirn entlassen.

Am letzten Halswirbel, dem obersten Punkt der Wirbelsäule, liegt die *Medulla oblongata*. Genau an dieser Stelle verbindet sich die Wirbelsäule mit dem Schädel und das Zentralnervensystem mit dem Gehirn und dem Knochenmark. Diese Stelle des Körpers wird in alten Mysterien-Schulen als *geheimes Tor zur Wahrheit* bezeichnet. Manche sprechen auch vom *Mund Gottes*. Die *geheime Pforte* symbolisiert die Verbindung von Geist und Materie, von Körper und Bewusstsein. In geheimen Übungen bestimmter traditioneller Mysterien-Schulen geht es darum, diesen Punkt bewusst, beweglich und durchlässig zu machen. Doch auch so einfache Übungen wie der Sonnengruß, bestimmte Umkehrstellungen und Atemübungen aus dem Yoga haben eine ähnliche Wirkung.

Die folgenden Übungen sollen die Halswirbelsäule und das Gehirn für leichte Umkehrstellungen vorbereiten. Es ist das abwechselnde Vorwärts-, Seitwärts- und Rückwärtsbeugen des Kopfes, das abwechselnde Dehnen und Pressen von Hals und Nacken, das die *geheime Pforte* aktiviert, weitet und durchlässig macht.

Hals- und Nackenmuskulatur lösen

Du sitzt oder stehst aufrecht. Dein Becken ist leicht nach vorne gekippt, sodass deine Lendenwirbelsäule gedehnt wird. Dehne gleichzeitig deine Halswirbelsäule, während du deinen Kopf nach rechts und nach links drehst. Spürst du die Dehnung am unteren und am oberen Ende der Wirbelsäule?

1. *Ausatmen*, während du deinen Kopf nach links drehst und mit den Augen nach rechts blickst.

2. *Einatmen*, Kopf zurück zur Mitte drehen, Augen geradeaus.
3. *Ausatmen*, während du deinen Kopf nach rechts drehst und mit den Augen nach links schaust.

Führe jeweils drei bis sechs Runden durch.

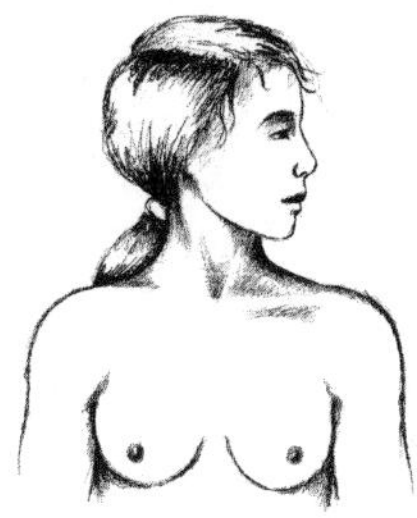

Die Halsseiten lösen

Die Halsseiten dehnen

Spüre die Dehnung von deinem Trapezmuskel bis zum Schädelansatz, während du dein Ohr langsam in Richtung Schulter bringst.

1. *Ausatmen*, während du deinen Kopf seitlich nach links dehnst, das linkte Ohr zur linken Schulter, gleichzeitig die rechte Schulter nach unten und außen ziehen.
2. *Einatmen*, während du deinen Kopf wieder in die Gerade bringst.
3. *Ausatmen*, während du deinen Kopf seitlich nach rechts dehnst, das rechte Ohr zur rechten Schulter, gleichzeitig die linke Schulter nach unten und außen ziehen.

Richte dich dann wieder auf. Achte darauf, dass während der ganzen Übung deine Lendenwirbelsäule gedehnt bleibt. Führe jede Dehnung etwa drei- bis sechsmal aus.

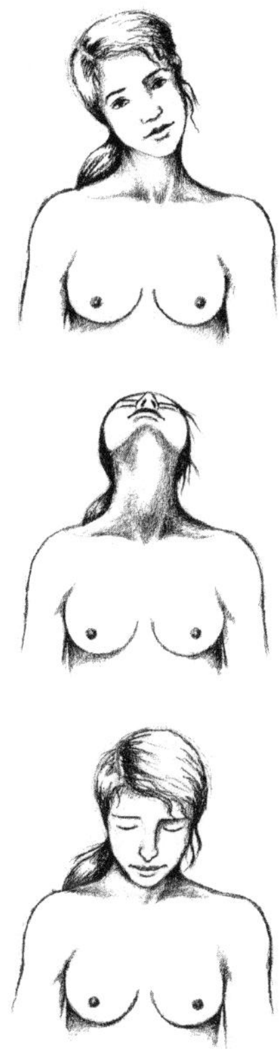

Die Halsseiten dehnen

4. Einatmen, während du den Kopf weit nach hinten dehnst.
5. Ausatmen, während du den Kopf weit nach vorne dehnst.

Führe die Schritte 4 und 5 ebenfalls etwa drei- bis sechsmal durch.

Kopf und Körper, Verstand und Gefühl verbinden

Abschließend eine ergänzende Übung, die die Fähigkeit der bildhaften Vorstellung fördert und Kopf und Körper, Verstand und Gefühl verbindet. Der Schnittpunkt ist die *geheime Pforte.*

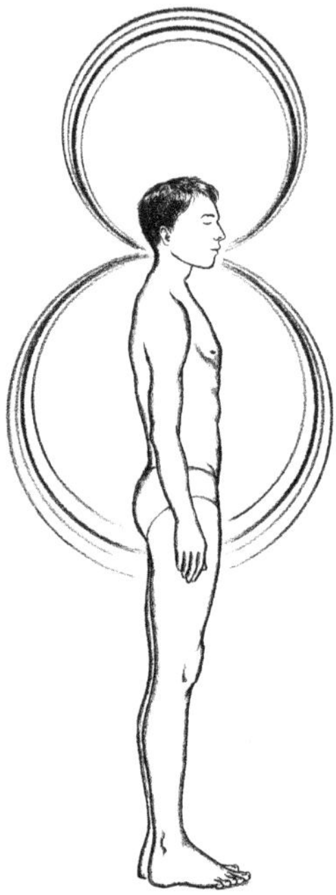

Du kannst die Übung im Stehen oder Sitzen durchführen.

1. Beginne an der geheimen Pforte. Zeichne von dort in deiner Vorstellung einen Kreis entlang der Mitte am Hinterkopf nach oben über die Krone des Kopfes, vorne entlang der Mitte am Gesicht und durch den Hals zurück zur geheimen Pforte.
2. Der zweite Kreis geht vom Schnittpunkt an der geheimen Pforte entlang der Wirbelsäule an der Rückseite des Körpers durch die Dammgegend, weiter entlang der Vorderseite in der Mitte des Körpers bis zum Hals und schließt wieder an der geheimen Pforte. *Anfang* und *Ende* begegnen sich an diesem Punkt wieder. Wiederhole die Schritte 1 und 2 dreimal und wechsle dann die Richtung.
3. Abschließend klopfst du mit den Fingerkuppen leicht und rhythmisch an die geheime Pforte. Stell dir dabei vor, du klopfst an eine Tür, hinter der sich ein Geheimnis verbirgt, und du bittest um Einlass.

Gehirnaktivierung durch Umkehrstellungen

Umkehrstellungen gehören im Yoga zu den wichtigsten Übungen. Sie unterstützen über den Weg des Körpers einen harmonischen Dialog zwischen Intellekt und Intuition, Gefühl und Verstand, zwischen Innen-

und Außenwelt. Darüber hinaus ermöglichen sie eine gleichmäßige, ausgewogene Blutversorgung aller Gehirnteile. Epiphyse und Hypophyse reagieren auf Stress und Spannungen und können den ganzen Körper in Unruhe und Desynchronisation versetzen. Hier wirken leichte Umkehrstellungen harmonisierend.

Unsere beiden wichtigsten Energiezentren – Stirn-Chakra und Scheitel-Chakra – liegen unmittelbar an unserem Gehirn. Das Stirn-Chakra ist mit der Hypophyse verbunden. Die Wissenschaft spricht heute von einem „nach innen gezogenen dritten Auge". Es symbolisiert das Denken, den Intellekt, aber auch die übergeordnete Intelligenz. Hier erhalten unsere Gedanken jene Form, die sich durch die fünf Chakren nach unten entlang der Wirbelsäule ausdrückt. Das Kronen-Chakra, oben an der Kopfmitte, ist mit der Epiphyse verbunden. Es symbolisiert den „Draht nach oben", die Inspiration. Im Yoga spricht man vom „Tausendblättrigen Lotus", dessen Blüte sich nach oben hin öffnet. Die Umkehrstellungen aktivieren beide Chakren und harmonisieren die Hormonausschüttung.

Die Grundhaltung unseres Kopfes, ob nach vorne gebeugt oder nach hinten in den Nacken gekippt, beeinflusst die Durchblutung unseres Gehirns. Hier spielen die Blutgefäße unseres Halses und unseres Nackens eine wichtige, regulierende Rolle. Daher empfehle ich dir, vor allen Umkehrhaltungen zunächst mit den Übungen der *geheimen Pforte* Nacken und Hals zu dehnen, um Verspannungen zu lösen.

Kopf-Fuß-Stellung

Beuge dich vornüber. Löse mit jeder Ausatmung deine Lendenwirbelsäule. Bleibe dabei entspannt im Schulter- und Nackenbereich. Dein Kopf hängt locker, der Nacken ist gelöst, sodass deine Blutgefäße entspannen können. Der Atem strömt tief durch den Rücken und weiter ins Gehirn. Spürst du die Durchblutung in deinem Kopf? Halte diese Stellung etwa eine Minute lang. Kehre dann mit der Einatmung langsam Wirbel für Wirbel zurück in die aufrechte Haltung.

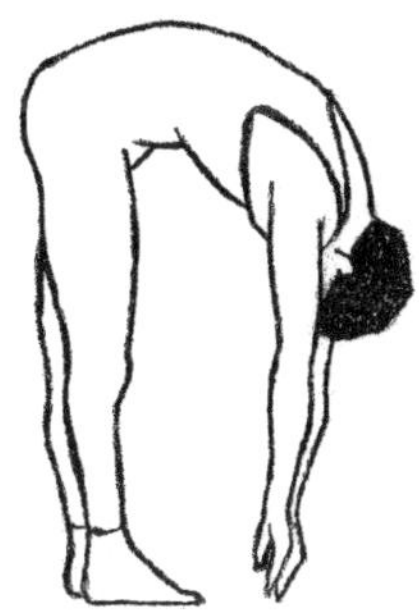

Kopf-Fuß-Stellung

Halbkerze

Lege dich auf den Rücken. Hebe langsam die Beine aus der Hüfte in die Halbkerze, Hals und Nacken bleiben entspannt. Stütze das Gesäß mit den Händen ab, die Beine sind angewinkelt. Was fühlst du in deinem Kopf? Spürst du eine leichte Dehnung an der geheimen Pforte?

Kerze – Schulterstand

Mit zunehmender Übung kannst du die Beine ganz hochheben. Wichtig ist dabei, dass du die Stellung nur so lange hältst, wie du weder Druck im Kopf noch in den Schläfen oder den Augen verspürst.

Kerze

Wenn die rechte Gehirnhälfte dominiert: Atmen und Zählen

Kennst du das Gefühl, jeden Bezug zur Wirklichkeit verloren zu haben? Alles scheint nebulös, wie im Traum. Da gibt es nichts mehr, was du „begreifen“ oder „ermessen“ kannst. Jegliches Zeitgefühl ist verloren und es fällt dir schwer, die banalsten Alltagsdinge zu erledigen. Die linke Gehirnhälfte „streikt“. Dieser Zustand kommt häufig bei Künstlern und extrem intuitiven Menschen vor.

Sequentielles Atmen ist eine Möglichkeit, die linke Gehirnhälfte zu aktivieren. Man atmet nach einem bestimmten Rhythmus und zählt dabei. Bist du bereit?

Einatmen: Zähle 1-2-3-4 oder noch weiter, falls es deine Atemkapazität erlaubt.

Atem anhalten: Zähle 1-2-3-4.

Ausatmen: Zähle wieder 1-2-3-4.

Atem anhalten: Zähle wieder 1-2-3-4.

Führe diese Übung drei Atemzyklen lang durch.

Beachte – in allen vier Phasen gleich lang zählen.

9 Dein Körper – das „Buch mit den sieben Siegeln“

Man kann den Menschen nichts beibringen.
Man kann ihnen nur helfen, es in sich selbst zu entdecken.

GALILEO GALILEI

Nur, wer das Geheimnis des Körpers erkannt hat,
kann die Wahrheit des Universums erkennen.

AUS EINER TANTRISCHEN SCHRIFT

Die meisten Menschen halten die materielle Welt und damit auch ihren physischen Körper für die einzige Realität. Wir können die Materie mit unserem rationalen Verstand erfassen (linke Gehirnhälfte). Hellsichtige, hellfühlige und hellhörige Menschen aber sehen und fühlen darüber hinaus verschiedene Energiefelder, die innerhalb und außerhalb des physischen Körpers existieren. Es ist dieselbe Energie, die unseren physischen Körper mit all seinen Zellen belebt, die uns jede Bewegungs- und Ausdrucksfähigkeit ermöglicht. Es ist unsere Schöpferkraft, unsere kreative Intelligenz.

Unser reines Energiesystem setzt sich aus drei grundlegenden Komponenten zusammen:

- *Unser Energiekörper*
- *Unsere Energiezentren – die Chakras*
- *Unsere Energiekanäle – die Nadis*

Die Chakras dienen im Energiesystem des Menschen als Empfangsstationen, Transformatoren und Verteiler verschiedener Energiefrequenzen. Sie nehmen über die Nadis aus unserem Energiekörper aus unserer Umgebung Lebensenergie auf, die für die Erhaltung und Entfaltung der verschiedenen Bereiche unserer menschlichen Existenz notwendig ist. Darüber hinaus strahlen die Chakras Energie in unsere Umgebung aus. Über unsere Chakras treten wir in Austausch mit den Kräften, die auf den verschiedenen Entwicklungsebenen in uns, in unserer Umwelt und im Universum wirksam sind.

Die Nadis kann man als eine Art feinstofflicher Arterien bezeichnen. Das Wort Nadi kommt aus dem Sanskrit. Es bedeutet „Röhre“, „Gefäß“, „Ader“. Die Aufgabe der Nadis ist es, Prana – fließende Lebensenergie – durch unser Energiesystem und durch unsere Chakras zu leiten sowie unseren Energiekörper und unsere Chakras mit unserem physischen Körper zu verbinden. Prana ist die Urquelle aller Energieformen und drückt sich auf verschiedenen Ebenen durch verschiedene Frequenzen aus.

Neben den sieben Hauptchakras, die aus der Yoga-Lehre überliefert sind, gibt es noch viele Nebenchakras. Es würde hier zu weit führen, alle Chakras mit ihren Funktionen zu erklären. Neuesten Entdeckungen von hellsichtigen Menschen in USA zufolge sollen unsere Chakras im vollentwickelten Zustand ein einziges großes Chakra, ein großes Energiefeld bilden, dessen Zentrum das Herz ist. Demnach hat der Mensch vierzehn Hauptchakras, sieben im Körper und sieben außerhalb. In ihrem ursprünglichen, reinen Zustand sind die Chakras kugelförmige, sonnenartige, nach allen Richtungen strahlende Gebilde. Seit 1987 sollen die Chakras sich wieder als strahlende Sonnen untereinander verbinden, bis sie schließlich ein „großes vereintes Chakra“ bilden, dessen Zentrum das Herz ist.

Vor den Übungs-Elementen zur Reinigung, Aktivierung und Harmonisierung der Chakras möchte ich in einem kurzen Abriss auf die sieben Haupt-Chakras in unserem Körper eingehen. Neben den korrespondierenden Sinnesfunktionen, den entsprechenden Elementen, Farben und Klängen werden wir auch die Lebensthemen betrachten, die die Chakras symbolisieren.

Zur Krone der Schöpfung entlang der sieben wichtigsten Energiezentren

Entsprechend der Yoga-Lehre entfaltet sich unser menschliches Bewusstsein über die sieben Haupt-Energie-Zentren, die sieben Chakras, vom untersten, dem Wurzel-Chakra, entlang der Wirbelsäule bis zum höchsten Energie-Zentrum, dem Scheitel- oder Kronen-Chakra, in dem das menschliche Bewusstsein mit dem universalen Bewusstsein verschmilzt. Fünf Energiezentren befinden sich entlang der Wirbelsäule, zwei davon am Kopf. Den sieben Chakras und ihren lebenswichtigen Funktionen entsprechen im physischen Körper die Drüsen und deren Hormonproduktion und Ausscheidung. Chakra- und Drüsensystem sind eng miteinander verbunden. Die Hormone wiederum regeln die Funktionen des Körpers, einschließlich des Alterungsprozesses.

Bei fast allen Menschen befinden sich die Energiezentren im Ungleichgewicht. Sie sind entweder überaktiv oder geschwächt. Bestimmte Übungen – wie beispielsweise der Sonnengruß oder gezielte Atem- und Visualisierungsübungen – haben eine ausgleichende Wirkung auf Chakra- und Drüsensystem. Regelmäßig durchgeführt können sie dazu beitragen, Unausgewogenheiten auszugleichen und die Über- oder Unterfunktion der sieben Chakras und der ihnen entsprechenden Drüsen günstig zu beeinflussen.

Erstes Chakra

Das *erste Chakra*, das Wurzel-Chakra, liegt an der Basis der Wirbelsäule, in der Dammgegend, zwischen Anus und Genitalien. Das Wurzel-Chakra entspricht dem Element Erde. Seine Sinnesfunktion ist das Riechen, das korrespondierende Organ ist die Nase. Es wird den Nebennieren und deren Hormonfunktion zugeordnet. Seine Farbe ist ein feuriges Rot. Der Vokal *U* und der Laut *LAM* aktivieren und harmonisieren das erste Chakra. Es wird in Verbindung gebracht mit Urvertrauen, Beziehung zur Erde und zur materiellen Welt, zu Stabilität und Durchsetzungskraft.

Zweites Chakra

Das *zweite Chakra*, das Sakral-Chakra, liegt etwa vier Fingerbreit unterhalb des Nabels. Es wird dem Element Wasser und der Sinnesfunktion des Schmeckens zugeordnet. Korrespondierendes Sinnesorgan ist der Mund. Das Sakral-Chakra steht in enger Verbindung mit den Keimdrüsen bei Männern und den Ovarien bei Frauen sowie den Fortpflanzungsorganen. Die ihm zugeordnete Farbe ist ein leuchtendes Orange. Der Vokal – ein geschlossenes *O* (wie in M**o**nd) – und der Laut *VAM* regulieren das zweite Chakra. Lebensthema ist hier, mit dem Leben zu fließen – Sinnlichkeit, Erotik, Kreativität und Begeisterung.

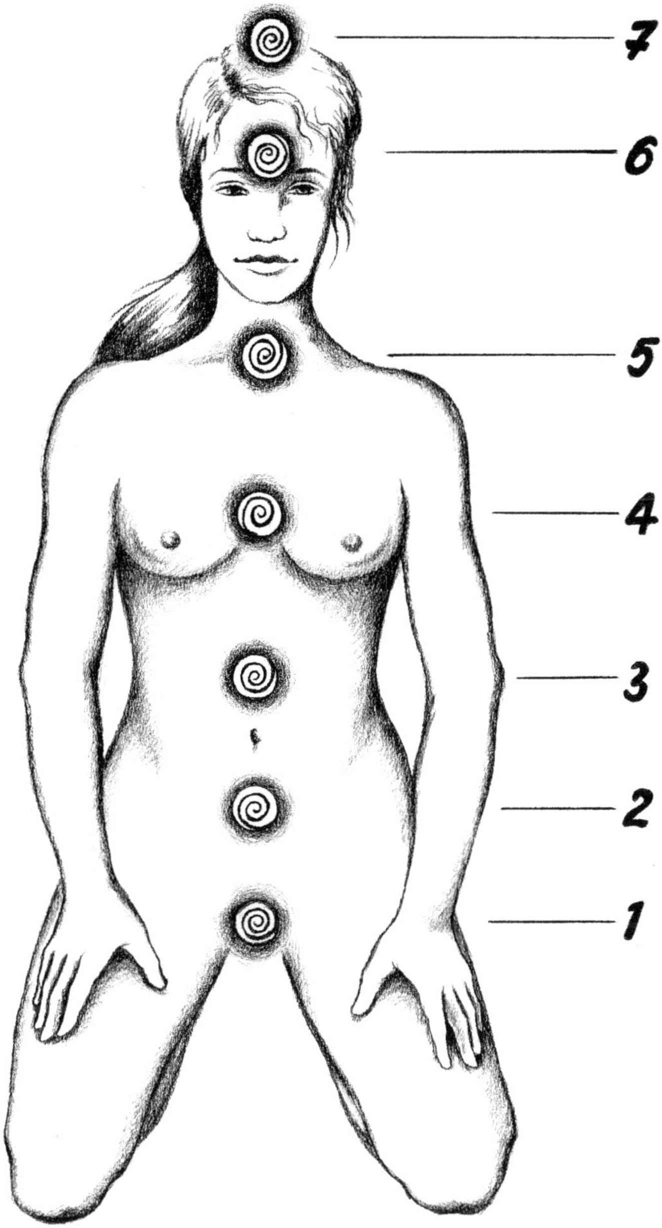

Die sieben Chakras

Drittes Chakra

Das *dritte Chakra*, der Solarplexus, auch das Sonnengeflecht genannt, liegt etwa zwei Fingerbreit oberhalb des Nabels. Es ist dem Element Feuer zugeordnet. Sinnesfunktion ist das Sehen über unsere Sinnesorgane, die Augen. Das Sonnengeflecht wird mit dem Pankreas, der Bauchspeicheldrüse, und deren Hormonfunktion assoziiert. Die zugeordnete Farbe ist Gelb bis Rotgelb. Der Vokal O (ein offenes *O* wie in S**o**nne) und der Laut *RAM* aktivieren und harmonisieren das dritte Chakra. In diesem wichtigen Energiezentrum geht es um die Entfaltung der Persönlichkeit und die Verarbeitung von Emotionen, um Einfluss und Macht, um das Bewusstsein von Kraft und Fülle und um das Erlangen einer Weisheit, die aus unmittelbarer Erfahrung hervorgeht.

Viertes Chakra

Das *vierte Chakra*, das Herz-Chakra, befindet sich unmittelbar an der Mitte des Brustbeins und wird dem Element Luft zugeordnet. Die Sinnesfunktion im Herz-Chakra ist der Tastsinn über unser größtes Organ, die Haut. Es steht in enger Verbindung mit der Thymusdrüse und deren Funktion. Seine Farben sind Grün, Rosa und Gold. Der zugeordnete Vokal ist *A*, der Laut *YAM*. Lebensthema in diesem Energiezentrum ist: Entfaltung der Herzensqualitäten, Liebe, Mitgefühl; aus dem Herzen denken, sehen, hören, sprechen, handeln; Hingabe, Heilen.

Fünftes Chakra

Das *fünfte Chakra*, das Kehlkopf-Chakra, liegt zwischen Halsgrube und Kehlkopf, vorne am Hals. Es wird dem Element Äther zugeordnet. Seine Sinnesfunktion entspricht dem Hören über unsere Sinnesorgane, die Ohren. Es steht in unmittelbarer Verbindung mit der Schilddrüse und deren Hormonfunktion. Die Farbe ist Hellblau. Der Vokal ist *E*, der Laut *HAM*. Lebensaufgabe im fünften Chakra ist: Kommunikation, kreativer Selbstausdruck, Offenheit, Weite, Unabhängigkeit.

Sechstes Chakra

Das *sechste Chakra*, das Stirn-Chakra oder das dritte Auge, befindet sich einen Fingerbreit über der Nasenwurzel, in der Mitte der Stirn, etwa zwei Fingerbreit hinter der Stirn. Dem dritten Auge werden alle Sinne zugeordnet, auch übersinnliche Wahrnehmungen. Es ist das Zentrum der Hellsichtigkeit. Es steht eng mit der Hypophyse oder Hirnanhangdrüse und deren Hormonfunktion in Verbindung. Seine Farben sind Indigoblau und Violett. Der Vokal ist *I*, der Laut *KSHAM*. Lebensthema ist: Intuition, Hellsichtigkeit, Hellhörigkeit, Geisteskraft, Willensprojektion.

Siebtes Chakra

Das *siebte Chakra*, das Kronen-Chakra, liegt an der Mitte des oberen Kopfes, an der Stelle, wo sich die Fontanelle bei einem Säugling befindet. Es steht in enger Verbindung mit der Epiphyse, der Zirbeldrüse. Die zugeordnete Farbe ist ein strahlendes Weiß, aus dem alle anderen Farben hervorgehen, aber auch Gold oder Violett. Der Laut ist *M* und der Schöpfungsklang des Universums, das Mantra *OM*. Lernthema ist: Vollendung, höchste Erkenntnis durch direkte innere Schau, Vereinigung mit dem universalen Bewusstsein.

Der Weg zu unserem wahren Wesen – über die Menschwerdung, so wie wir gedacht sind, als Mitschöpfer, als Vermittler zwischen Erde und Himmel, führt uns über die Chakraleiter mit ihren sieben Hauptstationen. Sie lassen sich mit Entwicklungsstufen vergleichen. Jedes Energiezentrum ist gleich wichtig. Jedes will voll gelebt und erlebt werden. Unser menschlicher Mikroskosmos mit all seinen Sinnen, Öffnungen und Energiezentren, mit all seinen Farben, Formen und Klängen, lässt sich mit einer wunderbaren Schöpfungssymphonie vergleichen: In unserem lebendigen Körper wirken alle sichtbaren und unsichtbaren Funktionen zusammen wie Musikinstrumente in einem Orchester.

In unserem menschlichen Körper mit allen seinen Zellen
schlummert das Urwissen, die gesamte Weisheit des Kosmos.
Unser Körper ist wie das „Buch mit den sieben Siegeln“ –
den sieben verschlüsselten Energiezentren,
die es im Laufe unserer Menschwerdung
zu entschlüsseln und zu entfalten gilt.

Gezielte Methoden sind dazu gedacht, uns unserer schlummernden Symphonie des Lebens bewusst zu werden und sie so kreativ und lebendig wie möglich zu „spielen“. Das bedeutet – Stufe um Stufe, alle Töne erklingen zu lassen und sie in der Welt als unser persönliches Lied des Lebens auszudrücken.

In diesem Kapitel kannst du dein Mosaik mit Übungen erweitern, die deine Chakras aktivieren und harmonisieren, Unausgewogenheiten ins Gleichgewicht bringen sowie eine Über- oder Unterfunktion der Energiezentren und der entsprechenden Drüsen günstig beeinflussen.

Reinigung der Chakras mit dem Element Wasser

Lege dich auf den Rücken und entspanne dich von Kopf bis Fuß. Atme drei Minuten lang tief und sanft. Lenke dann deine Aufmerksamkeit auf das erste Chakra. Stell dir vor, wie du mit jeder Einatmung Wasser durch das erste Chakra in deinen Körper saugst, wie es von dort aus in die umliegenden Organe strömt und wie du bei der Ausatmung mit dem Wasser Toxine, Schlacken, Blockaden und schmerzhafte Verspannungen durch das erste Chakra wieder hinausspülst.

Steige in deiner Vorstellung auf diese Weise die Treppe der Chakras hinauf und wieder hinunter. Verweile je nach Gefühl ein bis zwei Minuten bei jedem Chakra und bei den Organen, die sich in unmittelbarer Nähe befinden. Vielleicht bemerkst du bereits bei dieser Übung erste Anzeichen, welche Chakras bei dir verschlossener und welche leichter durchgängig sind. „Durchspüle" die blockierten Chakras etwas länger.

Mit dieser Visualisierungsübung mit dem *Element Wasser* werden deine Chakras, die entsprechenden Drüsen und die jeweils umgebenden Organe durchspült, gereinigt und harmonisiert.

Unsere menschliche Wirbelsäule
ist wie eine Treppe entlang der Energiezentren,
die Himmel und Erde auf der Reise zu unserer
Menschwerdung verbindet.

Öffnung der Chakras mit dem Element Luft

Der Atem verbindet deine Innenwelt mit deiner Außenwelt, deinen physischen Körper mit deinem Energiekörper. Bewusstes Atmen unterstützt dich, deine sieben Energiezentren zu spüren und auf sanfte Weise zu öffnen. Diese Übung verstärkt die Wirkung der vorhergehenden. Das *Element* Luft bringt Leichtigkeit und Schwerelosigkeit in deinen Körper.

Du kannst stehen, sitzen oder liegen, während du dir vorstellst, wie du mit jeder Einatmung Luft und Sauerstoff – wie ein Staubsauger – durch dein jeweiliges Energiezentrum saugst. Dabei kann sich das Chakra öffnen, weiter werden und ausdehnen. Prana, die kosmische Energie, kann in deinen Körper strömen und sich mit jedem Atemzug mehr und mehr mit deinem Körper verbinden. Reise auf diese Art entlang deiner Energieleiter nach oben, vom ersten bis zum siebten Chakra, und wieder zurück. Atme bewusst, sanft und langsam, während du dir vorstellst, wie du mit Hilfe von Prana deine Chakras öffnest, weitest und gleichzeitig harmonisierst.

Dein Atem, die Kraft deiner Vorstellung
und deine Energielenkung sind Hilfsmittel,
deine Chakras zu erspüren.

Aktivierung der Chakras mit dem Element Feuer

Die Wirbelsäule ist die Basis unseres physischen Körpers. Sie umhüllt das Rückenmark, das Zentralnervensystem, das als Schaltzentrale zum Gehirn unsere Körperfunktionen kontrolliert. Die Wirbelsäule ist die Brücke zwischen unserem Gehirn, dem Steuerorgan, und unserem Körper, dem ausführenden Organ. Sie lässt sich mit dem Stamm unseres Lebensbaums vergleichen:

Unten befinden sich die Wurzeln – Füße und Beine, unser Verwurzeltsein in der Erde, der Welt der Materie. Oben thront als Krone der Kopf, die Verbindung zum Kosmos, zu den höheren und weiteren Bewusstseinsdimensionen über das sechste und siebte Chakra hinaus. Die fünf Energiezentren dazwischen sind wie eine Brücke oder eine Treppe, die Himmel und Erde auf der Reise unsere Menschwerdung stufenweise verbinden.

Die *Aktivierung der Chakras* ist eine Möglichkeit, uns unserer sieben Lebensstationen entlang unseres Lebensbaumes bewusst zu werden und sie zu aktivieren. Stelle dir eine züngelnde Feuerflamme vor, etwas größer als ein brennendes Streichholz, die Lebendigkeit in jedem deiner sieben Chakras bewirkt. Versuche, diese Übung sowohl im Stehen als auch im Liegen durchzuführen. Dabei kannst du den Unterschied deines Energieflusses beobachten.

Beginne im Stehen. Du stehst aufrecht, deine Füße etwa 50 cm breit auseinander. Deine Knie sind weich, nicht durchgestreckt. Dein Körper ist locker und entspannt. Deine Augen sind geschlossen. Beginne mit dem ersten Chakra: Richte deine volle Aufmerksamkeit ausschließlich auf dieses Energiezentrum, während du zwanzigmal durch offenen Mund in einem dir angemessenen Rhythmus – falls möglich, dynamischer als dein üblicher Atem – ein- und ausatmest. Fahre auf diese Weise fort, durch jedes einzelne Chakra zwanzigmal ein- und auszuatmen. Lass an jedem Chakra deinen Atemrhythmus etwas schneller werden. Deine Aufmerksamkeit bleibt ausschließlich bei dem jeweiligen Chakra. Wenn du beim siebten Chakra angekommen bist, atme dich in derselben Art und Weise wieder die „Treppe“ hinunter. Lass dabei an jeder Stufe, an jedem Chakra, deinen Atemrhythmus wieder langsamer werden. Wiederhole diesen Vorgang ein- bis dreimal, zuerst im Stehen und dann im Liegen.

Beachte: Lass leicht schüttelnde Bewegungen in deinem Körper entstehen, während du im Stehen atmest. Forciere deinen Atem nicht. Falls du Schwierigkeiten hast, die Chakras zu spüren, lege deine Fingerspitzen dorthin, wo du gerade mit deiner Aufmerksamkeit und der Atmung bist. Visualisiere immer wieder das Bild mit der kleinen Flamme des brennenden Streichholzes. Es ist wichtiger, die Aufmerksamkeit bei den Energiezentren zu halten, statt sie ausschließlich auf Atem und Bewegung zu fixieren. Atem und spontane Bewegung sind Hilfsmittel, unsere Chakras und deren Energiequalitäten wahrzunehmen.

Wir können die Wahrnehmung unserer sieben Energiezentren weder durch Anstrengung noch durch „Machenwollen“ erweitern, vielmehr durch bewusste Aufmerksamkeits- und Energielenkung, vor allem aber durch Geduld.

Balance der Chakras durch Energie und Licht

Bei dieser Form der Chakra-Atmung holst du mit der Kraft deiner Vorstellung bewusst Licht und Energie in deine sieben Chakras. Sowohl die Chakras, deine entsprechenden Drüsen und deren Hormonausschüttung als auch die dazugehörigen Organe werden mit Hilfe deiner Vorstellungskraft aktiviert und harmonisiert.

Beginne mit dem ersten Chakra. Stelle dir die Strahlen eines hellen Scheinwerfers vor oder die Lichtfunken einer Wunderkerze. Mit jeder Einatmung holst du dir nun diese Lichtstrahlen oder -funken in das entsprechende Chakra. Ziehe den Atem so tief und so langsam, wie es dir möglich ist, in dein jeweiliges Chakra und in deine Organe, die sich in unmittelbarer Nähe befinden, ohne deine Atemorgane zu „vergewaltigen". Stelle dir vor, wie die Lichtstrahlen von außen durch das Chakra in deinen Körper strömen und dann mit der Ausatmung die umliegenden Organe durchfluten. Atme ein- bis zweimal die Treppe hinauf und hinunter. Atme dabei dreimal durch jedes einzelne Chakra.

Sieben Licht-Spiralen

Das Symbol der Spirale verbindet
Oben und Unten,
Innen und Außen.

Der Kreis symbolisiert das Unendliche, ohne Anfang und ohne Ende, die vollkommene Harmonie. Im Zentrum des Kreises befinden sich unendliche Stille und Frieden. Wenn wir den Kreis öffnen, wandelt er sich zur Spirale, die oben und unten, innen und außen verbindet. Die Spirale symbolisiert Wandel und Bewegung: Sie trägt uns aus dem Kreis heraus, führt uns durch alle Ebenen unseres Lebens und schließlich gewandelt zurück zu unserem Ursprung, in unser Zentrum.

Lenke deine Aufmerksamkeit auf die Krone des Kopfes, auf dein oberstes Energiezentrum.

Einatmend stellst du dir vor, wie ein Licht- und Energiestrahl durch dein siebtes Chakra in deinen Kopf strömt.

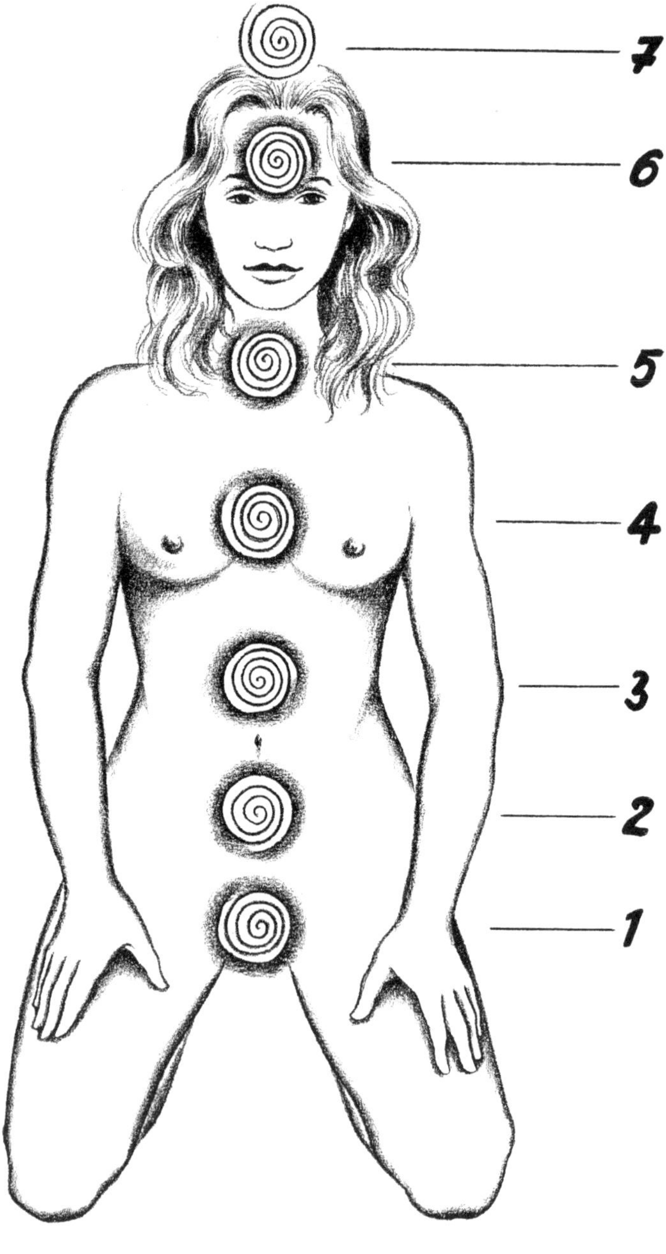

Sieben Lichtspiralen

Ausatmend stellst du dir vor, wie sich der Lichtstrahl in eine Lichtspirale wandelt, die rechtsdrehend (in Uhrzeigerrichtung) aus deinem sechsten Chakra so weit wie möglich nach außen strömt.

Einatmen, wieder mit der Vorstellung, wie ein Licht- und Energiestrahl durch dein siebtes Chakra, durch die Krone des Kopfes, in deinen Körper strömt.

Ausatmen, während du dir vorstellst, wie sich der Lichtstrahl in eine Lichtspirale wandelt, die in Uhrzeigerrichtung durch das fünfte Chakra so weit wie möglich von innen nach außen strömt.

„Reise" in derselben Weise weiter, bis du am Wurzelchakra, an der Basis, angelangt bist:

Einatmen von Licht und Energie jeweils durch das siebte Chakra; *ausatmen* mit der rechtsdrehenden Lichtspirale vom siebten, jeweils durch das sechste, fünfte, vierte, dritte, zweite bis zum ersten Chakra.

Atme dreimal durch jedes Chakra.

Die Übung der „sieben Lichtspiralen" löst Blockaden in den Chakras, öffnet und weitet sie von innen nach außen, erhöht deine Lebensenergie, ermöglicht dir die Wahrnehmung von Schwerelosigkeit und Leichtigkeit, indem sie deinen Energiekörper mit deinem physischen Körper verbindet.

Die Flöte des Universums

Befreie deine Atem-, Sprech- und Stimmorgane

Im Taoismus wird die Wirbelsäule mit der *Flöte Gottes* verglichen, durch die Er seine Symphonie des Universums spielt: *Das Lied Seiner Schöpfung*. Die sieben Öffnungen der Flöte, durch die wir als Mensch über den Atem unsere Lebensmelodie singen, sind wie die Tonleiter mit ihren sieben Hauptfrequenzen entlang der Energiezentren unserer menschlichen Wirbelsäule. Über bestimmte Vokale und Laute in Verbindung mit der Ausatmung können wir unsere sieben Chakras mit ihren jeweiligen Frequenzen entsprechend aktivieren und harmonisieren und damit unser körperlich-seelisch-geistiges Wohlbefinden beeinflussen. Dabei werden durch die Kombination von Atem und Stimme die Atemorgane gestärkt und der Klang unserer Stimme geschult. Blockierte Energien in den Atem- und Sprechorganen können frei werden und nach außen abfließen.

Die Tonleiter mit Vokalen

Die beiden folgenden Übungen kannst du im Stehen oder Liegen durchführen. Beginne jeweils mit dem ersten Chakra, dem Wurzelchakra:

Einatmen – so tief wie möglich, während du den Vokal „**U**" vor deinem geistigen Auge visualisierst.
Ausatmen – während du den Vokal „**U**" laut singst.
Jeder Vokal wird dreimal gesungen.

Einatmend visualisierst du den jeweiligen Vokal als Buchstabe vor deinem geistigen Auge.

Ausatmend stellst du dir vor, wie Ton und Atem aus dem jeweiligen Chakra nach außen strömen. Anschließen lässt du den Klang etwa eine halbe Minute nachwirken, während deine Aufmerksamkeit auf dem jeweiligen Chakra bleibt.

- *Erstes Chakra* – ***U***
- *Zweites Chakra* – *ein geschlossenes* ***O*** *(wie Mond)*
- *Drittes Chakra* – *ein offenes* ***O*** *(wie Sonne)*
- *Viertes Chakra* – ***A***
- *Fünftes Chakra* – ***E***
- *Sechstes Chakra* – ***I***
- *Siebtes Chakra* – ***M***

Nachdem du zweimal die *Flöte des Universums*, die Tonleiter entlang deiner Wirbelsäule, hinauf und hinunter „gespielt" hast, lässt du die Tonfrequenzen etwas nachklingen. Spüre, was du dabei in deinem Körper, in deinem Energiefeld wahrnimmst.

In den Vokalen des Alphabets unserer menschlichen Sprache sind dieselben Tonfrequenzen, die im Kosmos existieren. Sie sind die Verbindung von innen nach außen, von oben nach unten und wieder zurück. Das „**M**“ an der Krone des Kopfes, als „krönender“ Abschluss des physischen Körpers, am siebten Chakra bewirkt höchste Harmonie. Es verbindet nicht nur alle Bereiche im Gehirn, sondern schwingt von dort nach oben in den Raum und nach unten in den Körper und darüber hinaus.

Die Tonleiter mit Mantras

Etwas tiefer in der Wirkung sind die sogenannten *Bija-* oder *Wurzel-Mantras*. Mantras sind Meditationssilben, die über ihre Schwingung wirken. Sie verbinden den Übenden mit der jeweiligen Frequenz des Mantras. *Bija* bedeutet Energie, Wurzelkraft, jene Energie, die hinter der sichtbaren Schöpfung wirkt. Sie sind die schlummernde Energie, der ruhende Keim im Samen, der Kern im Atom unserer menschlichen Zellen. In Verbindung mit der Kraft des Atems und der intonierten Stimme kann der Same des Bewusstseins sich zu seiner wahren Größe entfalten. Die Körperzellen werden aufgeladen, regeneriert und die schlummernde Schöpferkraft, die im Gedächtnis unserer Zellen gespeichert ist, kann enthüllt werden.

Einatmen – während du das Bija-Mantra in Buchstaben vor deinem geistigen Auge visualisierst.
Ausatmen – während du den vollen Ton aus dem jeweiligen Chakra ertönen lässt,
dreimal, dann jeweils eine kurze Pause, während du den Ton in deinem Körper und in deiner Aura nachspürst.

– *Erstes Chakra* – ***LAM***
– *Zweites Chakra* – ***VAM***
– *Drittes Chakra* – ***RAM***
– *Viertes Chakra* – ***YAM***
– *Fünftes Chakra* – ***HAM***

– *Sechstes Chakra* – ***KSHAM***
– *Siebtes Chakra* – ***AUM** oder **OM***

Wenn du die beiden Übungen aus der *Flöte des Universums* einige Zeit (empfohlen 21 Tage) regelmäßig durchführst, wirst du dich wundern, wie sich dein Atem-Volumen vertieft und welche Fülle deine Stimme dadurch bekommt.

Die Regenbogentreppe

Erkenne die Energie der Farben

Diese Methode eignet sich am besten im Stehen oder Liegen. Sehr gut lässt sich die „Reise“ entlang der *Regenbogentreppe* auch im Bett praktizieren – unmittelbar vor dem Einschlafen oder nach dem Aufwachen. „Steige“ mit deiner Aufmerksamkeit ein- bis dreimal die Chakraleiter hinauf und hinunter, indem du die sieben Chakras in Verbindung mit den ihnen zugeordneten Farben visualisiert, in der Reihenfolge wie bei einem Regenbogen.

Visualisiere an jedem Chakra den entsprechenden Farbball. Zunächst erscheint er als kleiner Punkt, der mit jeder Ausatmung größer wird, bis er den Durchmesser eines Tennisballs erreicht hat. Mit jeder Ausatmung lässt du diesen ein Stücken größer werden, als ob du einen Ballon aufblasen würdest.

– Erstes Chakra – **rot**
– Zweites Chakra – **orange**
– Drittes Chakra – **gelb**
– Viertes Chakra – **grün oder rosa**
– Fünftes Chakra – **hellblau**
– Sechstes Chakra – **indigoblau**
– Siebtes Chakra – **violett oder gold**

Der Regenbogenkörper

Entfalte die Wahrnehmung deiner Essenz

Diese Übung lässt sich sehr gut mit der *Regenbogentreppe* kombinieren oder als eine in sich geschlossene Übung durchführen.

Stell dir vor, du stehst, sitzt oder liegst nackt, mitten in der Natur in einer sattgrünen Wiese. Über dir – am blauen Himmel – entdeckst du einen wunderschönen, strahlenden Regenbogen. Langsam hebst du deine Hände und holst diesen mit jedem Atemzug ein Stückchen näher zu dir, zu deinem Körper herunter. Mit jeder Einatmung verbindet sich der Regenbogen mehr und mehr mit deinem Körper, mit jeder Ausatmung verteilt er sich in deinem Körper und darüber hinaus. Spüre, wie er durch die Poren deiner unbekleideten Haut tief in dich und durch dich strömt. Es mag geschehen, dass du nach einiger Zeit sanfter, langsamer und doch tiefer Atemzüge das Gefühl hast, es gibt keine Trennung mehr zwischen deinem Körper und dem Regenbogen.

Dein nackter, reiner, unschuldiger Körper in der grünen Wiese wird schwereloser, freier, weiter, grenzenloser. Mehr und mehr dehnt er sich aus, während du tief und bewusst weiteratmest und dabei in deiner Vorstellung den Regenbogen in seiner wunderbaren Farbenpracht ein- und ausatmest. Er verströmt sich in alle Richtungen: vom Kopf bis zu den Beinen – von den Haarspitzen bis zu den Fußsohlen und darüber hinaus – kreisförmig um deinen Körper herum, weit über deine physische Form hinaus, in der Reihenfolge seiner Farben: *Rot, Orange, Gelb, Grün/Rosa, Hellblau, Indigoblau, Violett/Gold.*

Wenn du diese sanfte Meditation für einige Zeit (empfohlen 21 Tage) regelmäßig durchführst – etwa zehn bis fünfzehn Minuten täglich – kann es geschehen, dass du dich fühlend und sehend als strahlende *Regenbogenessenz* wahrnimmst … jener unsichtbare Teil von dir – deine reine, klare Aura, die innerhalb und außerhalb deines Körpers existiert, deine Essenz, die du auch bist: frei, schwerelos, grenzenlos, zeitlos … der Heiler in dir und durch dich.

10 Die Macht der Gedanken, die Kraft des Wortes, die Magie der Vorstellung

Der Mensch als Krone der Schöpfung hat die Fähigkeit und den freien Willen zu denken. Gedanken sind wie lebendige Wesen. Sie entfalten sich wie die Pflanze aus dem Samenkorn. Sie sind keimfähig, das heißt, sie haben eine formgebende Kraft. Gedanken sind Energie, die sich subtil, schnell und leicht bewegt. Sie sind wie elektrische Impulse in unserem Gehirn fühlbar für empfindsame Menschen. Sie strahlen durch uns und wirken auf unsere Umgebung. So ist es auch zu erklären, dass sich manche Menschen in unserer unmittelbaren Umgebung mehr oder weniger wohl fühlen.

Wir erschaffen etwas immer zuerst in gedanklicher Form. Jeder Verwirklichung geht eine Idee, ein Gedanke voraus. Die Idee ist wie ein Plan. Sie erschafft ein Bild von der Form. Dieses Bild magnetisiert so lange Energie, bis es sich schließlich auf der physischen Ebene materialisiert. So wie jedes Samenkorn sich zur Pflanze entfaltet, so drängt es jeden Gedanken und jedes Bild, gemäß der ihm eigenen Intensität und Kraft, sich früher oder später zu verwirklichen. Sowohl Pflanzen wie auch Gedanken, Bilder und Worte funktionieren nach dem geistigen Gesetz von Säen und Ernten, von Ursache und Wirkung.

Unser menschliches Denkvermögen, unsere kreative Fähigkeit der Vorstellung und unsere Sprache sind ein großes Geschenk, dem eine gewaltige Macht zugrunde liegt. Jeder Gedanke und jedes Bild, die in unserem Kopf entstehen, jedes gesprochene Wort – ob bewusst oder unbewusst – beeinflussen uns selbst, unser ganzes Leben und darüber hinaus unsere unmittelbare Umgebung und unsere Mitmenschen. Wir können mit unseren Gedanken, Worten und Handlungen Disharmonie, Unordnung und Zerstörung verursachen, genauso aber Ordnung, Harmonie und Heilung bewirken, in uns und um uns herum. Es ist unsere Entscheidung, welche Richtung wir wählen. Es liegt an unserer Achtsamkeit und vor allem in unserer Verantwortung, achtsam, behutsam und bewusst damit umzugehen. Was immer auch in unserer Gedanken-, Bilder- und Gefühlswelt geschieht – ob positiv, negativ oder neutral –, es wird sich in unserem Leben spiegeln wie Unkraut oder die schönste Blütenpracht. Die Früchte, die wir ernten, können nie anders sein als die Saat, die wir ausstreuen.

Beobachten wir unsere Gedanken einmal im Alltag, beim Zähneputzen, beim Anziehen, Kochen, Autofahren: Häufig sind sie unbewusst, durchdrungen von Erinnerungen, Gewohnheiten und fremden Einflüssen. In unserem Kopf findet ein pausenloser Monolog oder Dialog statt. Meistens nehmen wir diese Flut von Gedanken gar nicht wahr – und doch sind sie die Grundlage dafür, wie wir unsere Wirklichkeit erfahren. Sie bestimmen unsere Wahrnehmungen, unsere Gefühle. Sie blockieren und übertönen die Stimme unserer Intuition. Unser inneres Sprechen beeinflusst unsere Stimmungen, unser Allgemeinbefinden – zusammengefasst – unsere körperlich-seelisch-geistige Gesundheit.

Vom Opfer zum Schöpfer

Ein bewusster Umgang mit Gedanken
löscht negative Gedankenmuster und das Bewusstsein:
„Ich bin das Opfer meiner Umwelt.“

Gedankenkraft ist Schöpferkraft, in jeder Hinsicht. Sie wirkt aufbauend oder zerstörerisch auf allen Ebenen unseres Lebens. Alles Sicht-, Fühl- und Greifbare wurde von Gedanken geschaffen. Je öfter und intensiver wir uns bestimmten Gedanken widmen, desto schneller werden sie sich realisieren. Unser augenblickliches Leben ist der Spiegel unserer Gedanken.

Den meisten von uns erscheinen Denken und das Aussprechen von Gedanken als etwas dermaßen Selbstverständliches, dass wir noch nie unser Bewusstsein darauf gelenkt haben, was wir wirklich aussagen, wenn wir sprechen, und daher auch gar nicht das Ergebnis – ob positiv oder negativ – wahrnehmen. Gedankenstrukturen in unserem Kopf sind wie ein Orchester in unserem Gehirn, durch das wir selbst, entsprechend unserer Bewusstheit, unsere eigene Melodie des Lebens spielen.

Diese persönliche Symphonie aus unterschiedlichsten Gedankenformen wird zum Leitmotiv unseres Lebens, egal, ob die „Musik" gut oder schlecht, laut oder leise, negativ oder positiv ist. Die Kompositionen in unserem Gehirn, in unserem *Inneren*, manifestieren sich in jedem Falle früher oder später im *Außen*, ob als unbewusstes Opfer oder als bewusster Schöpfer. Zusammengefasst:

Deine Gedanken,
deine Worte,
deine inneren Bilder,
deine Gefühle
sind das Grundwerkzeug der Schöpfung.
Sie ermöglichen es dir,
dein innerstes Potenzial auszudrücken
und in Form zu bringen.

Die Wechselwirkungen zwischen Körper, Seele und Geist kann jeder von uns deutlich wahrnehmen, entsprechend unserer jeweiligen Bewusstheit. Die Sprache als Brücke, als „Wortführer" von Körper, Geist und Seele, kann als wirksames Instrument die heilende Verbindung ermöglichen, wenn wir sie bewusst und gezielt nutzen. Durch die Kraft unserer Gedanken und ausgesprochenen Worte in Verbindung mit bewusster Atemlenkung können wir Energie so lenken, dass das Wort wie „ein Pfeil mitten ins Ziel fliegt". Aus diesem Zentrum heraus kann sich das vorgestellte Bild, verbunden mit der Energie des Gefühls manifestieren. Und das verändert unser Leben – innen und außen.

Du wechselst vom Opfer zum Schöpfer,
in dem Zeitraum und in dem Umfang,
in dem du dein innerstes Potenzial durch die
Kraft deiner Gedanken,
die Macht deines Wortes,
die Magie deiner bildhaften Vorstellung
und deines Gefühls im Außen verwirklichst.

Die Kunst, kreativ und erfolgreich zu affirmieren

Zwölf wesentliche Punkte

Denken ist verdichteter Geist. Körper ist verdichtetes Denken. Deshalb ist unser Körper im höchsten Sinne Geist. Und jeder Gedanke, jedes Gefühl, jede Vorstellung – ob positiv oder negativ – beeinflusst unser körperliches Erleben, unser körperlich-seelisch-geistiges Wohlbefinden. Ein bewusster, wacher Umgang mit Gedanken, mit Vorstellungen, mit Gefühlen und vor allem mit Sprechen kann unser Leben völlig verändern.

Das pausenlose „Sprechen" – die Gedankenflut, die durch unseren Kopf strömt – bestimmt, wie wir unsere Wirklichkeit, unseren Alltag, unsere Umwelt und unsere Mitmenschen erleben und ihnen begegnen. Mit Unterstützung von Affirmationen, Bejahungsformeln, können wir das unbewusste „Sprechen im Kopf" durch positive, zielgerichtete Gedanken ersetzen. Diese wirkungsvolle Technik kann manchmal schon innerhalb kürzester Zeit helfen, negative Gedankenstrukturen und die entsprechenden Verhaltensprogramme aufzulösen.

Affirmation (von lat. *firmus* – fest, stark, kräftig) bedeutet Bejahung, Bestätigung, Versicherung. Eine Affirmation sagt entschieden aus, dass etwas *schon jetzt* so ist. Affirmationen gleichen Samen, mit denen wir unser Unterbewusstsein wie einen Garten bepflanzen. Die Samen – verschiedene Themen unser Leben betreffend –, richtig gepflanzt und gedüngt, wachsen und gedeihen von der Knospe zur Blüte, zur Frucht. *Bewusstes, regelmäßiges* Zitieren von Affirmationen, in Verbindung mit dem Gefühl und der Kraft bildhafter Vorstellung schärft unsere Sinne und aktiviert unser noch schlummerndes Potenzial. Denn wir leben nur einen Bruchteil unserer Fähigkeiten, einen geringen Prozentsatz unseres Wahrnehmungsvermögens.

Folgende Affirmationsregeln – *zwölf wichtige Punkte* – unterstützen dich, deinen inneren Reichtum und die Fülle deines verborgenen Potenzials gezielt und wirkungsvoll mehr und mehr im Außen zu verwirklichen:

1. Affirmationen regelmäßig wiederholen, bewusst und überzeugend, dabei *nicht* und die Vorsilbe *un-* vermeiden!

Dein Unterbewusstsein ist wertfrei. Es führt immer genau das aus und genauso, wie es von dir „programmiert" wird. Verwende in deinen Affirmationen daher niemals Worte wie *nicht* oder *un-*! Je öfter, bewusster und überzeugender du affirmierst und dir dabei vorstellst, dass alles bereits jetzt schon so ist, desto schneller und intensiver das Resultat!

Z.B. *Ich bin frei und gesund, jetzt!* Fühle, wie sich der Zustand des Freiseins und Gesundseins anfühlt. Denke und spüre in deine Worte hinein, mit deinem ganzen Körper, mit deinem ganzen Bewusstsein. Fühle sie und stelle dir die Weite in deinem Herzen vor, die Lebendigkeit in jeder Faser deines Körpers, die Energie in jeder einzelnen deiner Zellen.

2. Affirmationen laut aussprechen oder innerlich wiederholt zitieren!

Jeder Manifestation gehen Gedanken, Vorstellungen und Worte voraus. Laut gesprochene Worte, mehrmals hinereinander wiederholt, sind ein Mittel, die Sprache von der Stufe der alltäglichen, unbewussten Geschwätzigkeit auf eine höhere Ebene zu heben. Die rhythmische Wiederholung und der Klang eines bestimmten Wortes oder Satzes machen wach und bewusst und helfen, unachtsames Denken und Sprechen abzustellen. Dabei kann die Frequenz des laut ausgesprochenen Wortes in tiefste Schichten deines Körpers vordringen, jede Zelle aktivieren und neu programmieren. Laut gesprochene Affirmationen wirken vermehrt auf den Körper. Stille Affirmationen, im Geiste gesprochen, in Form von Gedanken, verbunden mit Gefühlen und vorgestellten Bildern, beeinflussen deine seelisch-geistige Verfassung sowie deinen Bewusstseinszustand.

3. Erhöhte Wirkung im Entspannungszustand – vor dem Einschlafen und beim Aufwachen!

Affirmationen, die im Alpha-Zustand – in einem losgelösten, entspannten Bewusstsein – durchgeführt werden, wirken noch effektiver, da sie ohne äußere Störfaktoren leichter vom Unterbewusstsein aufgenommen werden können. Sehr wirkungsvoll ist es, Affirmationen und Visualisierungsübungen vor dem Einschlafen und morgens unmittelbar nach dem Aufwachen durchzuführen, solange dein Bewusstsein und dein Denken noch nicht vom Tagesgeschehen beeinflusst sind.

4. Affirmationen notieren und zur Erinnerung verteilen, beispielsweise im Bad, in der Küche oder im Auto!

Der Eisschrank und mein Spiegel im Badezimmer sind das „Aushängeschild" von jenen Affirmationen, mit denen ich meinen Körper, mein Denken und mein Fühlen, den jeweiligen Bedürfnissen entsprechend, „programmiere", manchmal laut gesprochen (wenn ich nicht gerade die Zähne putze!) oder gedacht und verinnerlicht. Auch die Badewanne während eines Entspannungsbades ist ein guter Ort zum Visualisieren und Affirmieren!

5. Affirmationen immer in der Gegenwartsform formulieren! Worte, Vorstellung und Gefühl verbinden!

Eine Affirmation ist eine positive Feststellung, formuliert in der ersten Person und in der Gegenwartsform, die bereits das Ergebnis deines Wunsches ausdrückt, zum Beispiel: *Ich bin immer zur richtigen Zeit am richtigen Ort und verwirkliche mit Erfolg genau das Richtige ...*

Damit die Affirmation nicht ein mechanischer abstrakter Leitsatz bleibt, ist es wichtig, die Suggestivformel unbedingt mit deiner Vorstellungskraft und dem Gefühl zu verbinden, als ob alles bereits jetzt schon so sei. Je stärker das Gefühl und je intensiver die Vorstellung, desto wirksamer die Affirmation! Wenn du den Ort kennst, fühle ihn mit allen deinen Sinnen – Farben, Formen, Klima usw. Sieh mit deinem inneren Auge, was du dort tust. Wie fühlt sich der Erfolg an? Übe dich im *fühlenden Sehen!*

6. Affirmationen kurz, klar und verständlich formulieren!

Du kannst Affirmationen auch auf Band sprechen und diese hören, während du zu Hause Dinge erledigst, die keiner großen Konzentration bedürfen. Dein Unterbewusstsein wird automatisch davon „berieselt". Erinnere dich: kurze, klare und deutliche Formulierungen, möglichst einen einzigen Satz, der den Inhalt genau auf den Punkt bringt.

7. Besonders wichtige Affirmationen drei Wochen lang wiederholen!

Es ist inzwischen wissenschaftlich belegt, dass das menschliche Gehirn 21 Tage braucht, um neue Impulse umzusetzen. Ich „arbeite" daher mit für mich besonders wichtigen und persönlichen Affirmationen jeweils drei Wochen lang. Diese neuen Sätze schreibe ich auf, zitiere sie mental oder spreche sie laut aus. Gelegentlich kombiniere ich die Affirmationen mit Atem- und Bewegungsritualen.

8. Mehrmaliges Niederschreiben von Affirmationen vertieft die Wirkung!

Auch das Niederschreiben von Affirmationen ist sehr wirksam, eine der effektivsten Techniken, die ich je für mich erfahren habe. Schreibe jede Affirmation mindestens dreimal, noch besser zwölfmal, während du die ganze Zeit über mit deinem Bewusstsein beim Inhalt der Affirmation bleibst, diese vor deinem geistigen Auge siehst und so gut wie möglich mit all deinen Sinnen, mit deinem ganzen Gefühl verbindest. Je kürzer und einfacher der Satz, desto leichter wird die Affirmation vom Unterbewusstsein aufgenommen. Eine Affirmation sollte eine klare Aussage haben und – denke daran – keine Verneinung!

9. Besonders persönliche Affirmationen geheim halten!

Wähle solche Affirmationen, bei denen du spürst, dass sie *für dich* genau richtig sind. Was für den einen Menschen gut ist, braucht noch lange nicht für einen anderen optimal zu sein. Die von dir gewählten Affirmationen sollten positiv, inspirierend und befreiend für dich persönlich sein. Behalte deine persönlichen Affirmationen für dich. Bewahre sie wie einen persönlichen Schatz, ein wertvolles Juwel. Wenn du mit der Affirmation beginnst, ist sie zunächst wirklich wie ein Same, den du gerade pflanzt. Um sein „Aufgehen" zu gewährleisten, muss er sorgfältig gehütet und durch regelmäßiges Zitieren „gedüngt" werden. Dann kann er wachsen und blühen und sich erfolgreich zur Frucht wandeln.

10. Bewusster durch *Ich-Bin*-Affirmationen!

ICH BIN – diese beiden Worte, bewusst ausgesprochen, verstärken jede Affirmation. Sie verbinden den Inhalt der Affirmation mit deiner ICH-BIN-Essenz, mit dem Schöpfer in dir, mit dem Paradies in dir. Wenn du dich vor jeder Affirmation mit deinem Zentrum verbindest, kannst du wahrnehmen, wie deine persönlichen Grenzen allmählich immer mehr in den Hintergrund treten und wie du tatsächlich mehr und mehr deine ICH-BIN-Kraft wahrnimmst und aus deiner ICH-BIN-Essenz – aus dem Raum deines Herzens – denkst, siehst, sprichst, fühlst und handelst, zum Beispiel:

ICH BIN die Kreativität meiner Seele, die sich in allen Bereichen meines Lebens erfolgreich verwirklicht.
ICH BIN die Fülle meiner Seele, die sich überall in meinem Leben verströmt.
ICH BIN grenzenlose Energie, die diesen Körper reinigt, heilt und verjüngt.
ICH BIN die Klarheit meiner Intuition, die durch meinen Intellekt wirkt.

11. Affirmationen mit dem Atem kombinieren!

Gerne zitiere ich Affirmationen in Verbindung mit dem Atem, beispielsweise beim Spazierengehen, beim Radfahren oder Joggen oder auch in der Badewanne. Die magische Kraft des Atems, der Gedanken oder der laut ausgesprochenen Worte in Verbindung mit der Vorstellung und dem Gefühl, dass alles jetzt schon so ist, kann Wunder wirken. Hier einige Beispiele, wie sich Atmung und Affirmationen wirkungsvoll kombinieren lassen.

Einatmen: Kreativität, Gesundheit, Erfolg
Ausatmen: Erfolg, Gesundheit, Kreativität

Einatmen: Mein Herz und mein Verstand sind im Gleichgewicht!
Ausatmen: Mein Herz und mein Verstand sind im Gleichgewicht!

Einatmen: Mut zur Entscheidung und zum entsprechenden Handeln strömt in alle Bereiche meines Lebens und lässt meine Lebensenergie wieder frei fließen.
Ausatmen: Angst strömt aus jeder Zelle meines Körpers, aus jeder Faser meines Bewusstseins, löst körperlich-seelisch-geistige Blockaden.

Einatmen – Freude
Ausatmen – Traurigkeit

Einatmen – Lebendigkeit
Ausatmen – Müdigkeit

12. Auf der Lauer nach negativen Gedanken!

Damit die Affirmationen wirkungsvoller sind, gibt es eine wunderbare Vorübung, die dein Denken reinigt und dein Bewusstsein aufnahmefähiger macht:

Jedesmal, wenn du dich bei negativen, zweifelnden oder kritischen Gedanken ertappst, zitiere innerlich sofort *Stopp* oder *Löschen*! Ersetze diesen Gedanken mit der entsprechenden Gegenaffirmation.

Gedanke: *Das kann ich nicht!*
Gegenaffirmation: *Ich ... (dein Name) ... bin zu grenzenlosen Dingen fähig!*

Gedanke: *Niemand liebt mich!*
Gegenaffirmation: *Ich ... (dein Name) ... liebe mich – Ich ... (dein Name) ... bin geliebt!*

Affirmationen für jeden Tag

Hier habe ich einige allgemeine Affirmationen, sowie ausgewählte Affirmationen zu besonderen Lebensthemen für dich zusammengestellt. Halte dich aber an diesen Vorschlägen nicht fest. Entdecke deine eigenen persönlichen, heilenden Bejahungssätze. Du kannst diese nach einiger Zeit austauschen oder deinem eigenen Sprachgefühl und deinen Bedürfnissen entsprechend formulieren. Erinnere dich – kurz, knapp und einfach.

Du bist dein eigener Magier!
Mit der Kraft deines Herzens
bist du der Schöpfer deiner Welt und deines Lebens!
Entdecke den Magier in deinem innersten Zentrum!
Dort – aus dem tiefsten Raum deines Herzens –
haben Wünsche, Gebete und Affirmationen
höchste Wirkungskraft.

Beachte: Zur Einstimmung und zum Schluss affirmiere ich immer:

Ich ... (dein Name) ... bin jetzt bereit und offen, alles Gute anzunehmen. Ich danke meiner ICH-BIN-Kraft, dem Schöpfer in mir, für alle seine Geschenke!

Gesundheit, Körper und Atem:

Mein Körper ist schön, jugendlich und vital!
Mein Körper ist der Ausdruck strahlender Lebendigkeit!
Jeder Atemzug gibt mir neue Lebenskraft!
Im bewussten Atmen harmonisiere ich Körper, Geist und Seele!
Ich vertraue der Weisheit meines Körpers!
Ich erkenne meinen Körper als den kostbarsten Wohnsitz meines Wesens!
Die kreative Intelligenz in mir regeneriert, aktiviert und transformiert jede Zelle meines Körpers!
Jede Zelle meines Körpers wird durch eine neue, makellosere ersetzt!
Mit jeder Ausatmung lasse ich los, was mich belastet: Körperliche, seelische und geistige Gifte verlassen meinen Organismus!
Jedes Einatmen versorgt mich mit heilender, erneuernder Lebenskraft!
Mein Körper ist gesund. Er funktioniert perfekt und vollkommen in der Aufnahme und Verwertung aller lebensnotwendigen Nahrungsmittel!
Prana durchströmt mit jedem Atemzug meinen Körper, heilt, aktiviert und erneuert jede Zelle meines Körpers!
Mein Kreislauf funktioniert perfekt. Er hält meinen Körper dynamisch und fit!
Ich liebe meinen Körper. Er ist mein vertrautester und intimster Freund!
Mein Idealgewicht ist ... Kilo!
Ich bin gesund, egal, was und wie viel ich esse!
Mein Körper erneuert sich ständig. Täglich bringt er mehr Gesundheit, Kraft und Stabilität zum Ausdruck!
Ich entlasse festgehaltenen und überflüssigen Ballast aus Körper, Seele und Geist!
Ich verbinde mich mit der höchsten Schöpferkraft in mir. Sie bewirkt körperliche, seelische und geistige Gesundheit!

Wohlstand, Fülle und Reichtum

Ich habe jetzt genügend Zeit und Energie, alle meine Wünsche und Bedürfnisse zu erfüllen!

Je mehr ich bekomme, desto leichter fällt es mir, anderen zu geben. Je mehr ich anderen gebe, desto mehr bekomme ich, ohne mich anzustrengen!
Es macht mir jetzt Freude, alles Gute anzunehmen. Und dadurch bereichert Wohlstand mein Leben!
Es macht mir Freude, das zu tun, was ich schon immer wollte, und Geld dafür zu bekommen!
Reichtum und Wohlstand machen mich glücklich in allen Bereichen meines Lebens!
Fülle und Wohlstand strömen jederzeit in mein Leben!
Mein innerer und mein äußerer Reichtum sind im Gleichgewicht!
Ich bin um meiner selbst willen geliebt!
Ich bin es wert, reich und erfolgreich zu sein!
Ich achte Geld und kann es jederzeit annehmen, teilen und loslassen!
Geld dient mir zur Selbstverwirklichung!
Gute Dinge sind immer für mich da und bereichern mich endlos!
Ich bin jetzt bereit, meine innere und äußere Fülle zu teilen, zum richtigen Zeitpunkt und mit den richtigen Menschen!
Je mehr ich Reichtum annehme, desto lebendiger werde ich!
Je mehr ich Reichtum teile, desto freier werde ich!
Immer wenn ich gebe, strömt Leichtigkeit und Freiheit in mein Leben!

Erfolg

Erfolg und Fülle strömen jetzt in alle Bereiche meines Lebens!
Erfolg und Fülle sind meine wahre Natur!
Ich bin eins mit der schöpferischen Intelligenz, die sich durch mich erfolgreich und sichtbar verwirklicht!
Ich akzeptiere Erfolg, Glück und Wachstum in jeder Situation meines Lebens!
Ich lasse die Schöpferkraft durch mich wirken und öffne mich dadurch neuen, größeren Erfolgen in meinem Leben!
Ich bin immer zur richtigen Zeit am richtigen Ort und verwirkliche erfolgreich genau das Richtige!
Ich verdiene es, in allen Bereichen meines Lebens erfolgreich zu sein!
Es macht mir Freude, Erfolg anzunehmen, und dadurch bin ich immer erfolgreicher!

Ich bin bereit, meinen Erfolg zu teilen!
Erfolg auf allen Ebenen gehört zu meinem natürlichen Zustand. Ich bin ein Gewinner!

Selbstbewusstsein und Beziehung
Mein Verstand und mein Herz sind im Gleichgewicht!
Ich fühle mich wohl und geborgen mit anderen!
Ich bin bereit, in jedem Menschen etwas Gutes zu sehen!
Ich lebe und handle bewusst aus meiner Mitte!
Meine Innen- und meine Außenwelt sind im Gleichgewicht!
Ich liebe es, neue Menschen kennen zu lernen!
Ich bin es wert, geliebt zu sein!
Ich erlebe jetzt liebevolle, nährende und unterstützende Beziehungen in meiner Welt!
Ich brauche mich weder anzustrengen, noch etwas Besonderes zu sein, um meinem Ideal-Partner zu begegnen!
Ich bin jetzt bereit, die richtige Beziehung für mich einzugehen!
Ich bin jetzt bereit, Liebe zu empfangen, zu teilen und zu geben!
Ich bin mir bewusst, dass die Quelle aller Liebesbeziehungen in mir ist!
Je liebevoller ich mich und die Welt behandle, umso liebevollere Menschen ziehe ich an!
Ich ruhe in mir und ich kann mit und ohne Partner leben!
Ich kann nein sagen, ohne die Liebe anderer zu verlieren!
Ich bin liebenswert und erkenne meinen Partner als liebenswert!
Ich fühle mich frei und sicher, meine Bedürfnisse und Wünsche auszudrücken!
Jedesmal, wenn ich „JA“ sage, sage ich „JA“ zum Leben und zu mir selbst!
Es ist mir wichtiger, mich selbst zu lieben und zu achten, als auf die Bewunderung und Anerkennung anderer zu warten!

Vertrauen und Geborgenheit
Ich fühle mich wohl und geborgen in mir und mit mir!
Ich fühle mich wohl und geborgen in der Gesellschaft vertrauter Menschen!
Ich habe unterscheidendes Vertrauen in allen Bereichen meines Lebens!
Ich akzeptiere das Leben und werde vom Leben akzeptiert!

Ich vertraue und höre auf die Wahrheit meiner inneren Stimme!
Ich bin geborgen, gehalten und getragen von der Liebe des Universums!
Ich vertraue und übergebe mich dem Schöpfer in mir!
Meine innere Stimme signalisiert mir in jedem Augenblick, das Richtige zu sagen und zu tun!
Ich höre und vertraue der Weisheit meiner Intuition!
Ich bin ein Geschöpf der Erde und des Himmels!
Ich vertraue und überlasse mich dem Fluss des Lebens!
Ich entlasse jetzt jeden Gedanken von Unsicherheit und Zweifel aus meinem Gehirn!
Mein Denken ist frei von Unsicherheit und Zweifel!
Ich vertraue darauf, die richtigen Entscheidungen zu treffen – und ich habe den Mut, die Kraft und das Wissen, sie durchzuführen!
Die Antwort auf jede Frage ist bereits in mir. Sie wird mir zum richtigen Zeitpunkt gegeben!
Alle meine Gedanken, Worte und Handlungen entspringen der Quelle meiner ICH-BIN-Essenz, die mir jederzeit zur Verfügung steht!

Vergebung

Ich weiß, dass hinter jeder Verletzung Liebe verborgen ist!
Ich habe das Recht und den Mut, Ärger auszudrücken, ohne dabei jemanden zu verletzen oder die Liebe anderer zu verlieren!
Ich verzeihe meiner Mutter alles, was sie mir meiner Meinung nach angetan hat!
Ich verzeihe meinem Vater alles, was er mir meiner Meinung nach angetan hat!
Ich weiß, dass meine Eltern mich lieben, auch wenn die Form ihrer Liebe nicht meinen Vorstellungen entspricht!
Ich beende Zwistigkeiten und Feindseligkeiten mit Verwandten, Kollegen und Freunden und erlaube mir Harmonie und Frieden!
Ich entlasse jetzt alle zweifelnden, negativen und ängstlichen Gedanken und Gefühle! Vergebung, Liebe, Gesundheit und Harmonie bestimmen mein Leben!
Ich vergebe mir, meinen Körper und meine Seele missachtet und vergessen zu haben!
Ich akzeptiere alles, was ich jemals verursacht habe, und vergebe mir auf allen Ebenen!

Meine Gedanken sind frei von Angst und Verurteilung meiner selbst und anderer!
Ich bin frei von Schuld und Schuldgefühlen!
Ich entlasse jeden und alles, was mir jemals Unbehagen bereitet hat. Wir alle sind frei, jetzt und jederzeit!
Ich liebe mich und andere!

Freude und Lebendigkeit
Energie, Kraft und Freude strömen durch mich und beleben jede Zelle meines Körpers!
Ich bin strahlende Lebenskraft!
Freude strömt in alle Bereiche meines Lebens!
Ich öffne mich der Freude und der Schönheit des Lebens!
Ich bin eine fließende Quelle von Freude und Lebendigkeit!
Freude heilt, regeneriert und verjüngt jede Zelle meines Körpers!
Ich bin die Verkörperung von strahlender Freude und Lebenskraft!
Überall, wo ich bin, verbreite ich Lebensfreude!
Freude bringt Leichtigkeit, Lebendigkeit und Liebe in alle Bereiche meines Lebens!
Mit jedem Atemzug werde ich lebendiger!
Energie und Licht beleben jede Zelle meines Körpers!
Mit meiner eigenen Freude aktiviere ich die Freude in meinen Mitmenschen!
Ich erlaube mir, mich jeden Tag wieder aufs Neue zu freuen!
Die Freude, die ich anderen schenke, bringt mir selbst Freude und Lebendigkeit!
Ich erlaube mir, mich an der Freude anderer Menschen mitzufreuen, und aktiviere dadurch meine eigene Freude und Lebenskraft!
Freude belebt den Fluss meiner Kreativität! Und meine Kreativität bringt Freude und Erfolg in mein Leben!

Die Früchte, die du erntest,
entsprechen immer der Saat,
die du ausstreust.

Der Turm zu erhöhter Bewusstheit

Mut
Freude
Demut
Humor
Geduld
Hingabe
Toleranz
Weisheit
Offenheit
Vertrauen
Harmonie
Mitgefühl
Ehrlichkeit
Innere Ruhe
Dankbarkeit
Gelassenheit
Klare Absicht
Verbundenheit
Friedfertigkeit
Wertschätzung
Selbstsicherheit
Empfänglichkeit
Liebenswürdigkeit
Bedingungslose Liebe
Kommunikationsfähigkeit
Die Fähigkeit des Vergebens

Betrachte den *Affirmationsturm* und entdecke spontan den Begriff, der dich zur Zeit besonders anspricht, die Eigenschaft, die du gerade für deinen Alltag brauchst.

Kombiniere dieses Wort mit deiner Atmung zu einer wirkungsvollen Atemmeditation. Zum Beispiel:

Einatmen – Mut, *Ausatmen* – Mut
Einatmen – Freude, *Ausatmen* – Freude … usw.

ICH BIN – die Geburt der Freude

ICH BIN von Ewigkeit her,
von Anfang an und vor dem Anfang,
bis zum Ende und hinter dem Ende.
Seit der Schöpfer Himmel und Erde schuf,
bin ich als seine Vertraute bei ihm.
Ich Bin seine Lust und spiele mit ihm täglich,
denn aus reiner Freude entsteht die Schöpfung,
durch Freude wird sie erhalten,
zu ihr strebt sie hin und kehrt in sie ein.

ISHA

Der Erfolg des Affirmierens und Visualisierens zeigt sich in Stufen, entsprechend unserer Bereitschaft, uns mit unserem innersten Zentrum zu verbinden, mit der Quelle unseres Lebens. Zunächst aktivieren wir das Umdenken auf der bewussten und unbewussten Ebene mit Hilfe von Affirmationen und der Kraft bildhafter Vorstellung. Doch über unseren Körper und unsere Persönlichkeit hinaus sind wir Teil einer größeren Wirklichkeit, wie immer wir sie auch nennen: Gott, Überbewusstsein, höheres Selbst, kreative Intelligenz, Tao, Atman, All-Liebe, Quelle … Wenn es uns gelingt, uns mit der höheren Wirklichkeit, die in und um uns herum existiert, zu verbinden und Affirmationen aus dem Raum unseres Herzens, aus dem Bewusstsein *unserer inneren Kraftquelle* heraus strömen zu lassen, haben wir den wichtigsten Schlüssel entdeckt. Es ist die Hingabe und Übergabe an das „höhere Namenlose" innerhalb und außerhalb von uns, die reine ICH-BIN-Essenz, die alles durchdringt und uns mit allem verbindet. Es ist jener Schlüssel, der alle Türen zu unserer Innen- und Außenwelt öffnet, zu Himmel und Erde, vom persönlichen Bewusstsein zum Überbewusstsein und wieder zurück. Alle Gedanken, Worte, Wünsche, Zielsetzungen münden in diesen Raum des *Einen*.

Und dort einmal angelangt, entdecken wir plötzlich, dass es gar nichts mehr zu wünschen oder vorzustellen gibt, weil schon alles da ist. Es ist der Raum, in dem bewusste Absicht zur unschuldigen Absichtslosigkeit wird. Dort ist die komplette Fülle und gleichzeitig das totale

Freisein, das vollkommene Wissen und das absolute Vertrauen, dass uns jederzeit alles zur Verfügung steht, was immer wir in unserer persönlichen Welt brauchen. In diesem Raum lösen sich alle Bedürfnisse, Wünsche und Vorstellungen, eingebettet in sämtliche Übungstechniken, die wir jemals gelernt haben, auf. Das kleine Ich geht ein in das große ICH BIN, mit all seinen Zielsetzungen und Erwartungen. Dort gibt es nichts mehr zu wünschen, denn alles ist, war und wird immer da sein.

Dort bin ich zu Hause, dort, wo mein kleines Ich und meine ICH-BIN-Essenz verschmelzen, eins werden. Es ist jener Raum, in dem die Vermählung von Herz und Geist geschieht: dort, wo wahre Intelligenz – die kreative Intelligenz – die Fähigkeit des Geistes ist, die Weisheit des Herzens zu ehren … Die Wahrheit dieser Erfahrung erkennst du an einem Strom intensivster Dankbarkeit, grenzenloser, kraftvoller Liebe und Freude, verbunden mit dem bedingungslosen Vertrauen und dem absoluten Wissen, dass

alles wirklich immer zur richtigen Zeit am richtigen Ort erfolgreich geschieht.

Dies ist auf dieser Ebene eines der erhabenen Gefühle, für die jede Wortbeschreibung nur als begrenzender Rahmen dienen kann.

ICH-BIN-Affirmationen aus dem Raum deines wahren Wesens, aus der Verschmelzung mit deiner höheren Wirklichkeit, haben höchste Qualität und lassen Freude, Liebe und Leichtigkeit in alle Bereiche deines Lebens fließen. Sie können spontan von selbst – *vom Selbst* – als plötzliche Eingebung geschehen. Manchmal strömen sie auch als subtile Gedankenimpulse wie sanfte Energie- und Lichtwellen durch alle Ebenen deines Daseins. Sie sind wie Luftblasen, die aus dem Grunde des Ozeans aufsteigen und sich in Wellen unterschiedlicher Formen und Rhythmen an der Oberfläche des Ozeans unseres persönlichen Lebens konkret und sichtbar verwirklichen.

Kontempliere zuerst über deine ICH-BIN-Präsenz. Verbinde dich mit ihr, so gut es dir möglich ist. Mit zunehmender Übung nimmst du wahr, wie deine persönlichen Grenzen allmählich in den Hintergund treten, wie es dir möglich ist, immer tiefer in deine innere Kraftquelle einzutauchen. Am besten, du schließt die Augen. Affirmiere dann so, als ob jede Affirmation bereits Wirklichkeit sei.

Beginne, wie immer mit dem Dank:

Ich … (persönlicher Name) … bin jetzt bereit und offen,
alles Gute anzunehmen.
Ich danke meiner ICH-BIN-Präsenz,
dem Schöpfer in mir und um mich
für alle seine Geschenke!

ICH BIN Weisheit, Intuition, Mitgefühl!
ICH BIN Geborgenheit!
ICH BIN grenzenlose Liebe!
ICH BIN strahlende Lebenskraft!
ICH BIN eins mit der kreativen Intelligenz des Universums, die durch mich meinen persönlichen Schöpfungsplan erfüllt!
ICH BIN die Reinheit des Herzens!
ICH BIN die Klarheit meines Geistes!
ICH BIN die Entfaltung meines Bewusstseins in allen Bereichen meines Lebens!
ICH BIN die Freiheit des Herzens und die Klarheit meines Intellekts!
ICH BIN grenzenlose Energie, die diesen Körper reinigt, heilt und verjüngt!
ICH BIN die Reinheit meiner Intuition, die durch meinen Intellekt wirkt!
ICH BIN die höchste Intelligenz, zeitlos und vollkommen, und bewirke körperliche, seelische, geistige Gesundheit, jetzt und jederzeit!
ICH BIN die heilende Kraft der Vergebung!
ICH BIN die Kraft des reinen, ordnenden Bewusstseins und bewirke in meiner Umgebung reines, ordnendes Bewusstsein!
ICH BIN die Freiheit der Seele!
ICH BIN Freude, grenzenlose Freude in jeder Zelle meines Körpers, in jedem Winkel meines Bewusstseins!
ICH BIN ewige Glückseligkeit, die in mir und durch mich in meine Umgebung strahlt!
ICH BIN immer zur richtigen Zeit am richtigen Ort und verwirkliche mit Erfolg das Richtige!

Zum Abschluss wiederholst du noch einmal:

Ich … (persönlicher Name) … bin jetzt bereit und offen,
alles Gute zu empfangen.
Ich danke meiner ICH-BIN-Präsenz –
dem Schöpfer in mir und um mich –
für alle seine Geschenke!

Den Energieball mit Wünschen (er)füllen

Erwecke das „magische Kind" in dir

An dieser Stelle möchte ich mit dir noch eine wirkungsvolle Energieübung, besser gesagt ein kraftvolles „Energiespiel" teilen:

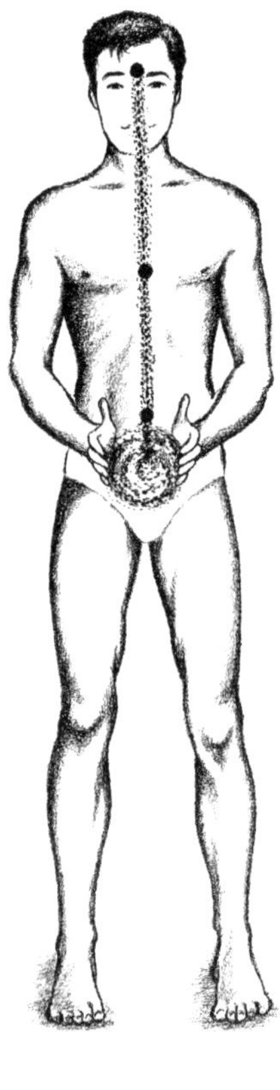

1. Du stehst aufrecht. Deine Füße sind im Boden verwurzelt. Strecke deine Arme nach oben, Handflächen geöffnet. Atme ein bis zwei Minuten langsam und bewusst tief ein und aus. Stelle dir dabei vor, wie du dich mit jedem Atemzug mehr und mehr mit Energie aus Erde und Himmel aufläds. Fühlst du ein Prickeln in deinen Handflächen und Fußsohlen?
2. Bringe dann deine Hände vor dein Kraftzentrum etwas unterhalb des Bauchnabels. Lege die Handflächen zusammen. Spürst du ein Strömen von Energie? Jetzt öffne im Zeitlupentempo die Hände und führe langsame Bewegungen durch, als ob du mit deinen Händen ein Ball formst, so wie Kinder einen Schneeball. Atme dabei tief und bewusst.
3. Fülle diesen Ball mit deinem derzeit innigsten Herzenswunsch. Die Energie im Ball wird vermehrt und erhöht, wenn du mit jeder Ausatmung einen Energie- und Lichtstrahl von Gefühlsenergie aus deinem unteren Bauch (2. Chakra), aus deinem Herzen (4. Chakra) und einen Lichtstrahl

mit Mentalenergie und dem Wunschbild aus deinem dritten Auge (6. Chakra) gezielt zwischen deine Handflächen lenkst.

4. Nach etwa fünf bis zehn Minuten wirfst du mit einem lauten „HA", dessen voller Ton aus der Tiefe deines Bauches kommt, deinen aufgeladenen und gefüllten *Energieball* nach oben. Übergib und überlasse ihn vertrauensvoll deiner höheren Wirklichkeit zur Wunscherfüllung zu der für dich richtigen Zeit am richtigen Ort. Alternativ kannst du diese „Übergabe" an die höchste Ebene deines Geistes ganz langsam und bewusst nach oben im Zeitlupentempo durchführen.

Die Weisheit der Kahunas

Ein *Kahuna* auf der Insel Maui, Hawaii, vermittelte mir folgende zwei kraftvolle Rituale. Die Kahunas sind die alten Priester und Heiler Polynesiens und Hawaiis. Sie sind Wissende, die bereits mit den Geheimnissen des Universums zur Welt kommen, sagt die Tradition. Die Kahunas verbinden den Kosmos, die gesamte Natur und die Welt der Materie in sich. Sie sind Mittler zwischen den höheren Welten und der Erde. *Huna* heißt soviel wie Geheimnis. Es ist eine 5000 Jahre alte Philosophie, die aus dem alten Ägypten, aus Israel und Mesopotamien stammt und nach Hawaii weitergetragen wurde, wo sie bis zu Beginn des 20. Jahrhunderts geheim gehalten wurde.

Die Essenz der Huna-Lehre ist, die Harmonie zwischen den drei Ebenen des menschlichen Selbst, dem unteren Selbst, dem mittleren Selbst und dem höheren Selbst, wiederherzustellen: Die Kahunas sehen den menschlichen Körper als wesentliches Instrument, diese Drei-Einheit zu verbinden. Mana ist der Zündstoff, der die Lebenskraft und Energie vom unteren Selbst zum höheren Selbst transportiert. *Mana*, das Lebenselixier, lässt sich mit Chi und Prana vergleichen. Es symbolisiert zugleich Wasser und den Fluss des Atems.

Ho'ano bedeutet Huna-Gebet. Es bedeutet, den Samen zu säen und mit Mana zum Wachsen zu bringen. Die Kahunas pflanzen den Samen eines Gedankens, einer Bitte, eines Wunsches und nähren in täglich mit dem Dünger von *Mana*, Atem. Der Kahuna verbindet den Atem mit der

Kraft der Gedanken und der Vorstellung. Damit heilt er Kranke, die Erde und sich selbst. Das Symbol des *Huna*-Gebets ist der Lebensbaum. Huna vergleicht unseren klaren Geist mit einem Garten. Gedanken, Wünsche, Gebete werden als Same in die Erde gesetzt und werden mit *Mana* täglich bewässert, sodass er zum Baum wachsen, zur Blüte reifen und Früchte tragen kann. Die geernteten Früchte enthalten bereits wieder den Samen, der sich zum nächsten Baum wandelt. Es ist der Kreislauf von Werden und Vergehen.

Doch Voraussetzung dafür, dass das *Huna*-Gebet funktioniert und der Same sich entfalten kann, ist Vergebung. Alen, ein Huna-Priester auf der Insel Maui in Hawaii, lehrte mich das *Huna*-Gebet und *Ho'oponopono*. „In der Huna-Tradition", erklärte er, „wird jeder Mensch als Same des Universums erkannt, als potenzieller Same des Urschöpfers. Es ist unser innerster Wesenskern, den es zu entfalten gilt. Bis der Same wächst, zum vollendeten Baum wird, bis er blühen und Früchte tragen kann, brauchen wir den Schutz der Erde, nährende Gedanken, Wasser und das Sonnenlicht und Lebenselixier von *Mana*. Erst dann sind wir unverletzbar für die Stürme des Lebens und können anderen Mitmenschen unsere sonnengereiften Früchte anbieten oder sie – je nach Bedarf – mit unserem heilenden, kühlen Schatten beschützen.

Für uns Kahunas beginnt jede Heilung im Geist – mit der Kraft und der Macht unserer Gedanken. Doch häufig sind unser Denken und unser Unterbewusstsein blockiert, zugeschüttet mit Enttäuschungen und Verletzungen aus der Vergangenheit. „Das verlorene Paradies" ist überschattet von Ängsten, Schuldzuweisungen und Schuldgefühlen. Wir Kahunas reinigen unser unteres Selbst täglich mit *Ho'oponopono*. Es ist wesentlich, sich selbst und anderen zu vergeben, denn solange Hass, Wut, Rache und alte Verletzungen in unserem Unterbewusstsein nisten, kann unser unteres Selbst kein Mana an unser höheres Selbst weiterleiten. Die Verbindung ist „gestört", blockiert... *Ho'oponopono* und das *Huna*-Gebet sind wie eine Brücke in die Freiheit, in unseren paradiesischen Urzustand. Sie führen uns zu dem „höchsten Magier", dem „spirituellen Zauberer" in uns. *Ho'oponopono* ist die Tür zu dem grenzenlosen Reichtum, der ewigen Fülle und der bedingungslosen Liebe und Freiheit in unserem Herzen. Das *Huna*-Gebet ermöglicht uns dann unsere höchste Wirklichkeit, unser volles Potenzial in der Welt auszudrücken und zu leben – für uns und zur Heilung anderer!"

Ho'oponopono

Erlebe bedingungslose Liebe, Mitgefühl mit dir selbst
und die Freiheit deines Herzens

Ho'oponopono – Vergebung kann schriftlich, laut oder mental geschehen. Es ist wichtig, auch innerlich zu fühlen, dass du von Schuld befreit wirst.

1. Du sitzt entspannt auf einem Stuhl. Vor dir liegt ein Blatt Papier und ein Stift. Lenke deine Aufmerksamkeit nach innen. Nach einigen Minuten lässt du aus deinem Bewusstsein diejenigen Personen aufsteigen, von denen du jemals verletzt worden bist, und die entsprechenden Situationen. Nimm dir die Zeit, die du brauchst, damit die Erinnerung über Bilder, Emotionen und Gefühle in dir entstehen kann. Schreibe die Namen und Stichpunkte auf die linke Seite des Blattes.
2. Forsche anschließend in deinem Inneren weiter, in welchen Situationen du selbst Personen, andere Lebewesen oder auch Dinge verletzt, missachtet oder zerstört hast. Schreibe dies mit wenigen Worten auf der rechten Seite auf, während du wieder Bilder, Emotionen und Gefühle hochkommen lässt.
3. Erlaube dir genügend Zeit, bevor du langsam und bewusst das Blatt Papier so klein wie möglich zerreißt oder verbrennst. Zitiere dabei tief ausatmend folgende Affirmation – mindestens dreimal laut oder in Gedanken:

Ich entlasse jeden und alles aus meiner Welt,
was mich jemals verletzt hat
und was ich verletzt habe!
Wir alle sind frei, jetzt und jederzeit!

4. Du kannst den Zettel auch verbrennen. Wenn ich dieses Ritual durchführe, gehe ich gerne in die Natur: ich verbrenne das Papier in der Nähe eines Wassers und werfe die Asche in den Fluss oder in einen See, ganz langsam und bewusst. Dabei zitiere ich manchmal laut,

manchmal leise in Gedanken die oben erwähnte Affirmation. Unser Unterbewusstsein reagiert sehr stark auf Symbole und Elemente: Feuer, Wasser, Erde (entspricht Asche). Wiederhole diese Übung von Zeit zu Zeit. Sie unterstützt die Wirkung von Affirmationen, Bildern und Wunschgebeten.

Mana sammeln

Verbinde dein unteres Selbst mit deinem mittleren und höheren Selbst

Bevor du mit dem *Huna*-Gebet beginnst, möchte ich dich mit einer Form des *Huna*-Atems vertraut machen, die du mit dem Huna-Gebet verbinden kannst:

1. Atme ein und visualisiere, wie Licht und Energie von deinen Füßen über deine Beine und Dammgegend deine Wirbelsäule entlang nach oben in dein Gehirn strömen, sich dort verbreiten und jede Zelle deines Körpers füllen. Stell dir dabei deinen Kopf wie einen Lichtball vor.
2. Atme aus und visualisiere, wie Licht und Energie aus der Krone deines Kopfes – aus deinem Lichtball – wie ein Springbrunnen in zwei Halbkreisen rechts und links bis hinunter zu deinen Fußsohlen strömen; atme über die Fußsohlen wieder ein.
3. Abschließend kannst du die Mana-Aufladung mit einem Wort deiner Wahl kombinieren, zum Beispiel „Mut“, „Freude“, „Vertrauen“, „Gelassenheit“.

Wiederhole diese Übung drei- bis sechsmal. Mit jedem Atemzug wirst du mehr und mehr gereinigt, „durchlichtet“ und mit *Mana* aufgeladen.

Dein Unterbewusstsein ist wie ein Kind.
Es liebt Bilder und reagiert auf Gefühlsprojektionen.

Das Huna-Gebet

Erkenne dich als Mitschöpfer

1. Male dir in deiner Gedankenwelt ein klares Bild deines Wunschobjekts. Es ist wichtig, die Einzelheiten genau zu beschreiben. Unser unteres Selbst (Unterbewusstsein) kann nicht zwischen richtig und falsch unterscheiden. Es empfängt alle Botschaften – gut oder schlecht – und gibt sie genauso weiter. Lösche deine gegenwärtige, unerwünschte Situation vom Bildschirm deines Geistes, indem du in deiner Vorstellung einen Schwamm oder Staubsauger zu Hilfe nimmst. Ersetze die alte Situation mit dem neuen Wunschbild, das du klar und deutlich in deinem Kopfinneren kreierst.
2. Übe dich darin, das Ergebnis bereits zu sehen, zu hören und zu fühlen – mit all deinen Sinnen. Stimme dich darauf ein, wie es sich anfühlt, wenn du das Gewünschte erhalten hast. Nimm dir vor, in deiner persönlichen Umgebung und deinen Mitmenschen gegenüber entsprechend zu handeln, mit dem inneren Wissen und Vertrauen, dass alles bereits so ist. Dein unteres Selbst ist wie ein Kind. Es liebt Bilder und reagiert auf alle Gefühlsprojektionen.
3. Dann nimm drei oder mehr tiefe Atemzüge, während du mit der Ausatmung dein Wunschbild zusammen mit dem Gefühl an dein höheres Selbst übergibst. Mit zunehmender Übung kannst du das *Huna*-Gebet mit dem *Huna*-Atem verbinden.

Wiederhole diese Übung für einige Zeit täglich (am besten 21 Tage lang), sodass der Same des Wunsches, das vorgestellte Bild und das Gefühl wachsen und sich verwirklichen können. Die tägliche Übung des *Huna*-Gebetes fördert die Erfüllung. Du wirst bemerken, dass du die Bilder jeden Tag klarer und schärfer sehen und die Gefühle intensiver wahrnehmen kannst.

Beachte zwei wesentliche Punkte: Bewahre den Samen deines Wunschgedankens für dich. Hüte ihn wie ein kostbares Geheimnis, solange er nicht verwirklich ist und du die Früchte noch nicht ernten kannst. Die Macht und die Kraft zu blühen und Früchte zu tragen kann verloren gehen, wenn du den kostbaren Inhalt vor seiner Reife verschüttest.

Lösche alle Zweifel in dir. Jeglicher Zweifel entmutigt dein unteres Selbst. Du verzögerst und blockierst das Wachstum deines kostbaren Samens und damit die Erfüllung des Wunschgedankens.

Dein höheres Selbst, das Göttliche in dir, ist bereit, alle Wünsche zu erfüllen, solange du niemanden damit verletzt. Dein höheres Selbst ist ewig und weise. Es ist dein Beschützer – dein innerer Vater und deine innere Mutter, denen du vollkommen vertrauen kannst. Sie sind jederzeit für dich da. Doch sie zeigen sich nicht ungebeten: Sie warten auf deine Anrufungen, auf deine Gebete und Wünsche. Und es liegt nur an dir, den Samen deiner Wünsche und Gebete regelmäßig zu düngen und mit Mana zu bewässern.

Ho'oponopono und das Huna-Gebet
sind wie eine Brücke
zu deinem natürlichen,
paradiesischen Urzustand.
Ho'oponopono ist der Schlüssel zur Freiheit
deines Herzens.
Das Huna-Gebet ist der Schlüssel,
dein volles Potenzial zu entfalten –
für dich selbst und zu heilenden Unterstützung anderer.

Teil III

Das Paradies ist in dir – das Garten-Eden-Mysterium

In der Mitte des Herzens

Das Herz des Menschen ist ein Heiligtum.
In seiner Mitte befindet sich ein kleiner Raum,
in dem das große Geheimnis wohnt.
Um diese Mitte des Herzens zu erleben,
müsst ihr in der Art und Weise leben,
wie das große Geheimnis uns gelehrt hat.
Der Mensch, der offenen Herzens ist,
trägt die Welt und all sein Wissen in
der Mitte seines Herzens.

BLACK ELK VOM STAMME DER SIOUX

11 Von der Körperintelligenz zur Intelligenz des Herzens

In völliger Dunkelheit deines Käfigs versteckt,
verborgen in der Höhle deines Herzens,
leuchtet eine kleine Flamme – lockend, schwach und einsam noch,
und doch kennt sie alle deine Geheimnisse,
die sich dann offenbaren,
wenn dein kleines Ich sich von ihr verschlingen lässt,
bis du selbst zu dieser Flamme wirst.

AUS DEN VEDEN

Der „verkörperte Baum der Erkenntnis" – der Garten Eden in dir

„Der Schöpfer *ruht* im Stein, *atmet* in der Pflanze, *träumt* im Tier und *erwacht* im Menschen", sagt Khalil Gibran. „Wir kommen nicht in den Himmel, sondern suchen diesen zu verkörpern", erklärt er weiter. Das erste Mal, als ich mich, meinen Körper und die Formen, Farben, Gerüche und Geräusche um mich herum als paradiesischen Urzustand wieder erlebte, war auf der Insel Mauii, in Hawaii, an einem geheimen Nacktbadestrand. Wochenlang verbrachte ich dort allein, um ein Manuskript zu überarbeiten. Ich war nackt, sicher und geborgen, eingebettet in die unbeschreibliche Schönheit dieser Natur. Um mein Gehirn zu klären und mich vom Geist inspirieren zu lassen, stellte ich mich immer wieder an den Strand des türkisblauen Meers und praktizierte den *Schöpfungsatem*.

Die Sonnenstrahlen drangen in jede Pore, von dort in jede Zelle, erwärmten und belebten mich bis ins Knochenmark. Der angenehm warme Wind streichelte beruhigend und zärtlich meine Haut. Der Sand funkelte diamantfarben im Licht der Sonnenstrahlen. Das Rauschen der Wellen schien letzte Reste von Unklarheiten aus mir herauszuspülen.

Hier stand ich nackt, allein, einfach nur bewusst atmend. Auf einmal hatte ich das Gefühl, zur Welle zu werden, einzutauchen in den grenzenlosen Ozean vor mir. Gleichzeitig war mir, als ob ich mich in meiner höheren, grenzenlosen Wirklichkeit auflösen würde, um dann wieder zu dem smaragdgrünen Ozean zu werden, zur Weite des Himmels, bis zum Horizont und darüber hinaus. Alle Grenzen verschoben sich. Es gab plötzlich gar keine Trennung mehr zwischen oben und unten, innen und außen. Mitten in dieser Bühne der Natur, in ihrer schöpferisch abgestimmten Symphonie von Farben, Formen und Tönen, sah und fühlte ich mich mit meinem bloßen Körper wie in einem zeitlosen Liebesspiel mit der Schöpfung um mich herum. Eine Verschmelzung mit den Pflanzen und ihren tropischen Blüten, mit den schwarzen Vulkanfelsen hinter mir, dem Ozean vor mir, dem Himmel über mir, dem heißen, feuchten Sand unter meinen Füßen. Mein Bewusstsein war plötzlich überall, in allem um mich herum, und alles war in mir. Ich war alles. Und in diesem Augenblick wusste etwas ganz sicher in mir: Der Garten Eden ist ein Bewusstseinszustand. Es ist die Einswerdung mit mir und mit allem, was um mich herum existiert. Die Heimkehr in das Paradies führt nicht unbedingt über den physischen Tod, sondern über das verkörperte, gelebte Leben im Hier und Jetzt. Und dieses Leben heißt Liebe – Liebe, die das *Diesseits* mit dem *Jenseits* verbindet. Begleitet war dieses Erleben von strömender Dankbarkeit, mir selbst, der Schöpfung, dem ganzen Leben gegenüber. Die Tiefe und Erhabenheit dieses Gewahrseins lässt sich mit Worten kaum beschreiben. Es war, als ob ich mich wieder innerhalb und durch meinen Körper – im Zentrum meines Wesens, aber genauso außerhalb von mir – mit der Essenz des Urschöpfers verbunden hätte. Dabei hatte ich mich als Teil der großen Schöpferkraft erkannt und wieder daran erinnert, und dieses gespeicherte Erleben fühle ich heute noch in meinen Zellen.

Ewig jung zu bleiben, nicht sterben müssen – das ist seit der Vertreibung aus dem Paradies ein Menschheitstraum, der in allen Kulturen bis zum heutigen Tage lebendig ist. Trägt nicht fast jeder von uns in seinem tiefsten Herzen mehr oder weniger bewusst einen Keim dieser Sehnsucht in sich, und wir warten noch immer auf die Erfüllung? Kann es sein, dass wir glauben, diese Sehnsucht niemals stillen zu können, weil wir denken, das Paradies, den Garten Eden, in dem wir alterslos, gesund und ewig jung sind und nicht sterben müssen, gäbe es nur in einem Jenseits, nicht aber auf dieser irdischen Welt? Vollkommene Gesundheit, Glückseligkeit, Liebe, Schönheit, ewige Jugend, Weisheit, Harmonie, Frieden und andere Vorstellungen, die wir mit einem paradiesischen Zustand verbinden, seien nur in einem fernen Garten Eden möglich, aus dem wir vertrieben worden sind? Daher ist das Paradies innerhalb der Dualität, in unserer Welt, auf unserem Planeten nirgendwo für immer zu finden; vielleicht noch an sagenumwobenen Plätzen wie Shambala oder Shangrila oder auf bestimmten Trauminseln in der Südsee. Kannst du dir vorstellen, dass du ein paradiesisches Bewusstsein genauso in deinem menschlichen Körper erleben oder besser er*leiben* kannst? Dass Shambala oder der Garten Eden eine Ebene deines Bewusstseins in dir ist, ein Seinszustand transzendenter Wirklichkeit? Einfacher ausgedrückt – der wesentliche Teil von dir, den du vergessen, verschüttet und vorübergehend verloren hast?

Tief verborgen hinter unserer mehr oder weniger bewussten Sehnsucht schlummert das zeitlose Wissen, die Wahrheit, dass dieses Paradies unser Urzustand ist, unsere Lebensflamme in unserem Wesenskern. Es ist unser ewiges Erbe, versteckt als Same in der Tiefe unseres Herzens, im Zentrum unsere Seele – und im Kern jeder unserer Körperzellen. Dort wartet er auf die Erlösung aus der „Erbsünde“ – *hier auf dieser Welt* und nicht irgendwo und irgendwann im Jenseits. Unser rhythmischer Lebenspuls klopft ständig an die Tür unserer immer noch dumpfen Unbewusstheit. Er möchte das verriegelte Schloss zu unserem vergrabenen Paradies, zu unserem wirklichen Erbe, sprengen. Unser loderndes Feuer des Wissens brennt zeitlos weiter, auch wenn unsere physischen Körper aus Fleisch und Blut sich über Jahrtausende immer wieder zu Asche wandeln, um sich in unterschiedlichsten Formen neu zu manifestieren.

„Du wirst als Samenkorn des Schöpfers geboren“, erklären die Kahunas, die hawaiianischen Heiler. „Du kannst wieder als Samenkorn sterben. Du kannst aber auch zur Blüte und zum Baum werden.“

„Die Geburt ist nicht ein augenblickliches Ereignis, sondern ein dauerhafter Vorgang“, erklärt Erich Fromm. „Das Ziel des Lebens ist es, ganz geboren zu werden … und seine Tragödie, dass die meisten von uns sterben, bevor sie ganz geboren sind … Zu leben bedeutet, jede Minute geboren zu werden.“

Den Himmel auf die Erde zu bringen bedeutet, die ewige Lebensflamme innerhalb unseres physischen Körpers, den unsterblichen

Atomkern im Herzen einer jeden Zelle wiederzuentdecken, zu befreien und auf dieser Welt zu leben und zu verwirklichen. Das schien bislang unerfüllbar. Es war und ist nicht der Mangel an Wissen, wie und unter welchen Bedingungen wir unsere Flamme erhalten können, sodass sie nicht erlischt. Methoden – von *außen* und von *innen* –, unser Lebensfeuer, unsere Lebenskraft auf allen Ebenen unseres Daseins zu aktivieren, zu harmonisieren und zu erhalten, gab es zu allen Zeiten in allen Kulturen. Diese Verfahren werden heute zunehmend von der Wissenschaft bestätigt. Doch fehlt es meist an der entsprechenden Einstellung, der Bereitschaft und dem Mut umzudenken und, daraus resultierend, dem not*wendigen* Bewusstsein, dieses Wissen zu leben und zu verwirklichen.

Depressionen, Schmerzen, Krankheit, Gebrechlichkeit, innere und äußere Krisen, vorzeitiges Altern – sind sie nicht Zustände, die diejenigen, die sie gerade durchleben, als Hölle oder Fegefeuer definieren? Aber sind sie nicht auch ein Schrei unseres innersten Wesenkerns, zurückzukehren, zurück ins Paradies, das *in uns* ist, *in unserem Körper*, der von unserer Seele, von unserem Geist belebt und durchdrungen wird?

„Das Land der Alterslosigkeit und Gesundheit findest du nirgendwo, außer in deinem Körper", sagte mir einmal Dr. Deepak Chopra, der heute in den USA lebende indische Arzt für Ayurveda und Wissenschaftler, der sein Leben den Forschungen über die Erneuerung des menschlichen Körpers widmet. Er erklärt, dass unser Körper der sicht- und greifbare Ausdruck unserer kreativen Intelligenz, der Weisheit allen Lebens ist. Jede Erfahrung, die wir jemals gemacht haben und die noch vor uns liegt, ist in unseren Zellen gespeichert. Jede einzelne Zelle ist ein Lebewesen für sich, das die Information der Schöpfung in sich trägt. Die kreative Intelligenz, die das gesamte Universum erschaffen hat, hat den menschlichen Körper aus derselben Substanz geboren. In den DNS-Archiven unserer Zellen ist unsere gesamte Schöpfungsgeschichte enthalten.

Die Rishis – die Weisen des alten Indien – drücken diese Erkenntnis in folgenden Worten aus:

So, wie der Mikrokosmos, ist der Makrokosmos.
So, wie jedes einzelne Atom, ist das ganze Universum.

So, wie der menschliche Körper, ist der ganze Kosmos.
So, wie die kreative Intelligenz eines Menschen,
ist das Bewusstsein im Kosmos.

„Wer seinen Körper verändern will, muss zuerst sein Bewusstsein wandeln“, sagt Dr. Deepak Chopra. Unser Denken, unsere Vorstellungen und unsere Gefühle sind unsere Wirklichkeit. Sie haben in uns ihren Ursprung. Die Weise, wie wir uns sehen, macht uns zu dem, was wir sind. Wenn wir die Betrachtungsweise unserer Situationen ändern, können wir tatsächlich alle Begriffe von Leben, Altern und Sterblichkeit ändern und schließlich unsere Langlebigkeit erkennen. Es sind unsere Sichtweisen, die unseren physischen Körper formen und darüber hinaus unsere Umgebung beeinflussen – unsere Städte, Länder, Kontinente, bis hin zum Naturgeschehen im Kosmos.

Das Paradies in dir ist das wahre ewige Ich,
der offene, unbegrenzte Himmel in dir.

Das Yoga der Zellen

Größer aber noch als der sichtbare Weltraum
mit seinen Elementen
ist der Raum im Inneren des Körpers und des Herzens.
Er birgt Feuer und Wind, Himmel und Erde, Sonne und Mond.
AUS DEN VEDEN

Viele spirituelle Lehrer erklären, dass die Information von Alterslosigkeit, die Flamme der Unsterblichkeit in der Tiefe unserer zellulären Struktur und in unserem Bewusstsein eingebettet sei, so auch Aurobindo und die Mutter, Mira Alfassa. Sie waren Pioniere von Langlebigkeit und der Vergeistigung und Transmutation des physischen Körpers. Ihre Entdeckungen und Forschungen führen in die Tiefe des menschlichen Körpers, in das Herz jeder menschlichen Zelle. Dort sei das wirkliche

Leben, das Leben ohne Tod zu finden. „Die Welt der Materie, unser Körper, enthält bereits alle Wunder, schlummernd sozusagen. Wir müssen sie erwecken, wiederentdecken, sie mit ihrem sonnigen Gegenstück oben in Beziehung setzen", erklärt die Mutter. Sie widmete ihr ganzes Leben dem *Yoga der Zellen*, der Erforschung der Transmutation des menschlichen Körpers.

„In jedem Teilchen, in jedem Atom, in jeder Zelle unseres Körpers lebt schlummernd die Information des Ewigen und das Wissen des Unendlichen. Wir müssen unserem Körper dieses zeitlose Wissen wiederentdecken, seine unbegrenzten Fähigkeiten wieder erkennen lassen. Das ist das *Yoga der Zellen* … Die Grundlage der Alters-, Krankheits- und Todesprogrammierung ist die Trennung der Zelle von der Zelle, des Menschen vom Menschen, die Trennung des Menschen vom *äußeren* sowie von seinem *inneren* Universum … Alterslosigkeit und der Zustand ohne Krankheit und Tod sind wie eine immerwährende Wiedergeburt innerhalb unseres menschlichen Körpers. Es ist eine dauernde Veränderung unserer physischen Struktur, die ewige Erneuerung unserer menschlichen Zellen. Denn unsere Zellen entstammen alle einer einzigen Form. Die Information, die in einer Zelle gespeichert ist, überträgt sich früher oder später auf andere Zellen, setzt dort gespeichertes Wissen frei. Dann entdeckt ihr, dass Tod und Krankheit nur Schein und Täuschung sind, so, wie das Leben der meisten Menschen auch Schein ist. Aus Angst vor eurer wahren Größe, vor eurer Unsterblichkeit und der dadurch bedingten Unbegrenztheit haltet ihr nur an eurem Schein fest. Wir finden unsere Erlösung nur, indem wir uns dieser Wahrheit bewusst werden und sie leben." (Aus: Sri Aurobindo und Mira Alfassa, [die Mutter]; hierzu siehe auch M. Magyarosy, *Vom Ozean zum Gipfel.*)

Laut Dr. Chopra sind die Zellen ein in Materie gekleidetes Gedächtnis. Nehmen wir einmal an, wir haben tausend Leben hinter uns mit einer durchschnittlichen Lebensdauer von sechzig Jahren. Das würde bedeuten, dass wir heute sechzigtausend Jahre Zellgedächtnis in unserem Körper tragen.

Die *Vertreibung aus dem Paradies* ist unsere Urwunde. Damit verbunden sind die Angst vor Trennung und der Urschmerz des Verlassenseins. Es ist die Trennung von uns selbst, von unseren Mitmenschen, von der Welt. Wir können sie wieder aufheben, indem wir den schlummernden Schöpfer in uns wach werden lassen. Das bedeutet, unsere körpereigene Intelligenz und unsere Herzensweisheit zu aktivieren und zu entfalten. Dann können wir wieder nach Hause kommen. Der Weg führt über unser lebendiges Haus, gebaut aus Billionen von Zellen – unseren Körper. In ihm können wir uns als den wahren Menschen erkennen, als das grenzenlose Wesen, als die ewige Präsenz, die wir immer waren, immer sind und immer sein werden.

Aurobindo erklärt, dass wir noch so lange sterben werden, bis wir erkennen, dass unser menschlicher Körper ein Ort höchster Befreiung ist, das Verbindungsglied zwischen Himmel und Erde: „Wir müssen das Göttliche der Tiefe mit dem Göttlichen der Höhe zusammenführen. Das Paradies ist auf der Erde, tief in unserem Körper. Wir können es jede Minute – durch unsere Zustimmung oder unsere Verweigerung dieser Wahrheit gegenüber – neu schaffen oder wieder zerstören." Der Mensch hat durch die Macht des Denkens die Wahl, zu leben, zu erkranken, zu gesunden oder zu sterben, sein Bewusstsein begrenzt zu lassen oder zu entfalten. In dem Augenblick, in dem wir unser Denken ändern, können wir unser Bewusstsein wandeln und damit alle Konzepte von Leben, von Gesundheit und Krankheit, von Alter und Sterblichkeit. Und das bedeutet, die höchste Wirklichkeit, das Paradies in der Tiefe der Materie und unseres Menschseins zu erkennen und zu verwirklichen.

*Die **Rückkehr ins Paradies** bedeutet:*
Die Aussöhnung mit deinem Körper,
mit deinem innersten Wesen,
das tiefe Erleben deines Ursprungs,
die Einswerdung mit dir selbst.

*Das **Garten-Eden-Mysterium** bedeutet:*
Die höchste Wirklichkeit,
den Garten Eden in der Tiefe der Materie
und deines Menschseins wieder zu erkennen,
zu befreien und in der Welt zu leben
und zu verwirklichen.

Von der Alchimie der Zellen zur Transformation des Herzens

Wie aber können wir das zelluläre Wissen in den DNS-Archiven unserer Zellen anzapfen? Wie können wir unserer innersten Weisheit, dem sehnsüchtigen Ruf folgen, dass unser paradiesischer Urzustand genauso in dieser Welt, in diesem Körper wiederzufinden und zu leben ist?

Taoisten in China und Japan, Yogis in Indien und Tibet entdeckten bereits vor Tausenden von Jahren Methoden und Möglichkeiten, menschliches Leben unbegrenzt zu verlängern: Sie benutzten bestimmte Liebespraktiken, gezielte Energie- und Atemübungen, das Energie-Potenzial des Körpers zu aktivieren und transformieren. Für die Taoisten beispielsweise war es selbstverständlich, Chi, die Quelle der Urlebensenergie, anzuzapfen und gezielt zu lenken, mit Chi zu heilen und gleichzeitig zu nutzen, sich mit der Weisheit des Körpers zu verbinden, um Alter, Krankheit und Tod vorzubeugen. Für die Tibeter wiederum ist der Körper das „Juwel des Geistes“.

Für mich gibt es kein größeres Wunder als unseren physischen Körper. Wir sind reines Bewusstsein innerhalb unseres und durch unseren sichtbaren Körper, der über den Atem durch Prana genährt wird. Und dieses Bewusstsein kann niemals *zer*stört, nur *ge*stört werden, durch falsche Gedanken-Orientierung. Es ist inzwischen wissenschaftlich belegt, dass sich unser Körper innerhalb eines Jahres erneuern kann. Er produziert eine Million Zellen pro Minute. Wie ist es möglich, trotzdem krank, alt und gebrechlich zu werden? Unsere Körperzellen regenerieren sich jede Sekunde. In jeder dieser Zellen ist der gesamte Schöpfungplan gespeichert und damit die Möglichkeit, Langlebigkeit und Gesundheit, Weisheit, Liebe, Freude zu entfalten. Wenn wir aber in unserem Bewusstsein an unseren Gedanken über Krankheit, Gebrechlichkeit und deren Fortdauer bis zum Tod festhalten, wenn wir unser Bewusstsein und damit unseren Körper weiterhin mit „negativer“ Gedankenenergie wie einen Computer pausenlos programmieren, verhindern wir die Erneuerung unseres Körpers und verhindern die Alchimie unserer Zellen.

Denken ist verdichteter Geist, Körper ist verdichtetes Denken. Jeder Gedanke, jedes Wort, jede Bewegung bewirkt Resultate in unserem

Körper, in unseren Gefühlen, in allen Bereichen unseres Lebens. Unser Körper folgt immer den Anweisungen unseres Denkens, den Impulsen, sich zu bewegen. Wenn wir die Einstellung zu uns selbst ändern und durch aufbauende Gedanken, Worte und Bilder mit unserem Körper kommunizieren, können wir auf unsere Zellen einwirken und sie neu programmieren. Damit beeinflussen wir auch alle unsere Organe, Knochen, Muskeln, unsere Gewebe, unser Gehirn – alles, was unsere physische Form ausmacht.

Es sind unsere Gedanken, Bilder, Vorstellungen, Gefühle, die unser Überleben ermöglichen. Unser Denken und unsere gesprochenen Worte fördern unsere Glaubensprogrammierungen, aus denen wiederum unsere Vorstellungen, Emotionen und Gefühle geboren werden. Sie bedingen sich gegenseitig. Sie sind der Nährboden unseres Lebens, auf dem – je nach unserer Entscheidung – Gesundheit oder Krankheit, Alter oder Tod, Vitalität, Schwaches oder Siechendes gedeiht. Wir selbst sind die Alchimisten unseres Körpers, unserer Persönlichkeit, und darüber hinaus die Alchimisten unseres Lebens und unserer Umgebung. Wir selbst können unserem Körper durch unser Denken und Verhalten Gesundheit, Verjüngung und Langlebigkeit schenken.

Und das bedeutet, unseren Körper von der höchsten Schöpferkraft, von der leuchtenden, diamantenen Essenz, von unserer Präsenz durchdringen zu lassen, deren Substanz reine, absichtslose Liebe ist: zunächst für kurze Augenblicke, bis dieses „paradiesische Erleben“, unser natürlicher Zustand, einmal wieder zum „ewigen Augenblick“ wird.

Die Alchimie der Zellen,
die Transmutation des Körpers
und die Transformation des Herzens
gehen Hand in Hand.
Dieser Wandlungsprozess ist
*das Er**leben**, das Er**lieben** und das Er**leiben***
der höchsten Schöpferkraft in jeder Zelle,
in jedem Winkel
und mit jeder Faser unseres Körpers.

ICH BIN zu Hause angekommen

Gezielte Bewegungs-Rituale in Verbindung mit bestimmten Affirmationen und ausgewählten Atem- und Bewusstseinsmethoden sind Möglichkeiten, unsere körpereigene Intelligenz freizusetzen. Dabei geht es zunächst darum, unser Bewusstsein mit unserem Körper zu verbinden, in unser lebendiges Haus wieder einzukehren und es auch tatsächlich zu „bewohnen". Wir entdecken, wie es uns möglich ist, seine Schwere und Trägheit oder aber seine Überaktivität mit unserem Geist zu beeinflussen. Wenn es uns gelingt, uns mehr auf „Geschehenlassen" statt auf „Machen" zu konzentrieren, kann die „Datei" unserer Kreativität und Intuition wieder leichter geöffnet werden.

Der Schlüssel ist die Kombination von Bewegung und Atem, mit der Kraft der Vorstellung, in dynamischen, aber auch in meditativen Bewegungs-Methoden. Den jeweiligen Bedürfnissen deines Körpers entsprechend ermöglichen sie dir, deine Urlebenskraft als Schlüssel zu Lebensfreude und Ekstase zu entdecken. Es ist wie eine Wiedergeburt ins Leben, innerhalb deines Körpers: die Einswerdung durch das Liebesspiel von Körper, Herz und Geist in dir und durch dich, mit allem, was ist. Dabei durchdringt der Atem alles, löst alles Krankhafte, Festgefahrene und Unbewusste auf und führt direkt in die Freiheit – eine Freiheit, die gleichzeitig eine neue Geburt – eine Geburt innerhalb deines Körpers ins Leben bedeutet.

Das Wiedererleben deines paradiesischen Urzustandes
ist wie eine Geburt ins Leben innerhalb deines Körpers.
Es ist dein reiner Seinszustand.

Mit dem Herzen lesen

Erfahre die Hellsichtigkeit und Hellfühligkeit deines Herzens

An dieser Stelle möchte ich dir eine „fühlende Leseübung" anbieten. Dabei kann es geschehen, dass du folgende Sätze mit dem „Auge des Herzens" liest, so, als ob sie aus dir selbst, aus deiner höheren Weisheit geschrieben sind.

„Noch ist mein Körper die Trennwand zwischen innen und außen, zwischen oben und unten. Doch wenn ich tief in mein Inneres tauche, dorthin, wo ich zu Hause bin, kann ich alle Gesetze des Universums als meine eigenen wiedererkennen. Dieses Erleben geschieht ausschließlich durch die Übergabe an den Schöpfer in mir, durch die Hingabe meiner Persönlichkeit, meines Körpers und meines Herzens an meine ICH-BIN-Präsenz, an das grenzenlose Gewahrsein, das alles durchdringt und alles verbindet. Diese Rückbindung ist der wichtigste Schlüssel, der alle verschlossenen Tore zu meiner Innen- und Außenwelt wieder öffnet. Es ist die Brücke zu Himmel und Erde, vom persönlichen Bewusstsein zum Überbewusstsein und wieder zurück. Alle Gedanken, Worte, Wünsche und Gefühle, alle Ziele münden in diesen unendlichen Raum des Einen. Dort angelangt, entdecke ich plötzlich, dass es gar keine Trennung mehr gibt zwischen dem Garten Eden im Außen und dem Paradies in mir. Es ist eine Ebene des Bewusstseins in mir, in meinem Körper, in der Tiefe meines Herzens. Es ist mein Seins-Zustand, ein Raum der Leere und grenzenlosen Weite und gleichzeitig der überströmenden Fülle. Es ist das Wissen und das Vertrauen, dass stets alles da ist, was immer ich auch brauche. Alle Bedingtheit hat sich auf einmal in Bedingungslosigkeit verwandelt. All mein Tun ist plötzlich dem Geschehenlassen gewichen, und ich blicke staunend um mich: Da sind Fülle und gleichzeitig Freisein von der Fülle, das Wissen und das absolute Vertrauen, dass mir alles immer und jederzeit zu Verfügung steht. Mein kleines Ich ist eingegangen in das große ICH BIN. Und in diesem Bewusstsein gibt es nichts mehr zu wünschen. Hier *war*, *ist* und *wird* immer alles da sein. ICH BIN wieder zu Hause angekommen. Und nur hier kann ich wirklich mit meinen inneren Gesetzen kreieren, was ich möchte. Hier gibt es weder Vergangenheit noch Zukunft. Hier ist mein Ursprung, die Quelle von Glückseligkeit, von grenzenloser, kraftvoller Liebe, von Freude und Freiheit – mit anderen Worten:

Das Paradies in mir,
das Garten-Eden-Mysterium.

Die weiteren in diesem Kapitel empfohlenen Methoden und Hinweise unterstützen dich, Informationen aus deinen Zellen und DNS-Archiven, aus deinem *verkörperten Baum der Erkenntnis* zu empfangen, deine körpereigene Weisheit wiederzuentdecken, ein Geschenk deines intimsten Freundes, das, wenn du es wirklich willst und geschehen lassen kannst, jederzeit verfügbar ist. Das Ergebnis ist die Metamorphose innerhalb deines Körpers, verbunden mit der *Auf*lösung, besser gesagt mit der Erlösung alter Blockaden, Programme und Traumata. Warum sollte das nicht die *Er*lösung, die Befreiung von unserer „Erbsünde" bedeuten und das Wiederfinden unseres wahren Erbes: *Das Paradies in der Tiefe unseres Körpers?*

In dieser Stadt Brahmans, die dein Körper ist,
ist eine ganz kleine Stätte in Form eines Lotus,
in der ein kleiner Raum ist.
Was darin ist, sollst du erforschen.
Das sollst du wirklich zu erkennen suchen.

UPANISHADEN

Bewusstseinsreise durch deinen Körper

Erfahre deine Körperpräsenz

Du kannst diese Übung im Stehen, Sitzen oder Liegen durchführen. Sie dauert nur etwa drei bis fünf Minuten.

Schließe deine Augen. Lenke deine Aufmerksamkeit etwa eine halbe bis eine Minute nur auf deinen Atem. In deiner Vorstellung visualisierst du die Flamme einer Kerze. Anfangs fällt die Übung leichter, wenn du tatsächlich eine angezündete Kerze vor dich hinstellst. Schaue direkt in das Licht.

Hole dir dann im Geist das Licht der Flamme durch die Krone deines Kopfes. Atme sanft und tief und fühle, wie dein Atem in Verbindung mit dem Licht in dein Gehirn strömt, sich in deiner rechten und linken Gehirnhälfte und dann in deinem ganzen Kopf ausbreitet.

Lass von dort das Licht durch deinen Hals in deinen Brustraum strömen, in den rechten und linken Arm bis in deine Fingerspitzen, die ganze Wirbelsäule hinunter, vom letzten Nackenwirbel bis zum Steißbein, dann in dein rechtes Bein und linkes Bein bis hinunter zu den Fußsohlen und Zehenspitzen.

Stell dir vor, wie das goldgelbe Licht der Flamme sich überall in deinem Körper verteilt, in alle deine Organe, Muskeln und Nerven bis ins Innerste deiner Knochen. Visualisiere, wie die äußere Lichtflamme dein inneres Licht, dein Lebensfeuer aktiviert, zum Fließen und Strahlen bringt.

Dein ganzer Körper leuchtet und strahlt jetzt in einer einzigen Lichtflamme und ist durchströmt von deiner reinen Präsenz, eingehüllt und durchdrungen von heilender Energie und Licht. Mit jeder Reise durch deinen Körper fühlst du dich durchlässiger, klarer leichter.

Unser Körper ist ein warmes, menschliches Lebewesen
aus Fleisch und Blut,
in dem der Schöpfer Ekstase und Enstase
als Ausdruck seiner Freude,
seiner Liebe und seines Lichtes „erleibt".

Reinigung der Zellen – den „Baum der Erkenntnis" schütteln

Die medizinische Forschung hat inzwischen belegt, dass der Alterungsprozess hormongesteuert ist. Wissenschaftler erklären, dass die Hypophyse ab dem Einsetzen der Pubertät damit beginne, ein Todeshormon zu produzieren, das den Verschleiß und das Absterben unserer Körperzellen bewirkt. Dem lässt sich vorbeugen durch bewusste Ernährung, durch Gedankenhygiene sowie durch gezielte Übungen, die das Todeshormon blockieren, die Epiphyse und Hypophyse aktivieren und damit die Hormonausschüttung unseres endokrinen Systems ins Gleichgewicht bringen. (Siehe Kapitel: Dein Körper – das „Buch mit den sieben Siegeln".)

Es heißt, Älterwerden werde von den sich in der Zelle ansammelnden Abfallstoffen verursacht und der daraus resultierenden mangelhaften Sauerstoffversorgung, außerdem durch negative Gedanken-Programmierung. Bewusstes Atmen, geistige und körperliche Bewegung sind eine unerlässliche Grundlage für Verjüngung und Langlebigkeit. *Die Reinigung der Zellen* ist eine einfache Übung, wie Atem, Bewegung und die Kraft der Gedanken und Vorstellung wirkungsvoll kombiniert werden können:

Stelle dich aufrecht hin. Lenke deine Aufmerksamkeit nach innen. Entspanne deinen Körper, von den Füßen bis zu den Haarspitzen, während du tief und bewusst durchatmest. Beginne dann langsam deinen Körper von innen nach außen zu schütteln. Atme dabei tief ein, so tief du kannst, und achte besonders auf die Ausatmung. Atme komplett aus, während du dir vorstellst, dass alle Ängste, alle körperlichen, seelischen und geistigen Blockaden, die dich jetzt in deinem Leben belasten, aus deinem Organismus entlassen und herausgeschüttelt werden.

Zitiere während des Ausatmens in deinem Geiste für dich geeignete Sätze. Hier einige Beispiele.

Ich … (dein Name) … entlasse jetzt aus meiner Welt, was ich nicht mehr brauche!
Ich … bin frei von Furcht!
Ich … bin frei von Wut!
Ich … bin frei von körperlich- seelisch- geistigen Beschwerden!
Ich … bin frei von Angst vor Alter und Gebrechlichkeit!
Ich … bin frei von Depressionen!
Ich … entlasse jetzt alle Krankheiten aus meinem Organismus!

Schüttele dich weiter. Lass in deiner Vorstellung alles Eingefrorene, Festgefahrene dahinschmelzen! Bleibe noch zwei bis drei Minuten stehen und spüre nach.

Wenn du diese einfache Übung für einige Zeit täglich etwa fünf bis zehn Minuten konsequent durchführst, wirst du dich über die Wirkung wundern. Finde deine eigenen Sätze, die für dich jeweils stimmen. Erinnere dich: Kreativität und Langlebigkeit bedingen sich gegenseitig!

Unsere Gedanken, unsere Sprache
und unser Atem
sind die Grundwerkzeuge
der Schöpfung.

Aktiviere dein Zellgedächtnis

Unsere Sprache und unser Atem sind das Grundwerkzeug der Schöpfung. Sie ermöglichen uns, das zu verwirklichen und zu leben, was in uns ist. Folgende zwölf Affirmationen sind ein unterstützendes Hilfsmittel, dein Zellgedächtnis zu aktivieren. Zitiere während des Einatmens in Gedanken die jeweilige Affirmation und sprich sie möglichst laut mit der Ausatmung. Der Ton des hörbar gesprochenen Wortes vertieft die Wirkung auf die Zellen, auf das Gewebe des Körpers, und ermöglicht darüber hinaus eine Wandlung in deinem Bewusstsein:

1. *Ich … (dein Name) … lebe jetzt bewusst in meinem und durch meinen Körper!*
2. *Ich … erkenne und akzeptiere jetzt die Weisheit und die Intelligenz meines Körpers!*
3. *Jede Zelle meines Körpers wird jetzt durch eine reinere, mehr verfeinerte, vollkommenere ersetzt!*
4. *Ich … übergebe meinen Körper bis in jeden Winkel meinem unsterblichen Geist!*
5. *Ich … bin jetzt eins mit der schöpferischen und heilenden Kraft, die in jeder Zelle meines Körpers wohnt und wirkt!*
6. *Ich … bin strahlende Lebenskraft, die jetzt jede Zelle meines Körpers erneuert, verjüngt und heilt!*
7. *Ich … bin jetzt bereit, die Informationen aus dem Kern meiner Zellen und DNA zu empfangen und umzusetzen!*
8. *Ich … erlebe jetzt meinen Körper und alle seine Zellen als die verdichtete Substanz meines Geistes!*
9. *Die Klarheit und die Reinheit meines Geistes aktivieren und transformieren jetzt jede Zelle meines Körpers!*
10. *Ich … bin verkörperter, lebendiger Geist!*
11. *Jede Zelle meines Körpers ist eine ewig fließende Quelle von Freude, Liebe und Lebendigkeit!*
12. *Ich … entscheide mich jetzt, Krankheit und Gebrechlichkeit jederzeit durch Gesundheit und Langlebigkeit zu ersetzen!*

ICH BIN das große Erwachen *in* dir, *mit* dir und *durch* jede Zelle meines Körpers …

Wähle deine eigenen Affirmationen, in deiner eigenen Wortwahl, den Bedürfnissen deiner augenblicklichen Lebenssituation entsprechend. Erinnere dich: Deine ICH-BIN-Präsenz ist der Schöpfer deiner Welt! Jetzt und jederzeit!

Der „G-Punkt" deines Herzens

Erwecke dein Herz
Berühre deinen Ursprung

Dein Lebenskeim im Schoß deines Herzens
ist so klein wie ein Atomkern
und enthält doch das ganze Universum.

Wenn wir unsere Aufmerksamkeit nach innen richten, können wir uns, unser Leben und unsere Mitwelt aus einer anderen Perspektive sehen und wahrnehmen. Lenke ein- bis zweimal pro Tag deine Aufmerksamkeit, gefolgt von deiner Energie, für ein bis zwei Minuten nur in dein Herz. Spüre, ob du mit deinem Herzen Kontakt aufnehmen kannst. Fühle, wo es „lebt“. Verbinde dich mit seinem Rhythmus, mit seinem Pulsieren, mit seiner Kraft, mit seiner Sprache, in der es zu dir spricht. Antworte mit einem innerlichen JA. Lasse, so gut es dir jeweils gelingt, ein *befreiendes JA* aus der Tiefe deines Herzens aufsteigen, zu dir selbst, zu deinen Mitmenschen, zu allen Lebewesen.

Wenn du dir erlaubst, mit deiner Aufmerksamkeit eine Zeitlang in der Tiefe deines Brustraums zu bleiben, ohne irgendeine Vorstellung oder Erwartung, was geschehen soll, einfach nur das innerlich geflüsterte *JA*, wirst du bald deinen Herzschlag hören und spüren. Sein Rhythmus bestimmt dein Leben. Erlaube deinem Herz-Chakra, sich in der Tiefe deiner Brusthöhle zu öffnen. Lass es wieder lebendig werden, gewähre ihm Raum. Vielleicht kannst du bald eine Empfindung von Weite, Wärme und Geborgenheit an dieser Stelle wahrnehmen.

Ich erlebe diesen Punkt manchmal als den *G-Punkt des Herzens*, die empfindsamste Stelle in unserem Mikrokosmos. Doch anders als der „G-Punkt“ der Frau, der versteckte Lustpunkt an der Pforte zur Gebärmutter, schenkt uns der G-Punkt des Herzens zeitlich unbegrenzte Geborgenheit, satte Freude und sanfte, seelische Ekstase im „Schoß unseres Herzens“. Er ist so klein wie ein Atomkern, und doch enthält er das ganze Universum und noch mehr. Er ist an kein Geschlecht gebunden. Er ist die Pforte zu unserem Ursprung, zu unserem ewigen Zuhause, zum Schöpfer in uns. Der Weisheitslehrer Ramana Maharshi beschreibt diesen Punkt als den „Sitz unseres SELBST, unserer höheren Weisheit, nicht größer als ein Stecknadelkopf, in dem das ganze Universum enthalten ist.“

Du wirst dich wundern, wie positiv sich diese anstrengungslose Aufmerksamkeitslenkung in Verbindung mit dem innerlichen Zitieren des befreienden *JA* – regelmäßig durchgeführt – auf deine beruflichen, privaten und zwischenmenschlichen Kontakte auswirkt. Und nicht nur das: An diesem Punkt wartet ein befreiendes Geschenk auf dich, eine wesentliche Botschaft.

Erlaube dir, das Wunder aufzuspüren,
das Geheimnis, das du bist!
*Das Ge**heim**nis – DAS,*
was mit Worten nicht mehr vermittelt
und doch plötzlich erfahren werden kann.

Der Herz-Atem

Erhöhe deine Herzensenergie

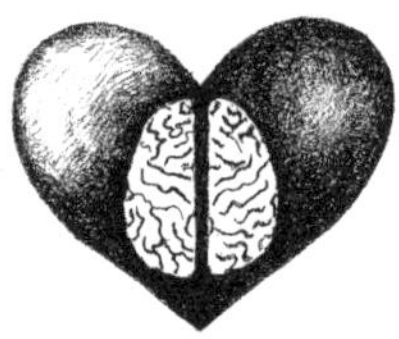

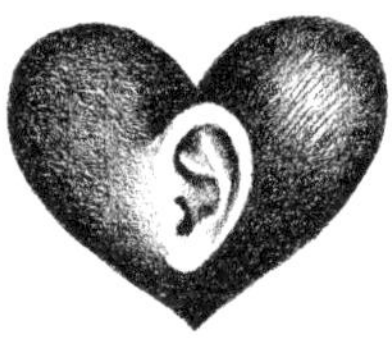

Der Herz-Atem kann dir eine erhebliche Erweiterung deiner Wahrnehmung von Hellsichtig-, Hellhörig- bis zu Hellfühligkeit ermöglichen. Er unterstützt dich, deine spirituelle Intelligenz, die Weisheit, die Intelligenz und die Kraft deines Herzens zu entfalten. Der Herz-Atem verbindet dich mit deinem innersten Wesenskern, mit deinem Ursprung. Er unterstützt dich, deine Seele zu befreien.

1. Der Herz-Atem wirkt am besten im Sitzen oder Liegen. Schließe deine Augen. Atme sanft und tief durch die Nase ein und aus. Stell dir vor, dass dein Atem ausschließlich durch dein Brustbein tief in deine Brusthöhle ein- und ausströmt. Erlaube deinem Herzen, mit jedem bewussten Atemzug durchspült zu werden.
2. Lass deinen Atem allmählich langsamer, tiefer, satter und runder werden. Lenke ihn in jene Räume deiner Brusthöhle, in denen du Enge, Beklemmung, Härte, Blockaden verspürst. Verschiedene Gefühle können auftreten: Angst,

Trauer, Einsamkeit; genauso aber Freude, Geborgenheit, Berührtsein, Ergriffenheit. Erlaube ihnen ihr Dasein und verbinde dich über den Atem mit diesen Gefühlen, wie immer sie auch sein mögen. Erinnere dich an das *befreiende JA*! Umarme sie, wie einen liebenden Freund, und atme dabei weiter – sanft, tief und rund – ohne Unterbrechung. Atme auf diese Weise etwa fünf Minuten lang.

Wenn dein Herz erwacht ist,
hat sich die Welt nicht verändert.
Du siehst nur anders.

Darum ist unsere Aufgabe in diesem Leben,
das Auge des Herzens wieder gesund werden zu lassen.
Denn mit ihm können wir Gott sehen.

AUGUSTINUS

Der erweiterte Herz-Atem

Entfalte die spirituelle Intelligenz deines Herzens –
Hellsehen, Hellfühlen, Hellhören

Nach einiger Zeit kannst du den *Herz-Atem* mit der Kraft deiner Vorstellung ergänzen und erweitern. Diese erweiterte Variante unterstützt dich daher, deinen Verstand und dein Herz noch bewusster zu verbinden, deine Herzenergie zu entfalten und zu erhöhen und Selbstakzeptanz, Liebe und Mitgefühl zu entwickeln.

1. Mit dem Herzen denken
Stell dir vor, tief in deiner Brusthöhle befinde sich im Zentrum deines Herzens ein Gehirn. Fühle oder visualisiere, wie dein Herz und dein Gehirn sich verbinden. Fühle und zitiere innerlich während jeder Ein- und Ausatmung folgende Worte:
Mit dem Herzen denken!

Führe diese Atmung etwa ein bis drei Minuten lang durch.

2. Mit dem Herzen sehen

Anschließend visualisierst du ein Auge, das im Zentrum deines Herzens in deiner Brusthöhle erscheint, in der Größe und Farbe, die sich für dich richtig anfühlt. Es ist ein besonderes Auge, ein strahlendes Auge. Es ist das Auge deiner höheren Weisheit, das fähig ist, in grenzenlose Weite und gleichzeitig in tiefste Räume zu blicken. Mit jeder Ein- und Ausatmung zitierst du innerlich:

Mit dem Herzen sehen!

Führe diese Atmung ebenfalls etwa ein bis drei Minuten lang durch.

3. Mit dem Herzen hören

Nun visualisiere ein Ohr in der für dich stimmigen Größe im Zentrum deines Herzens. Es ist dein Ohr, das alles hört, was die innere Stimme deiner Intuition flüstert. Fühle und zitiere innerlich mit jeder Ein- und Ausatmung:

Mit dem Herzen hören!

Auch diese Atmung führst du etwa ein bis drei Minuten lang durch.

4. Aus dem Herzen sprechen

Visualisiere jetzt einen Mund in der für dich stimmigen Größe im Zentrum deines Herzens, tief in deinem Brustraum. Es ist dein Mund, durch dessen Lippen Worte deiner spirituellen Intelligenz strömen. Fühle und zitiere innerlich mit jeder Ein- und Ausatmung:

Aus dem Herzen sprechen!

Diese Atmung wieder ein bis drei Minuten lang durchführen.

5. Aus dem Herzen handeln

Visualisiere abschließend eine Hand im Zentrum deines Herzens. Es ist deine heilende Hand, die dich selbst, deine Mitmenschen und die Welt aus dem Raum der Intelligenz und Weisheit deines Herzens berührt. Es ist deine kreative Hand, die aus der Magie und Freude deines Herzens der Welt kreative und heilende Geschenke überreicht. Es ist deine Hand, die in Übereinstimmung mit deinen Gedanken, Worten und Gefühlen *handelt.* Zitiere innerlich während jeder Ein- und Ausatmung:

Aus dem Herzen handeln!

Auch diese abschließende Atmung ein bis drei Minuten lang durchführen.

Wenn du den *Herz-Atem* einige Zeit regelmäßig übst, kannst du die *Magie deines Herzens* aktivieren und die grenzenlose Weisheit und Intelligenz deines Herzens entfalten. Es wird dir bald möglich sein, dich und deine Mitmenschen aus einer anderen Sicht klarer und erweitert wahrzunehmen. Du kannst die jeweiligen Etappen von eins bis fünf auch einzeln durchführen. Spiele, experimentiere, erlaube deiner Kreativität ihre Eigendynamik.

Unabhängig davon, ob dein Körper männlich oder weiblich ist, du entdeckst dein Herz als die „Gebärmutter" deiner Seele, dein Gehirn als den „Schoß" deiner spirituellen Intelligenz und die Welt als den Schoß deines *SELBST*. Du bist im Herzen der Welt zu Hause und die Welt ist in deinem Herzen geborgen. Es ist jene Ebene, jener Zustand, den die Mystiker aller Zeiten zu beschreiben versuchen. Es ist die Neugeburt des Herzens, und zwar eines Herzens, das Dinge wahrnimmt, die du mit deinen Sinnen nicht wahrnimmst und mit dem Verstand nicht mehr begreifen kannst. Du siehst mit dem Auge des Herzens. Du hörst die Stimme deiner Intuition und deine Lippen sprechen Worte einer Wahrheit, die mit engstirnigen Begrenzungen und dem Geplapper des kleinen Ichs nichts mehr zu tun haben.

Du kommunizierst aus einem Raum grenzenloser Weite und fließender Fülle. Das bedeutet, du bist zu allumfassendem Bewusstsein geworden. Dein Wesen ist in allem. Und in diesem Augenblick erkennst du auch, dass das ganze Universum eine Vorstellung deines Verstandes ist. Alles, was du siehst, kommt aus dir. Es ist deine Kreation. Die Welt ist der Spiegel deiner Schöpfung.

Befreiung geschieht dann,
wenn dein Verstand in dein spirituelles Herz
eingetaucht ist.

Der ewige Augenblick – Achtsamkeits- und Bewusstseinsübungen für jeden Tag

Erhöhe dein Gewahrsein

Während der letzten dreißig Jahre meines Lebens bin ich in den Osten und in den Westen gereist, in den Norden und in den Süden. Ich habe diese und jene Meister aufgesucht, diese und jene Ausbildung und Fortbildung absolviert und dabei vielfältige Erfahrungen gemacht. Und ich bin zu der einfachsten aller Erkenntnisse gekommen: Jede Reise führt zu mir.

Egal, welcher Weg, welche Richtung, welcher Kontinent: Alles erlebe ich in mir, innerhalb und durch meinen Körper, der mich jederzeit überall in der Welt begleitet. Ich entscheide den Weg. Ich wähle die Richtung und das Medium. Wer aber ist der- oder diejenige, die entscheidet? Wer oder was fährt mein Fahrzeug „Körper"? Wer oder was erkennt, sieht, hört, spricht, fühlt und lebt wirklich durch mich, durch meinen „lebendigen Reisebegleiter"? Welche Richtung auch immer ich wähle – ob Osten oder Westen, Norden oder Süden, ob zu einem Meister oder zu einem geliebten Menschen –, ich reise letztlich immer in meinem und durch meinen Körper. Ich begegne allem und jedem auf dieser Welt immer innerhalb meines Körpers, in der Tiefe meiner Seele und meines Herzens, mit der klaren Erkenntnis meines Geistes, durch alle meine Sinne.

In mir begegnen sich Anfang und Ende jeder Reise, jeder menschlichen Begegnung, jeder Tätigkeit. In und durch meinen Körper geschieht jede Wahrnehmung, die ich dabei erlebe. Es ist das Alpha und das Omega meines Seins. Im innersten Zentrum aber – da gibt es keinen Anfang und kein Ende, da gibt es nur den *ewigen Augenblick*, die ewig strömende Quelle der Kraft.

Für mich bedeutet Heilwerden heute, mir der Fülle des Lebens in jedem Augenblick bewusst zu sein und diese Totalität zu akzeptieren. Und zwar die gesamte Bandbreite – so gut mir das jeweils möglich ist: von tiefster Verzweiflung bis zu höchster Glückseligkeit. Eine Krankheit zu verdrängen, die Seufzer und das Schluchzen der Seele mit welchen Kompensationsmitteln auch immer zu unterdrücken, ohne die verschlüsselte Botschaft erkannt zu haben, kann letztlich immer zur Stärkung von Krankheit und Disharmonie führen. Heilung geschieht an meinem Ursprung. Sie strömt aus der Quelle meines lebendigen Heiltempels, im Zentrum meines körperlichen Hauses, in jeder seiner Zellen. Wenn ich auf seine Signale, seine Botschaften, seine spezielle Sprache lausche, dann entdecke in *den Heiler in mir*. Es ist mein ewiger innerer Heiler – mein reiner Geist, reines Bewusstsein, dessen ich mir *in jedem Augenblick* gewahr sein kann. Alle Heilmethoden sind lediglich vorübergehende Krücken, die mich stützend zum Ursprung meines Daseins begleiten: zu meiner reinen Bewusstheit, zu Freude und überströmender Liebe, zurück zur Erfahrung des Lebendigseins in Harmonie und Frieden.

Hier möchte ich dir zwölf Achtsamkeits- und Bewusstheitsübungen für *jeden Augenblick* vorstellen, die dich auf dieser Reise unterstützen.

Hier und jetzt – präsent im Augenblick

Nur der Augenblick existiert.
Vergangenheit und Zukunft
sind Projektionen
unseres Geistes.

Beobachte dich einmal einen Tag lang: Wie oft reist du mit deinen Gedanken in die Vergangenheit, wie oft in die Zukunft? Wer von uns möchte nicht schöne Erinnerungen aus der Vergangenheit wiederholen, in die Zukunft übertragen und sucht sie sogar mehr oder weniger bewusst? Und wer befürchtet nicht, dass sich bestimmte schmerzhafte Erlebnisse in Zukunft wiederholen könnten?

Wenn du mit deiner Aufmerksamkeit und dadurch mit deiner Energie ständig in die Vergangenheit und in die Zukunft reist, bist du der Sklave von Raum und Zeit. Gelingt es dir jedoch, dich aus diesen selbstgeschaffenen Begrenzungen zu lösen, kannst du in einen Raum völlig neuer Erfahrung eintreten – in ein *Bewusstsein der Zeitlosigkeit.* Dort existieren weder Vergangenheit noch Zukunft, keine Sekunden, Stunden, Tage oder Jahre. Sie alle werden bedeutungslos. An diesem inneren

Ort tauchst du in ein Bewusstsein von Fülle, von Harmonie und Lebendigkeit im Augenblick. Alles existiert gleichzeitig.

Die Übung ist ganz einfach. Sicher hast du gelegentlich am frühen Morgen beim Aufwachen einen Zustand von wohligem Sein und reinem Bewusstsein, von Noch-Zeitlosigkeit erlebt. In solchen Momenten befindest du dich in deinem reinen Ich-Bin-Bewusstsein – deiner wahren Natur. Es ist wie eine Erfahrung des zeitlosen Geistes innerhalb eines genauso zeitlosen Körpers! Kein Haften an der Vergangenheit und keine Kontrolle über die Zukunft, nur der Augenblick existiert, kurz bevor die ersten Gedanken in dir aufsteigen. Es ist noch das reine *Hier und Jetzt.*

Spüre diesen kurzen Augenblick bewusst auf. Bleibe jeden Morgen, so gut und so lange du kannst, in diesem Bewusstsein. Allmählich wird es dir gelingen, diese „Sekundenmeditation" zu verlängern und diese Erfahrung sogar in den Alltag zu übertragen. Doch ohne Übung kein Erfolg. Es geht nur darum, sich zu entscheiden und sich regelmäßig daran zu erinnern. Unabhängig davon kannst du wenigstens mehrmals täglich – egal, was du gerade tust – tief durchatmen und innerlich die folgenden Worte zitieren:

ICH BIN im Hier und Jetzt!
Ich lebe im Hier und Jetzt!

Deine Sprache reinigen ☆

Unsere Sprache und Wortwahl sind der hörbare Beweis,
mit welcher Bewusstheit, Achtsamkeit und Wertschätzung
wir dem Schöpfer in und durch uns erlauben,
sich auszudrücken und mitzuteilen.
Unsere Worte zeigen, welche Einstellung wir uns selbst
und unseren Mitmenschen gegenüber haben.

Meistens scheint *Sprechen* für uns als etwas dermaßen Selbstverständliches, dass wir selten unser Bewusstsein darauf lenken, *was* wir sagen und *wie* wir etwas sagen und *wie viel* Unwesentliches wir äußern. Sprache ist das Grundwerkzeug der Schöpfung. Sie ermöglicht es uns, auszudrücken und in Form zu bringen, was in uns ist. In der Tat manifestiert sich das, was wir fühlen, denken und aussprechen. Bewusstes und achtsames Umgehen mit Sprache kann uns daher viel über uns selbst lehren.

Beobachte, so oft du daran denkst, deine Sprache: *Was* spricht da *wie* und mit welchen Worten in welchem Ton aus mir? Dazu ist keine bestimmte Übungsform erforderlich, nur Achtsamkeit und Bewusstheit im Umgang mit unserer Sprache.

Achte beispielsweise darauf, wie oft du die Worte „ich muss“ verwendest. Manche Menschen beginnen jeden zweiten oder dritten Satz auf diese Weise. Was bedeutet das? „Ich muss“ heißt mit anderen Worten: Ich will nicht, *aber leider …*“ So zwängen wir uns selbst in ein Korsett. Ersetzen wir „ich muss“ durch einen anderen Ausdruck, beispielsweise durch *„ich kann“, „ich will“, „ich werde“, „ich habe“*. Das drückt aus, dass wir etwas zu verschenken haben, statt uns und unsere Kreativität im Gefängnis unseres „Muss“ zu verschanzen.

Wir können auch üben, mit unserer Sprache *bewusst* und *achtsam* umzugehen, indem wir die Auswirkung von bestimmten Worten beobachten. Folgende Formulierungen verwenden wir häufig in Botschaften, die wir uns selbst und anderen zukommen lassen: „ich kann nicht“, „unmöglich“, „ja aber“, „versuchen“, „wenn nur“, „sollte“, „könnte“, „hätte“, „würde“, „jedoch“, „schwierig“, „eigentlich“, „man“, „es wäre“ … Mit solchen Worten halten wir unsere Angst und Schuldgefühle in unserem Inneren lebendig.

Häufig bringen wir mit unserer Sprache Zweifel und Bewertungen oder Einschätzungen unserer selbst und unserer Mitmenschen zum Ausdruck. Beobachte bei dir selbst und bei deinen Mitmenschen alle Formulierungen, die Abwertung und Zweifel ausdrücken, die richten und verurteilen! Wie geht es dir damit? Wie fühlst du dich dabei?

Beachte, so oft du dich daran erinnerst: Was fühlt dein Körper, wenn du bei dir selbst und deinen Mitmenschen alle Formulierungen beobachtest, die Abwertung und Zweifel ausdrücken, die richten, bewerten und verurteilen!

Die Kunst des bewussten Hinhörens ☆

Die meisten Menschen haben das Zuhören verlernt. Sie können nicht hinhören, weil der Hauptteil ihrer Aufmerksamkeit durch Denken aufgebraucht wird. Die meiste Energie ist damit beschäftigt, im Verstand bereits die treffende Antwort zu formulieren. Darauf ist mehr Aufmerksamkeit gerichtet als darauf, was die andere Person sagt. Und die wenigste Achtsamkeit richtet sich auf das eigentliche Bedeutsame: Das SEIN des Gegenübers, auf die Präsenz – jenseits von Worten und Denken.

Wirkliche Kommunikationsfähigkeit besteht für mich in der *Kunst des Hinhörens*. Daher haben wir in unseren Aus- und Fortbildungen das Wort ***ZU****HÖREN* gestrichen. Wir haben es mit ***HIN****HÖREN* ersetzt. *Zuhören* ist hauptsächlich auf den Verstand begrenzt. Es ist Kommunikation. *Hinhören* bezieht alles mit ein. Die Hinhörende ist bereit, sich für sein Gegenüber zu öffnen, in seiner Ganzheit auf ihn einzugehen, ohne Zwischenfrage, ohne Zwischenkommentare. Hier geschieht *Kommunion*, während wir *kommunizieren*.

Hier ein Beispiel – Sätze, die ich vor Jahren in Kalifornien während einer Fortbildung einmal am „Schwarzen Brett" entdeckt habe:

„Ich habe dich nur gebeten, mir *zuzuhören*. Doch du hast, ohne mich aussprechen zu lassen, sofort mit Ratschlägen reagiert. Du hast nicht *hingehört*.

Wenn ich dich bitte, ‚nur' *hinzuhören,* und du sogleich mein Problem selbst lösen möchtest, hast du meinen Worten und der Botschaft dahinter keine Achtsamkeit geschenkt. Ich fühle mich von dir nicht gehört, du übergehst meine Situation und meine Gefühle, die ich dir mitteilen möchte … Alles, worum ich dich bitte, ist, ‚nur' *hinzuhören*. Wenn du sprechen willst, warte bitte 30 Sekunden, und dann verspreche ich dir, ‚nur' *hinzuhören*."

Die Fähigkeit des *bewussten Hinhörens* ermöglicht uns – den *Hinhörenden* – eine Erweiterung unserer Wahrnehmung, wenn wir auf Folgendes achten:

– Mit unserer Aufmerksamkeit vollkommen präsent bei dem Sprecher sein;

- Wertungen, eigene Theorien und besserwisserische Ratschläge bereits im Ansatz löschen und uns ganz und gar auf den Sprechenden einstimmen;
- dem Sprechenden unsere mitfühlende Energie geben.

Wenn wir auf diese Weise hinhören, können wir auch wahrnehmen, was unser Gegenüber uns zwischen und hinter den Worten vermittelt. Gleichzeitig ermöglichen wir dadurch dem Sprechenden seine eigene Erkenntnis und Einsicht, die mit unserer eigenen gar nicht übereinstimmen muss. Wir machen ihm ein Geschenk – ein Geschenk, das während des Gebens unsere eigene Wahrnehmung erweitert.

Übe dich wenigstens einmal täglich in der *Kunst des bewussten Hinhörens* unter Beachtung der drei oben aufgeführten Punkte.

Die Fähigkeit des bewussten Hinhörens
ermöglicht dir eine Erweiterung deiner Wahrnehmung:
das Hören und Fühlen einer Wahrheit,
die hinter und zwischen den Worten verborgen ist.

Das Gift zerstörerischer Gedanken loslassen ☆

Jeder Gedanke – ob positiv oder negativ – bildet eine unsichtbare mentale Form, die wie ein Bumerang zu uns zurückkehrt und sich früher oder später in irgendeiner Art und Weise in unserem Körper manifestiert.

Es gibt eine einfache Methode, mit krankmachendem, negativem Gedankengift umzugehen. Jedesmal, wenn du dich bei einem negativen Gedanken ertappst, hole tief Luft. Während du ausatmest, stell dir vor, wie du dabei die negativen Gedankenformen, die sich in deinem Gehirn gebildet haben, nach oben aus deinem Kopf entlässt.

Das mag am Anfang etwas ungewohnt und schwierig sein. Mit zunehmender Übung wirst du dich wundern, wie oft du dich dabei beobachtest, zweifelnde, abwertende und negative Gedanken zu formen. Immer müheloser gelingt es dir, solche Gedanken bereits im Ansatz zu löschen. Mit der Zeit wirst du ähnliche Gedankenformen auch bei deinen Mitmenschen wahrnehmen können und – anstatt zu reagieren – dich mit derselben Übung davor schützen.

Im Gleichgewicht mit dir selbst ☆

Fällt es dir manchmal schwer, positive Impulse in die Tat umzusetzen, die vielen Ideen, die aus dem „Schoß deines Gehirns“ geboren werden, auch tatsächlich zu verwirklichen? Diese „Kopflastigkeit“ kann bewirken, dass wir uns vom restlichen Teil unseres Wesens abschneiden. Vertieftes Körperbewusstsein im konkreten Handeln unter Einbeziehen unserer Gefühle ermöglicht es uns, den Kontakt zu unserem Körper mit all seinen Aspekten und die Verbindung zu uns selbst wiederherzustellen.

Du kannst die Übereinstimmung und das Gleichgewicht von deinen Ideen bis zu deinen „Taten“ daran erkennen, dass du einmal am Tag deine Aufmerksamkeit auf folgende Frage richtest: In welchem Verhältnis stehen meine Gedanken, Gefühle, Worte und Handlungen zueinander? Was überwiegt und warum? Was sollte bewusster gelebt, was kann reduziert werden? Habe ich den Mut zur aufrichtigen Betrachtung, um mit der gewonnenen Einsicht ein Ungleichgewicht auszubalancieren?

Inneres und äußeres Aufrichten ☆

Richte deine Aufmerksamkeit mehrmals täglich auf die Haltung deiner Wirbelsäule: Bemerkst du ein Aufrichten und Durchhängen im Wechselspiel mit deinen Stimmungen, mit deiner augenblicklichen Vitalität, Freude und Kraft oder Erschöpfung? Was teilt dir der „Stamm deines Lebensbaumes“ mit? Was geschieht, wenn du dich bewusst aufrichtest? Was verändert sich, wenn du dir erlaubst, auch einmal „durchzuhängen“? Was überwiegt: Deine innere Auf*richtig*keit dir selbst und der Welt gegenüber oder eine starre Haltung? Was stimmt für dich wirklich: mehr Disziplin oder mehr Loslassen? Wie ist die Harmonie zwischen deiner äußeren Auf*richtung* und deinem inneren Auf*richtig*sein? Spüre diesen Fragen in deinem Inneren nach!

„Fühlendes Hören“ – erkenne deine Körpersprache

Wenn du deine eigene Körpersprache und die anderer Menschen erkennen und verstehen willst, dann beobachte deine eigenen Körperreaktionen und die deiner Mitmenschen mehrmals täglich ganz bewusst. Wähle dabei besonders jene Situationen, in denen dein Körper echt und ursprünglich spricht: beispielsweise unter Zeitdruck, beim Wiedersehen oder Abschiednehmen geliebter Menschen, bei Auseinandersetzungen im Büro oder in der Familie. Achte bewusst auf jene Momente, in denen elementare, spontane Gefühle zum Ausdruck kommen: Glück, Freude, Ärger, Angst, Niedergeschlagenheit, Ungeduld, unterschiedliche Arten von Stress. Nimm dabei genau die Signale wahr, die dein Körper und andere Körper aussenden. Beobachte den Atem. Du hast dabei auch die Möglichkeit, dich im *fühlenden Hören* zu üben, indem du *hin*fühlst und hinhörst, ob Körperhaltung und Stimme übereinstimmen.

Aufrichtigkeit und wertfreie Selbsterkenntnis
lassen dich auch deine Mitmenschen wertfrei
und mitfühlend erkennen und akzeptieren.

Erhöhte Präsenz – deine Sinne schärfen

Es ist deine Achtsamkeit und Aufmerksamkeit, die deinen Sinnesorganen erhöhte Präsenz und Lebendigkeit verleiht. Lenke deine Aufmerksamkeit auf deine Hände und Finger, während du ein Buch zur Hand nimmst. Fühle die Beschaffenheit des Papiers, das Gewicht und die Form des Buches. Höre gleichzeitig die Geräusche in deiner näheren und weiteren Umgebung. Spüre deine Füße auf dem Boden. Sind sie kalt oder warm? Welche Farbe hat das Buch vor dir?

Durch deine wachsende Aufmerksamkeit verfeinert und erweitert sich deine Wahrnehmung, so dass du deine Sinnesorgane in immer kürzerer Folge und schließlich gleichzeitig einsetzen kannst. Informationen aus der Außenwelt werden mit erhöhter Geschwindigkeit über Augen, Ohren, Nase und Haut ausgetauscht.

Wiederhole diese einfache Übung regelmäßig. Du trainierst damit dein „Aufmerksamkeitsorgan“ und mehr und mehr kommst du in Kontakt mit jener Intelligenz – deiner *Präsenz*, die dich wieder mit der tieferen Weisheit deines Körpers und deines Wesens verbindet.

Rendezvous mit deinem höheren Selbst

Beobachte wenigstens einmal täglich, wie oft du zum Sklaven von Stress und Emotionen wirst, die du letztlich selbst verursacht hast. Frage dich: *Wer* ist im Stress? *Wer* hat Angst? *Wer* gerät in Panik oder Wut? *Wer* ärgert sich? *Wer* ist traurig? *Wer* gerät in Zeitnot? *Wer* hat Schmerzen? *Wer* hat das verursacht? Ich selbst? Oder bin ich „nur“ beziehungsweise „lieber“ das Opfer?

Nimm wahr, wo du im Körper, im Denken und im Atmen festhältst. Und erinnere dich: Ausatmen und Loslassen!

Dein höheres Selbst, deine ICH-BIN-Essenz, ist niemals von deiner Alltagspersönlichkeit getrennt. Doch du verlierst dich immer wieder und trennst dich von deiner wahren Natur. Erlaube dir öfter ein *Rendezvous mit deinem höheren Selbst*, indem du dich daran erinnerst und auch während deiner Alltagsaktivitäten forschst: Wer bin ich? Wer oder was reagiert aus mir? Du wirst dich wundern, wie leicht und mühelos dir nach einiger Zeit vieles von der Hand gehen wird. Vielleicht erlebst du sogar, wie Arbeiten und Tätigkeiten, die du für äußerst wichtig gehalten hast, plötzlich überflüssig werden!

Das Geheimnis des inneren Beobachters

Hier ist eine sehr wirkungsvolle Achtsamkeitsmethode für jeden Augenblick, mit deren Hilfe du Emotionen und Gefühle in deinem Körper aufspüren und auflösen kannst, bevor du sie auf deine Umgebung projizierst. Emotionale Situationen beim Autofahren, Diskussionen im Büro und in der Familie oder Warteschlangen im Supermarkt eignen sich besonders gut zum Üben. Jede Emotion, jedes Gefühl drückt sich über unseren Körper aus und lokalisiert sich an bestimmten Stellen.

Spüre, an welcher Stelle deines Körpers sich das Gefühl – deine Wut, deine Angst, deine Traurigkeit, dein Stress – bemerkbar macht. Bleibe mit deiner Wahrnehmung eine Weile in diesem Bereich. Lenke sanft deinen Atem und deine Aufmerksamkeit dorthin. Nach einiger Zeit des Trainierens kannst du beobachten, wie die Emotionen sich allmählich auflösen. Und nicht nur das: Du kannst die Emotionen – bevor sie sich im Körper „einnisten", „verdichten" und schließlich körperliche Beschwerden verursachen – bereits im Entstehen abfangen.

Das Geschenk für ausdauerndes Achtsamkeitstraining
ist der Kontakt zu deiner übergeordneten Intelligenz,
die erhöhte Verbindung mit deiner Präsenz,
die dich mit der tiefen Weisheit deines Körpers
und mit der Intelligenz und Wahrheit deines Herzens verbindet.

12 Vom „dichten“ zum „lichten“ Körper

Die Nahrung ist ein Liebesbrief, den der Schöpfer
an seine Geschöpfe schreibt
und den wir entziffern müssen...
Wie aber können wir uns geliebt fühlen,
geschweige denn andere lieben,
wenn wir Seinen Geschenken weder Bewusstheit
noch Achtung und Dankbarkeit zurückgeben?

AIVANHOV

Die Achtsamkeit im Umgang mit unserem Körper bezieht sich auch auf das, was wir zu uns nehmen – unsere Nahrung. Ich möchte daher in diesem Buch auf die Bedeutung *bewusster* Ernährung und *bewussten* Essens eingehen:

Du bist, was du isst – und was du denkst. Jeder, der Veränderungen in seiner Welt bewirken will – sei es, weil er aus gesundheitlichen Gründen dazu gezwungen ist, oder weil er bemerkt, dass etwas in seinem Leben nicht stimmt –, wird seine Gewohnheiten ändern, insbesondere auch seine Ernährung.

Ich will hier weder einen neuen Diätplan vortragen, noch den absoluten Vegetarismus proklamieren, sondern nur einige hilfreiche Anregungen mit dir teilen, die ich selbst erfolgreich ausprobiert habe.

Lebendige Nahrung für Körper, Seele und Geist

Immer wenn ich konzentriert an einem Projekt arbeite, sei es ein Manuskript oder Seminare, nehme ich ausschließlich *lebendige* Nahrung zu mir, sonnengereifte, vitalstoffreiche Kost, die meinen Körper leichter und durchlässiger und meinen Geist klarer macht.

In der vitalstoffreichen Ernährung wird die *Qualität* der zugeführten Nahrungsmittel höher bewertet als die *Quantität*. Vitalstoffreiche Kost ist in erster Linie *lebendige* Nahrung aus frischen, rohen Lebensmitteln, die unverändert gegessen werden und die der Körper leicht verdaut und umsetzt. Der Mensch kennt sie seit Jahrtausenden. Je mehr Gespür wir wieder für bewusstes Essen entwickeln, desto mehr werden wir intuitiv nach solcher Kost verlangen.

Unter Berücksichtigung einer ausgewogenen Nahrungszusammenstellung beinhaltet das Wesentliche der Vitalkost folgende sonnengereifte Produkte: Obst und rohes Gemüse, Wildgemüse, Trockenfrüchte, Getreide, Samen, auch gekeimtes Getreide und Sprossen, Algen, Ölpflanzen. Auch die fermentativ veränderten Lebensmittel, die durch Milchsäuregärung gewonnen werden, zählen dazu. Diese wichtigen Grundnahrungsmittel enthalten alles, was wir brauchen, um uns körperlich leicht, beschwingt und geistig klar zu fühlen. Sie können auch einen stark geschwächten Organismus wieder regenerieren und aktivieren.

Die Wirkungen *lebendiger,* vitalstoffreicher Ernährung auf Körper, Seele und Geist sind:

- Erhöhte Energie und rundherum körperliches Wohlbefinden
- ein gesunder, geschmeidiger, vitaler Körper
- körperlich-seelisch-geistige Leichtigkeit, Durchlässigkeit, Beschwingtheit
- Klarheit im Denken und Erkennen
- Steigerung der Abwehrkräfte
- Geschärfte Sinneswahrnehmungen
- Ausdehnung des Bewusstseins
- Entfaltung unserer geistigen Fähigkeiten
- seelisches und geistiges Wachstum.

Ich möchte dich nicht davon überzeugen, dich ab sofort nur mit *lebendiger* Nahrung zu versorgen, noch dich zu einem fanatischen Anhänger einer solchen Ernährungsweise zu machen. Jeder Mensch muss seine Ernährungsweise an seine persönlichen Bedürfnisse anpassen und dabei verschiedene Faktoren, vor allem seine Lebensweise und seine

Entgiftungsfähigkeiten, berücksichtigen. Im Laufe der Zeit wirst du deine eigenen Erfahrungen sammeln, mehr und mehr Bewusstheit und Intuition entfalten, die *Lebens*mittel herauszufinden, die speziell für deine Lebendigkeit, für deine körperlich-seelisch-geistige Gesundheit und für dein Wohlbefinden geeignet sind. Dabei lernst du, Nahrungsmittel gefühlsmäßig danach zu unterscheiden, ob sie deinem Körper Energie zuführen oder ihm diese entziehen.

Sonnenenergie *essen* und *trinken*

Die Nahrung, die wir zu uns nehmen, liefert nicht nur Energie in Form von Kalorien, sondern auch Aufbaustoffe zur Bildung von Gewebe, Blut und Knochen. Unser Gewebe braucht Eiweiß, um kräftig und geschmeidig zu bleiben. Drüsen und Organe benötigen verschiedene Vitamine, Mineralien und Spurenelemente, um ihre Leistungsfähigkeit zu erhalten. Billionen von Enzymen wirken als Katalysatoren im Körper und steuern so zahllose verschiedene Körperfunktionen. Unsere Körperchemie ist so komplex, dass wir sie kaum mit dem Verstand erfassen können; sie ist ein reines Wunderwerk schöpferischer Intelligenz.

Reine Nährmittel sind Lebensmittel voller essentieller Nährstoffe, wie sie von der Natur für uns bereitgestellt werden. Sie harmonisieren alle Funktionen unseres Körpers, versorgen uns mit ihrer *Sonnen-* und Lebensenergie. Darüber hinaus begünstigen sie die Reinheit unseres Körpers, unseren Körpergeruch über die Haut und die Ausscheidungen – Schweiß, Urin, Stuhl. Genauso bedeutend ist ihr Einfluss auf unser äußeres Erscheinungsbild – frischer Teint, Zähne, Haare, Nägel und nicht zuletzt auf unseren Alterungsprozess. Reine *Lebens*mittel – aus Sonne, Licht und Erde genährt und gewachsen – versorgen jede Zelle unseres Körpers mit *Lebens*kraft. Hier eine kurze Beschreibung der wichtigsten reinen *Lebens*mittel:

Frisches Gemüse und Früchte
Obst und Gemüse sind kondensiertes Sonnenlicht. Wer Obst und Gemüse isst, verbindet sich und seinen Körper mit Prana, dem Licht der

Sonne, mit reiner Lebensenergie. Obst und Gemüse sind unsere besten Vitamin- und Mineralquellen. Sie versorgen uns mit Enzymen, den biologischen Katalysatoren, die für fast alle Funktionen des Körpers benötigt werden. Die Enzyme aus frischen Produkten regen wiederum den Körper an, körpereigene Enzyme zu produzieren. Viele Enzyme, Vitamine und Mineralien werden durch die Verarbeitung der Lebensmittel verändert, speziell durch hohe Temperaturen beim Kochen. Sie enthalten nur noch einen Bruchteil ihrer ursprünglichen Vitalstoffe. Rohes Gemüse enthält Vitamine, Mineralien, Enzyme und Ballaststoffe.

Ballaststoffe sind wichtig für die Verdauung, die Darmhygiene und den geregelten Stuhlgang. Viele Krankheiten werden von einer zu trägen Verdauung begünstigt. Der regelmäßige Verzehr frischer Salate hilft, dieses Problem zu verhindern. Grünes Blattgemüse enthält Chlorophyll, das die Körperzellen mit Sauerstoff versorgt und zugleich desinfizierend und antibakteriell wirkt.

Frisches Obst ergibt ein wundervolles Frühstück und eine ideale Zwischenmahlzeit. Es enthält Vitamine, Mineralien, Enzyme und Ballaststoffe. Es hat eine reinigende Funktion und versorgt uns mit natürlichem Fruchtzucker, einem wertvollen Energielieferanten. Die meisten Früchte brauchen zum Wachsen viel Sonne. Sie speichern also die Energie der Sonne, der großen Energiequelle unseres Planeten. Diese Vitalkraft geben sie an uns weiter. Wenn wir frische, reife Früchte essen, stimuliert das unsere Lebenskraft und steigert unsere Vitalität.

Frische Säfte

Ebenso wichtig für unsere Gesundheit wie frisches Obst und Gemüse sind frisch gepresste Säfte. Solche Säfte sind einzigartige Nahrungsmittel. Sie enthalten in konzentrierter Form die gesundheitsspendende Essenz des Lebens. Sie sind voller natürlicher Vitamine, Mineralien, Enzyme und Fruchtzucker. Sie werden schnell vom Körper aufgenommen und sind leicht verdaulich. Die Lebenskraft, die wir über frische Säfte aufnehmen, stimuliert unsere innere Chemie zur Höchstleistung: Schwache Verdauungsorgane werden verjüngt, blockierte Körperenergien werden frei für andere Aktivitäten. Es wurde beobachtet, dass frische Gemüsesäfte sogar noch mehr zur Steigerung der Lebenskraft beitragen als Obstsäfte, da sie mehr Mineralien und Vitamine enthalten. Du kannst feststellen, dass du dich viel leichter, stärker und energievoller fühlst, wenn du für einige Zeit eine Mahlzeit pro Tag durch frisches Obst oder frische Säfte ersetzt.

Nüsse und Samen

Nur wenige *Lebens*mittel sind so hochkonzentrierte Speicher vitaler Kräfte wie rohe Nüsse und Samen. Samen sind die Essenz, der innerste Kern des Pflanzenlebens. Sie enthalten den gesamten Bauplan für die Pflanzen. Im Reich der Pflanzen sind Nüsse und Samen der höchste Ausdruck von Sexualkraft und Fruchtbarkeit. Bekanntlich liefern Nüsse und Samen Vitamine, Mineralien, essentielle Fettsäuren und Proteine. Sie werden seit ältester Zeit in vielen Kulturen benutzt, um die Sexualkraft wiederherzustellen, zu erhalten und zu erhöhen.

Nüsse sollen nicht geröstet, sondern roh gegessen werden, denn das Rösten tötet die Enzyme, zerstört die Vitamine und macht die wertvollen Öle schwerer verdaulich. In rohem Zustand hingegen sind Nüsse lebendige Kraftspender. In richtiger Kombination versorgen uns Nüsse und Samen mit Eiweiß von höchster Qualität. Und Eiweiß ist unentbehrlich für den Aufbau von Gewebe, für die Abwehr von Krankheiten und zum Wiederaufbau des Körpers nach einer schweren Krankheit. Männer brauchen Eiweiß unter anderem für die Produktion von Sperma, das besonders reich an Eiweiß ist. Bei Frauen ist Eiweiß ein wichtiger Faktor für einen gesunden Menstruationszyklus. Nüsse und Samen sind besonders wertvoll für die Funktion der Nebennieren. Diese wiederum schützen den Körper vor Stress und Müdigkeit.

Getreide

Historisch gesehen ist Getreide das am weitesten verbreitete Grundnahrungsmittel. Weizen, Roggen, Hafer, Gerste, Dinkel, Reis, Hirse, Buchweizen und Mais sind unsere Kraftpakete. Das volle Korn ist eine kraftvolle Nahrung. Es ist zugleich Same und Frucht des langen Getreidegrases. Alles, was robuste, gesunde Pflanzen zum Wachsen brauchen, ist in den kleinen Körnern zu finden. Ebenso wie Nüsse und Samen sind Körner höchst fruchtbare Lebensmittel. Sie wachsen im Sonnenlicht und absorbieren eine enorme Menge an Sonnenkraft.

Reine Lebensmittel –
von Sonne, Licht und Erde genährt –

versorgen jede Zelle deines Körpers mit Lebenskraft. Sie harmonisieren alle Funktionen deines Körpers.

Intuition für dein körpereigenes Bedürfnis entfalten

Wenn du dich bei jeder Mahlzeit daran erinnerst, dein Gespür zu entwickeln, was für deinen Körper gut ist und was nicht, wirst du nach und nach die Impulse deines inneren Heilers besser kennen und verstehen lernen. Und du wirst eine Ernährungsweise für dich zusammenstellen, die genau auf deine Bedürfnisse abgestimmt ist. Nutze deine körpereigene Weisheit und finde heraus, was für dich in deiner jeweiligen Situation unter Berücksichtigung deines Alters, deiner Gesundheit und deiner seelisch-geistigen Verfassung optimal ist.

Du selbst bist verantwortlich für deine Gesundheit, für dein körperlich-seelisch-geistiges Wohlbefinden. Nimm dir Zeit bei der Auswahl und beim Essen. Erlaube deiner Intuition durch *bewusste* Nahrungsaufnahme, sich zu entfalten. Deine innere Stimme weiß noch immer am besten, was deinem Organismus gut tut, unabhängig von der Flut der sich häufig widersprechenden Informationen über gute oder schlechte, richtige oder falsche Ernährung und deren Zusammenstellung. Selbst, wenn es einmal Junkfood a la Mac Donalds sein sollte, weil du spürst, dass du das jetzt unbedingt brauchst. Sofern du jeden Bissen bewusst und langsam kaust und diese Mahlzeit ohne Schuldgefühle genießt, ist das durchaus nichts Lebensbedrohliches! Zelebriere das Mahl und stehe dazu!

Entgiftung – der Hauptschlüssel

Zu allen Zeiten, in allen Kulturen und in allen Ländern der Erde hat es Ärzte und Therapeuten gegeben, die übereinstimmend erkannt hatten, dass Krankheit eine Vergiftung des Körpers, des Denkens und des Fühlens darstellt und dass Heilung nur über den Weg der *Ent*giftung von Körper, Seele und Geist möglich ist. Diese Erkenntnisse finden wir bei den Essenern, bei den Indern, bei Patanjali und in der ayurvedischen Medizin, bei Buddha, Konfuzius, Laotse und in der gesamten chinesischen und tibetischen, in der ägyptischen, griechischen und arabischen Medizin sowie in der Naturheilkunde des Mittelalters und der Neuzeit.

Wenn wir uns körperlich, seelisch und geistig im Gleichgewicht fühlen, dann sind wir beweglich und können ohne Dogmen und starre Disziplin unseren Alltag genießen. Ist unser Gleichgewicht gestört, gibt unser Körper Signale. Häufig sind es durch Vergiftung ausgelöste Symptome. Die aus dem gestörten Gleichgewicht resultierende Vergiftung und Verschlackung ist die Wurzel der meisten Krankheiten. Das Gleichgewicht beziehungsweise die Gesundheit wieder herzustellen bedeutet, mit der Natur und mit sich selbst in Einklang zu leben – das einfachste Prinzip, das überall auf der Welt gültig ist und auf alle Menschen dieser Erde zutrifft. Die Wiederherstellung des inneren und äußeren Gleichgewichts von Mensch, Natur und Kosmos ist die älteste Form aller therapeutischen Maßnahmen, die auch heute noch überall gültig ist. Wichtige Bestandteile dieses ganzheitlichen Gesundheitsverständnisses sind eine *bewusste* Ernährung und regelmäßige Reinigung, *Entgiftung* und *Entschlackung* unseres Körpers, unserer Emotionen und unseres Denkens.

Der Körper ist unser wertvollster Lebensgefährte. In dem Maße, in dem wir ihm durch reine Ernährung Energie von außen zuführen und ihn von alten Toxinen entschlacken und befreien, werden auch unsere Seele, unser Gehirn und der in uns wohnende Geist von altem Ballast gereinigt und entschlackt.

Die beim Stoffwechsel produzierten Schlacken im Inneren des Körpers müssen ebenso ausgeschieden werden wie die von außen in den Körper eingeführten Gifte, und zwar über unsere Ausscheidungsorgane – Lunge, Nieren, Blase, Leber und die Haut. Diese fünf Organe sind besonders anfällig für Krankheiten, die durch Vergiftung von innen oder von außen ausgelöst werden. Dabei gibt es verschiedene Belastungsfaktoren: Bei der Lunge sind es die allgemeine Luftverschmutzung, Abgase, Rauch, psychischer Stress (er blockiert die Atemorgane), mangelhafte Bewegung und unzureichende Sauerstoffzufuhr. Über die Leber, unsere wertvollste „Kläranlage“, werden sämtliche Nahrungsmittel mit ihren Giften gefiltert, unter anderem weißer Zucker und andere raffinierte und denaturierte Nahrung. Tierische Fette im Übermaß, extremer Alkohol, Kaffee und Tee sowie andere Stimulanzien und alle chemischen Produkte belasten unsere Leber. Auch Nieren und Blase leiden unter chemischen Produkten, künstlichen, industriegefertigten Nahrungsmitteln sowie unter Wassermangel und zuviel Salz. Für den Darm gelten die gleichen Faktoren wie für die Leber. Schwerverdauliche Speisen beeinträchtigen unser Denkvermögen. Chronische Verstopfung verhindert die Ausscheidung der Giftstoffe und bewirkt die Rückvergiftung des gesamten Organismus bis in die Zellen unseres Gehirns. Jede Vergiftung des Körpers und jede emotionale Störung beeinflusst unser Gehirn.

In allen großen Weltreligionen finden wir Zeiten, in denen dem Körper eine Ruhepause geboten wird – beispielsweise am Sabbat, zur Fastenzeit oder beim Ramadan. Diese Perioden ermöglichen dem Körper Erfahrungen von vollkommener Tiefenentspannung, Zufriedenheit, Leichtigkeit bis hin zu außergewöhnlichen spirituellen Erfahrungen. Da unsere heutige Kultur keinen festen rituellen Rahmen für diese notwendigen Ruhepausen bietet, sind wir aufgerufen, uns selbst zu helfen. In den vergangenen Jahren konnte ich immer mehr beobachten, wie positiv verschiedene Entgiftungsmethoden meine geistigen Fähigkeiten beeinflusst haben. Regelmäßige Entschlackungsperioden bewirken eine beachtliche Steigerung der Konzentration und des Gedächtnisses, erhöhte kreative und intuitive Fähigkeiten sowie eine schärfere Wahrnehmung unserer Sinnesorgane.

Entgiftungsmethoden unterstützen uns, verkrustete Konditionierungen und gesundheitsschädigende Gewohnheiten abzubauen, überholte mentale Programme aufzulösen und für Neues offen zu werden. Gesundheit und die Entfaltung von erhöhter Bewusstheit und Achtsamkeit lassen sich nicht mit harter Disziplin erzwingen. Sie sind das Resultat einer ständigen Anpassung, wobei das Gleichgewicht zwischen Flexibilität und Stabilität stets von neuem ausbalanciert wird.

Darmreinigung und Gehirnhygiene

Ein gesunder Darm ist die Grundlage für einen gesunden Körper, für einen klaren Geist in einem genauso klaren Gehirn. Ähnlich wie ein Baum sich aus seinem Wurzelwerk ernährt und sich nur auf einem guten Boden gut entwickeln kann, während er auf einem schlechten

Boden dahinkümmert und verfault, so muss sich auch der menschliche Körper ein gutes Wurzelwerk schaffen, um gesund und kräftig zu gedeihen. Die Krone des Baumes – Blätter, Blüten und Früchte – wird durch gesunde, starke Wurzeln ernährt. Genauso ist es mit unserem Körper: Unser Darm und unser Gehirn stehen in unmittelbarer Verbindung. Beide beeinflussen und bedingen sich gegenseitig. Denn so, wie in unserem Unterbewusstsein und in unserer Erinnerung unverdaute Brocken über Jahre gespeichert werden und uns psychisch und geistig belasten, liegen auch in unserem Darm vor sich hingärende, faulende Essensreste und uralte verfestigte Kotsteine, die permanent unseren Organismus vergiften und entsprechende Emotionen und Gedanken in uns hervorrufen. Für mich gibt es zwischen den faulen Gärstoffen und harten Kotsteinen im Darm, den gärenden Emotionen in unserem Unterbewusstsein, unserer Trägheit und Energielosigkeit sowie den hartnäckigen, giftigen Gedanken und verrosteten Konzepten im Gehirn keinen wesentlichen Unterschied. Sie hängen eng zusammen, bedingen sich gegenseitig und sind tödliches Gift für Körper, Seele und Geist.

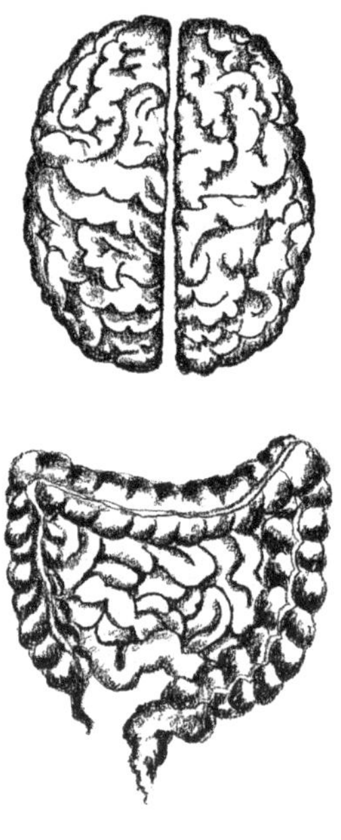

Darmreinigung und Gehirnhygiene

Unser Darm ist vielfältigen Belastungen ausgesetzt. Eine fehlerhafte Ernährung und Lebensweise, Umweltbelastungen, Nikotin, Alkohol und Medikamentenmissbrauch beeinträchtigen die Darmfunktion. Die regelmäßige Einnahme von Abführmitteln zerstört die Darmschleimhäute zusätzlich. Nehmen krankheitsfördernde Darmbakterien überhand, kann der lebensnotwendige Sauerstoff nicht mehr in ausreichender Menge ins Gewebe gelangen. Gift- und Abfallstoffe werden nicht genügend ausgeschieden. Es kommt zu einer Selbstvergiftung des Körpers, zu einer so genannten Rückvergiftung, die bis ins Gehirn wirkt.

Wenn nämlich die Gifte des Dickdarms nach innen statt nach außen geleitet werden, leiden Leber, Haut, Lunge, Lymphsystem und Magen. Als Folge können sich die verschiedensten Beschwerden und Krankheiten einstellen.

Lokale Störungen und Entzündungen des Darms führen darüber hinaus zu einer erheblichen Minderung unserer Abwehrkräfte. Die Schleimhaut des Dickdarms ist das erste und wichtigste Verteidigungssystem gegen Giftstoffe. Nur ein gesunder Darm mit einer intakten Bakterienflora kann die lebenswichtigen Vitamine, Spurenelemente und Mineralstoffe aufnehmen und verwerten. Und nur eine gesunde Schleimhaut ist fähig, krankmachende Gifte auszuscheiden.

Bewusste Ernährung und eine regelmäßig durchgeführte, sanfte Darmreinigung beugen Krankheiten vor, kräftigen unser Immunsystem und steigern die Vitalität. Die positiven Wirkungen einer konsequenten Darmpflege sind unschätzbar, wie ich aus eigener Erfahrung regelmäßig erlebe. Einmal pro Jahr unterziehe ich mich einer kompletten Darmreinigung und erlebe dabei jedesmal tiefgreifende Veränderungen im Körper, in der Psyche und im Geist ähnlich wie während einer Fastenkur. Anschließend fühle ich mich wie neugeboren – leistungsfähiger, lebensfroher, dynamisch. Der Körper ist wieder leicht und schwerelos, das Gemüt beschwingt und der Geist außergewöhnlich klar.

Der Nährboden für Krankheit, Gebrechlichkeit, frühzeitiges Altern und Tod sind unser Gehirn und unser Darm. Daher sind Gehirnhygiene und Darmreinigung unerlässlich für unser Wohlbefinden, unsere Gesundheit und Lebensfreude.

Die Reinigung unseres Gehirns
vom krankmachenden Gift
unserer negativen Gedanken, von Trägheit,
Energielosigkeit und Unbewusstheit,
und die Reinigung unseres Darms
von tödlichen Giften und faulen Gärstoffen
beugen Krankheiten vor und führen zum Wiedergewinn
und Erhalt unserer Gesundheit,
zu Vitalität, Verjüngung und Langlebigkeit.

Zehn Tipps für *bewusstes* Essen

Was wir essen, ist wichtig – aber nicht weniger wichtig ist, *wie* wir essen. Denn die Verwertung der Nahrung, die wir in uns aufnehmen, hängt in hohem Maße davon ab, wie bewusst oder unbewusst wir essen.

1. In Ruhe essen!
Wenn du gestresst oder nervös bist, warte lieber, bis du dich entspannt fühlst, sonst belastest du mit dem Essen nur deine Verdauungs- und Ausscheidungsorgane. Sie haben durch Stress, Umweltverschmutzung und Emotionen wie Wut, Angst, Aggressionen ohnehin eine Menge Toxine zu verkraften.

2. Nimm inneren Kontakt mit der Nahrung auf, bevor du zu essen beginnst!
Besinne dich kurz, woher sie kommt und wie sie auf deinen Teller gelangt ist.

3. Den ersten Bissen besonders bewusst, gut und lange kauen!
Dadurch werden die Verdauungssäfte in Gang gesetzt. Wenn du viel Zeit hast, kaue jeden Bissen so lange und bewusst wie möglich. Darüber hinaus aktivieren die Kaubewegungen deine Gehirnfunktion.

4. Die fünf Sinnesorgane beim Essen benutzen!
Augen, Ohren, Nase, Zunge, Haut. Du wirst erstaunt sein, wie sich plötzlich deine Wahrnehmung erweitert.

5. Gründlich kauen!
Gründliches Kauen entlastet Magen und Darm. Das Zahnfleisch wird belebt und durchblutet, Kiefer und Kiefermuskulatur können entspannen und sich lösen. Du wirst deine Nahrung intensiver schmecken, und dein Hunger kann mit der Hälfte der Nahrung gestillt werden.

6. So wenig wie möglich zu den Mahlzeiten trinken, am besten gar nichts!
Die Verdauungssäfte, die die Nahrung aufschließen, werden durch Getränke verdünnt. Und das verhindert, dass die Nahrung richtig verdaut wird.

7. Überessen vermeiden!
Unser Körper benötigt nur eine bestimmte Menge Nahrung. Spüre genau hin. Dein Körper gibt dir immer zum richtigen Zeitpunkt das Stoppsignal. Überhörst du es, belastest du nur unnötig deine Organe.

8. Bewusst essen!
Vermeide, die Nahrung unbewusst in dich hineinzuschaufeln, während du fern siehst, Radio hörst, liest, Diskussionen austrägst oder aber Probleme in deinem Kopf wälzt. Nimm die Farben, Formen und den Geruch des Essens auf, das vor dir steht. Das sind nämlich auch Energien, die deinen feinstofflichen Körper nähren.

9. Das Essen genießen!
Ob du nun reine, natürliche Lebensmittel zu dir nimmst oder gelegentlich auch mal Junkfood – genieße jede Mahlzeit ganz bewusst. Du schadest dir selbst, wenn du dir einredest oder von anderen einreden lässt, dass das, was du gerade isst, ungesund ist und dich krank oder dick macht. Erinnere dich an die Macht deiner Gedanken und an die Kraft deiner Worte.

10. Essen als Meditation zelebrieren!
Wenn dir das gelingt – auch nur einen Moment lang – wird dein ganzes Dasein mehr und mehr zur „gelebten Meditation“ im Alltag werden.

*Die Art und Weise, **was** und **wie** wir essen,*
spiegelt die Bewusstheit und Wertschätzung
für uns selbst und für die Schöpfung wider.

Zwölf praktische Hinweise für einen „lichten“ Körper

- Übergewicht vermeiden
- Leichtverdauliche, „lebendige Nahrung“ essen, viel frisches Obst, Sprossen und Getreide, sonnengereift und, falls möglich, biologisch; Nüsse und Samen (ungesalzen)

- Täglich sechs bis acht Gläser klares, reines Wasser – gefiltert oder stilles Mineralwasser trinken
- Zu Beginn jeder Jahreszeit – Winter, Frühling, Sommer, Herbst – jeweils drei Entschlackungstage einplanen, während dieser Zeit Alkohol, Kaffee und Zigaretten meiden
- Regelmäßig für körperliche Bewegung sorgen, dreimal wöchentlich mindestens zwanzig, besser dreißig Minuten schnelles Gehen in sauberer Luft
- Bewusst atmen, täglich mindestens dreimal zwanzig tiefe Atemzüge an frischer Luft nehmen
- Regelmäßig für geistige Aktivität sorgen – erhebende Literatur, anregender Gedankenaustausch, gute Filme
- Offenheit und Bereitschaft für Neues zeigen
- Krisen und Krankheit als Möglichkeit zur „Horizonterweiterung" erkennen und akzeptieren
- Kommunikations- und Kontaktfreudigkeit pflegen, Weltoffenheit zeigen
- Anpassungsfähig bleiben
- Regelmäßig Zeit für Entspannung und Meditation einplanen.

13 Vergebung, das letzte Geheimnis

Ich habe Gut und Böse gekannt,
Sünde und Tugend, Recht und Unrecht.
Ich habe gerichtet und bin gerichtet worden.
Ich bin durch Geburt und Tod gegangen,
Freude und Leid, Himmel und Hölle.
Und am Ende erkannte ich,
dass ich in allen bin und alles in mir.

HAZRAT INAYAT KHAN

Befreiung von den Fesseln der Vergangenheit und Zukunft

Vor einigen Jahren verbrachte ich in einige Zeit im *Center for Attitudional Healing* in Tiburon, Kalifornien, das von Dr. Gerald Jampolsky gegründet wurde. Kranke und deren Angehörige, aber auch Gesunde finden dort praktikable Wege zur Selbsthilfe in Krisenzeiten. Ich befand mich selbst gerade in einer inneren und äußeren Umbruchsituation. Während dieser Zeit nahm ich an einem Workshop teil, in dem Kranke und Gesunde einander gegenseitig als Lernende und Lehrende begegnen. Die meisten Kranken litten unter lebensbedrohenden Krankheiten wie Aids oder Krebs oder waren von Alkohol, Medikamenten oder Drogen abhängig. Es gab auch Teilnehmer mit schwersten psychischen Störungen bis hin zu geistiger Verwirrung – Opfer ihrer Eltern und Vorgesetzten, misshandelt und sexuell missbraucht als Kinder und Abhängige. Und – es gab unter den Anwesenden sogar einige „Täter“, die gerade aus der Haft entlassen waren.

Wir waren über hundert Teilnehmer aus allen Staaten der USA, aber auch aus Afrika, Europa und Asien, zusammengekommen, um uns in diesen zeitlosen Prinzipien der Selbstheilung – frei von jedem Dogma, unabhängig von jeder Religion und ohne starres System – praktisch und theoretisch fortzubilden. Neben den Klienten kamen viele aus therapeutischen und heilenden Berufen. Das Thema war *Vergebung*: Vergebung als letzter und wichtigster Schlüssel zu innerer Freiheit, als Brücke zur Gesundheit, als einzige Möglichkeit zu dauerhaftem, innerem Frieden und bedingungsloser Liebe. Vergebung ist für uns Menschen eines der schwierigsten Themen überhaupt und doch ist das Nicht-Vergeben-Können Ursache der meisten Krankheiten und Verbrechen. Vergebung bedeutet auch, sich selbst zu vergeben. Denn dann fällt es uns leichter, auch anderen zu vergeben.

Auf dem Workshop haben wir erfahren, dass dauerhafte innere Freiheit und Frieden nur durch Vergebung möglich sind. Die Ursache aller Krankheiten ist Angst oder Aggression, entstanden aus Schuldgefühlen oder Schuldzuweisung. Dahinter verbirgt sich Liebe, die Essenz unseres wahren Wesens. Doch ohne uns aus den negativen Fesseln der Vergangenheit – wie massiv auch immer diese sein mögen – und der daraus resultierenden Angst vor der Zukunft zu befreien, können wir niemals in den Raum innerer Freiheit zurückkehren. Jampolsky erklärt diesen Zusammenhang wie folgt:

Vergebung ist das einzige wirklich dauerhafte Medikament, das alle Krankheiten heilen kann. Vergebung ist die wirkungsvollste Medizin, um uns von schweren Ängsten und tiefen Schuldgefühlen zu befreien, uns von verdammenden Urteilen, aus verhärtender Verbitterung und Groll zu lösen. Wenn wir Groll in uns nähren, wird gleichzeitig Angst in unserer Psyche aktiviert. Wir werden zu Gefangenen unserer selbst. Ein Geist, der nicht vergessen kann, ist verwirrt, verbittert, voller Aggressionen und Ängste. Er ist sich der Rechtmäßigkeit seines Ärgers und der Richtigkeit seiner urteilenden Bewertung sicher. Der nicht vergebende Geist lebt starr in der Vergangenheit. Er sträubt sich gegen Veränderung. Er sieht die Zukunft wie die Vergangenheit. Er kreiert die Zukunft aus den Erfahrungen der Vergangenheit, an der er noch immer haftet und die er nicht loslassen will. Daher begibt er sich mehr oder weniger bewusst immer wieder in dieselben Situationen. Der nicht vergebende Geist sieht sich selbst immer als unschuldig und andere als schuldig. Er ist geprägt von Besserwisserei und Rechthaberei … Und das bewirkt alle möglichen lebensbedrohenden Krankheiten, Abhängigkeiten und genauso lebensbedrohliche Süchte.

Die heilende Wirkung der Vergebung

In jedem Menschen gibt es einen Raum,
in dem weder Opfer noch Täter,
weder Schuld noch Sühne existieren.

Bei dem Workshop ging es in einer der Übungen um Loslassen und Vergebung im Umgang mit Sterbenden und deren Angehörigen. Ich machte dabei eine Erfahrung, die noch heute mein Leben und meinen Alltag weitgehend beeinflusst. Wir waren aufgeteilt in Kleingruppen zu je acht Personen. In meinem Team wollte niemand die Rolle des Sterbenden übernehmen. Ich war noch immer im Jetlag, fühlte mich erschöpft, gleichzeitig aufgewühlt von den dramatischen Lebensgeschichten der Teilnehmer. Daher glaubte ich, mich als Todkranke und Sterbende, auf der Matratze liegend, etwas ausruhen zu können.

Ich lag in der Mitte, umgeben von sieben Personen, von denen jede eine andere Rolle vertrat – Familienmitglieder, Menschen, die mich zutiefst verletzt hatten, und solche, die ich verletzt hatte. Nach einer Weile rutschte ich plötzlich in einen Erfahrungsraum, den ich in dieser Intensität noch nie erlebt hatte. Mein Körper wurde schwereloser weiter und weiter. Ich dehnte mich aus. Alles wurde heller. Und auf einmal war ich mit meinem Bewusstsein in den Körpern meiner „Mitspieler". Ich wusste genau, was in jedem von ihnen vorging, wie sie in ihrer Seele wirklich zu mir standen. Ich war mit allen verbunden, sie waren in meinem Bewusstsein, ein Teil von mir. Einige Augenblicke gab es nonverbale gegenseitige Eingeständnisse, die wir auf der Seelenebene längst wussten. Dann glitt ich immer tiefer, in eine wunderbare Dimension: Es war ein Raum, in dem es gar nichts mehr zu vergeben gibt, in dem weder Opfer noch Täter, weder Angst noch Aggression, weder Schuld noch Schuldgefühle existieren. Plötzlich erkannte ich: Schuld und Sühne, Schuldzuweisung und Schuldgefühle – all das ist eine Schöpfung von mir selbst, geboren in meiner *persönlichen* Welt. Verborgen und festgehalten in den dunkelsten Kammern meines Gehirns, im Käfig meines Herzens, lagern diese Gefühle als große, schwarze Knoten, wie unsichtbare dicke Krebsgeschwüre, die ich ein Leben lang weder preisgeben noch loslassen konnte. Der Raum aber, in dem ich mich jetzt befand, ist davon völlig unberührt. Dort gibt es keine Ängste, keine Trauer um den Verlust des Sterbenden, weil dort kein Tod existiert, nur unendlicher Frieden und Weite, eine tiefe, satte Glückseligkeit.

Wie aus weiter Ferne hörte ich die Worte meiner Mitspieler, während ich innerlich gleichzeitig mit ihnen eng verbunden war. Einige weinten, ihre Tränen waren echt. In mir hörte ich eine Stimme, klar und deutlich: „In dieser Welt, aber nicht mehr von ihr … nur aus dieser Welt heraus kannst du dich selbst und jeden, der dort eintaucht, für immer heilen…"

In einer völlig veränderten Stimme hörte ich mich zu den anderen sagen, dass nichts zu vergeben sei. Es war und wird auch nie etwas zu vergeben sein. Denn dort, wo ich mich jetzt befand, ist bereits alles für immer vergeben. Schuldgefühle, Trauer und Angst vor Verlust und Tod sind nur ein Schatten von dem, was wir wirklich sind. Diese Schatten hindern den Sterbenden und auch alle Lebenden, den Raum zu betreten, wo es nur Frieden, Freiheit und Liebe gibt. Die Schatten halten uns davon ab, *nach Hause* zu reisen, in *unser* Zuhause in die Tiefe unseres Herzens. Dort können wir uns mit Menschen aus aller Welt – egal welcher Rasse, ob Feind oder Freund – verbinden. Es ist jene *überpersönliche* Dimension, die in der Tiefe eines jeden von uns immer und überall präsent ist – als unsere reine Essenz – ob Opfer oder Täter, ob gesund oder krank. *Vergebung* ist die einzige Möglichkeit, unsere *persönlichen* Schatten zu erkennen, zu durchschauen, zu akzeptieren und uns dadurch aus unseren Verstrickungen zu befreien.

Bedauernd stellte ich fest, dass meine Mitspieler in diesem Augenblick diese Erfahrung mit mir nicht teilen konnten, weil sie – so wie auch ich vor kurzer Zeit noch – in der Identifikation mit ihren persönlichen Schatten gefangen waren. Ich hatte erfahren, dass mein innerster Raum heil ist. Mit diesem Wissen kann ich mich und andere jederzeit als gesunde Wesen betrachten. Trotz körperlicher und seelisch-geistiger Schmerzen (manchmal gerade deshalb!) ist es mir möglich, die Tür zu meinem innersten Wesen zu öffnen und mich mit meiner wahren Essenz – dem grenzenlosen Strom der Liebe – zu verbinden. *Vergebung* ist der Schlüssel zum letzten und wichtigsten Schloss, um die Schwelle vom Persönlichen zum Überpersönlichen zu überwinden.

Unsere Schuldgefühle und Schuldzuweisungen, unsere Trennungs- und Verlustängste, mit denen wir uns immer wieder identifizieren, hindern uns daran, in diesen Raum einzutauchen. Dabei geht es um die größte aller Künste: die Lebenskunst, alle Situationen, die uns unsere

Seele präsentiert, als Lernerfahrungen anzunehmen, mit einer inneren Haltung der Vergebung, ohne uns selbst und andere im Alltag pausenlos zu bewerten und zu verurteilen. Es geht darum, Schuld nicht mehr ausschließlich in unserer Umwelt und bei unseren Mitmenschen zu suchen, sondern äußere Erfahrungen und Situationen als Spiegel unserer Gedanken und Gefühle zu erkennen und zu akzeptieren und die entsprechende Eigenverantwortung dafür zu übernehmen. Dann lässt sich jeder Augenblick als eine Gelegenheit zur Neuwerdung erleben, als eine Möglichkeit zur „Wiedergeburt" innerhalb unseres physischen Körpers, bis wir schließlich den Zugang zu unserer innersten, heilenden Quelle wieder entdecken. Jene Quelle ist größer als unsere individuelle Persönlichkeit, größer als jede Meinung, die wir über uns, über unsere Mitmenschen und unsere jeweiligen Situationen haben: Sie ist die größte Kraft, die es gibt. Vergebung ist der Weg zu ihr. Sie ist das letzte Geheimnis – vom überschatteten Leben zum wirklichen Leben, von der selbst verursachten eigenen Gefangenschaft in die erlösende Freiheit.

Die Geburt ist nicht ein augenblickliches Ereignis,
sondern ein dauernder Vorgang.
Das Ziel des Lebens ist es, ganz geboren zu werden.
Seine Tragödie ist,
dass die meisten von uns Menschen sterben,
bevor sie wirklich geboren sind.
Zu leben bedeutet, jede Minute geboren zu werden.

ERICH FROMM

Wirkungsvolle Vergebungsrituale

Jenseits von Gut und Böse gibt es einen Raum.
Dort will ich Dir begegnen.

HAZRAT INAYAT KHAN

Wertvolle Vergebungsrituale können uns helfen, unserem letzten und tiefsten Geheimnis – unserem unbegrenzten Wesen, unserem Ursprung – näher zu kommen: DAS, was durch uns und aus uns geboren werden möchte, immer wieder neu, die Essenz unseres Lebens, die durch uns und durch alle Lebewesen verkörpert und in der Welt verwirklicht und gelebt werden möchte.

Beginnen wir mit unseren Eltern. Es gibt einen Unterschied zwischen dem, was wir in der Tiefe unseres Herzens wünschen, und dem, was wir tatsächlich zu verwirklichen bereit sind. In dieser Übung geht es darum, die Kluft zwischen unseren Sehnsüchten und der Fähigkeit, diese zu verwirklichen, zu überbrücken. Diese Kluft kann heißen: „Ich will nicht." „Ich kann nicht." „Es geht einfach nicht." „Ich bin es nicht wert." Doch es gibt einen Weg, diese Hindernisse zu überwinden: *Die Aussöhnung mit unserem Vater und mit unserer Mutter.*

Es müssen nicht unbedingt unser leiblicher Vater und unsere leibliche Mutter sein, sondern jene Vater- und Mutterfigur, die die ersten Jahre unseres Lebens wesentlich beeinflusst hat. Ideen, schöpferische Impulse, Inspirationen zu empfangen entspricht dem weiblichen Prinzip. Die Schlüsselfigur zu unserer Fähigkeit und Bereitschaft, zu empfangen, anzunehmen und uns hinzugeben, ist unsere Mutter. Schöpferische Impulse im Leben zu verwirklichen, unsere Kreativität sichtbar und erfolgreich umzusetzen ist ein männlicher Akt. Wenn beide Qualitäten im Gleichgewicht sind – empfangen und das Empfangene ins Leben umsetzen –, leben wir in Harmonie. Das ist jedoch bei den wenigsten Menschen der Fall.

Als Kind empfinden wir noch bedingungslose Liebe, haben absolutes Vertrauen zu unserer Mutter und zu unserem Vater. Der Vater ist der erste Mann, die Mutter die erste Frau, die wir in unserem Leben geliebt haben. Irgendwann handelten sie so, dass dieses heile Bild mehr oder weniger gestört, ja sogar verletzt wurde. Es veränderte sich entsprechend unseren Verwundungen und dem damit verbundenen Schmerz. Der Schmerz und die Enttäuschung können manchmal so heftig, so unerträglich gewesen sein, dass wir beides verdrängt haben, abgeschoben in unser Unterbewusstsein. Genauso haben wir das ursprüngliche, das heile Bild unserer Eltern verdrängt. Wir haben es durch ein Bild aus der Summe unserer schmerzhaften Kindheitserinnerungen ersetzt, die bis heute in unseren Zellen gespeichert sind. Gleichzeitig haben wir unseren Eltern die Anerkennung entzogen. Solange wir uns mit diesen negativen Bildern in unserem Inneren nicht aussöhnen, bleiben sie als Programme in uns, gespeichert wie in einem Computer. Sie können in unserem Körper, in unserer Seele und in unserem Denken erhebliche Störungen verursachen, deren Wirkung sich meistens in unserer Gesundheit, aber auch in wiederholten Konfliktsituationen in unseren Beziehungen zeigt.

Diese Störungen vergleiche ich mit unserem persönlichen „unerlösten Schatten", der in unterschiedlicher Weise auf sich aufmerksam macht und seine Erlösung oder seine Integration fordert. Der Schatten versteht es, sich gut zu tarnen. Er tritt beispielsweise gerne in Gestalt von Personen auf, die von *außen* in unser Leben treten, um in unseren alten, tiefen, noch nicht ausgeheilten *inneren* Wunden der Vergangenheit herumzustochern. Zunächst verbirgt er sich vielleicht unter dem Deckmantel der Liebenden oder der Geliebten, der besten Freundin, des vertrauten Berufskollegen. Träte der Schatten unverhüllt in unser Leben, würden wir sofort weglaufen, so weit uns unsere Füße tragen. Irgendwann – meistens dann, wenn wir es am wenigsten erwarten, weil die ursprüngliche kindliche Vertrauensbasis wiederhergestellt ist, offenbart uns der Schatten sein wahres Gesicht.

Was tun wir in unserer ersten Reaktion? Wir entziehen dem Lebens- oder Liebespartner, dem besten Freund, der besten Freundin oder dem Berufskollegen die Anerkennung und machen sie verantwortlich für unseren Schmerz. Damit meine ich *unseren persönlichen Schmerz*, jenen unerlösten Schmerz, den wir seit unseren Kindheitstagen in und mit uns tragen und festhalten. Es ist derselbe Schmerz, derselbe unerlöste Schatten, der uns in unterschiedlichen Formen – beispielsweise als unterdrückte Wut, Angst, Verzweiflung oder Eifersucht, von innen annagen und auffressen kann, und zwar körperlich-seelisch-geistig. Er kann uns von *außen,* aber auch von *innen* „heimsuchen" oder in Form von Krankheiten. Krebserkrankungen treten häufig auf, wenn der Kranke unter starken Schuldgefühlen leidet, verbittert dem Leben gegenüber ist und Schwierigkeiten hat, sich selbst und anderen zu vergeben. Er kann uns aber auch über Depressionen, Angstneurosen bis hin zu schweren Psychosen sein Dasein signalisieren. Je weniger wir unserem Schatten begegnen wollen, desto unberechenbarer und heftiger kann er auf sich aufmerksam machen.

Wie aber können wir uns mit unserem eigenen Schatten vertraut machen und sogar anfreunden, nachdem wir durch schmerzhafte Erfahrungen erkannt haben, dass es uns nicht gelingt, „über ihn zu springen"?

Vergebung ist die wirkungsvollste Medizin,
die Krankheiten heilen kann.
Sie kann dich von schweren Ängsten,
Schuldzuweisungen und Schuldgefühlen befreien.

Das heilende JA – Aussöhnung mit deinen Eltern

Erlöse deine Eltern in dir
Heile die Beziehung zu dir selbst

Eine der erfolgreichsten Methoden ist die *Aussöhnung mit unseren Eltern*, gleich, ob sie noch am Leben sind oder nicht. In jedem Fall leben sie in unserem Inneren weiter. Die Aussöhnung, *das heilende JA,* kann nur in und durch uns geschehen.

1. Nimm dir mindestens eine Stunde Zeit, um je einen Brief an deinen Vater und an deine Mutter zu schreiben. Beginne mit dem Vater. Die Vaterfigur symbolisiert das Schöpfungsprinzip, deine Fähigkeit, deine Kreativität nach außen zu tragen und in der Welt zu verwirklichen. In dieser Übung vergegenwärtigst du dir das Bild deines Vaters oder jener Männerfigur, die die ersten Jahre deines Lebens wesentlich beeinflusst und geprägt hat. Schalte alle äußeren Störfaktoren ab. Vielleicht möchtest du eine Kerze anzünden – eine rituelle Geste zur Vorbereitung, die dir die Konzentration erleichtert. Richte dann deine Aufmerksamkeit nach innen. Er*innere* dich an das Bild deines Vaters, das du von ihm hast. Visualisiere dir deinen Vater als Gegenüber. Verdeutliche dir sein Äußeres, seine Kleidung. Wenn es dir gelingt, schalte alle deine Sinne „auf Empfang“: Höre seine Stimme, die Worte, die er immer zu dir sagte. Vielleicht kannst du dich an seinen Geruch erinnern, an seine Eigenarten?
2. Wenn du bereit bist, beginnst du zu schreiben. Schreibe deinem Vater alles, was du ihm bisher verschwiegen hast, und teile ihm mit, was du ihm schon immer sagen wolltest, was du aber nie zu sagen wagtest, aus Angst, seine Liebe zu verlieren. Schreibe aus der Tiefe deines

Herzens. Nimm dir Zeit. Du wirst dich wundern, was da alles an verschütteten Erinnerungen und an Gefühlen hochgespült werden kann.

3. Erlauben dir eine kurze Pause zum Nachspüren. Achte darauf, nicht zu lange in der Opferrolle zu verweilen oder dich möglicherweise sogar von neuem mit ihr zu identifizieren. In dieser Übung geht es um Befreiung: Nur wenn du hundertprozentig bereit bist, deine Opferrolle abzulegen, kann dieses Ritual wirken. Schreibe anschließend alles auf, was du an deinem Vater geliebt hast. Lass ganz bewusst diese positiven Erinnerungen und Gefühle in deinem Inneren aufsteigen. Nimm dir auch hierfür Zeit.
4. Reflektiere darüber, welche Erkenntnisse und welche positiven Einsichten du letztlich aus deinen Verletzungen und schmerzhaften Erinnerungen gewinnen konntest. Vergegenwärtige dir, wie diese Verletzungen dein Verhalten und dein Leben zum Guten beeinflussen können und dies auch schon getan haben. Dieser Übungsteil kann dir anfangs schwierig erscheinen. Schreibe deinem Vater trotzdem alles, was dir dazu einfällt, auch wenn es nicht einfach ist. Es kann sein, dass du diesen Teil mehrmals wiederholen musst, bis du innerlich wirklich bereit bist, deinen Vater auch für sein negatives Verhalten zu akzeptieren. Solange du deinem Vater nicht wirklich die Anerkennung und die Zuneigung zurückgibst, die du ihm als verwundetes Kind entzogen hast, wirst du dein negatives Männerbild nicht erlösen können. Und damit bliebe auch der Fluss deiner Kreativität blockiert und deine Fähigkeit, diese sichtbar und erfolgreich in der Welt zu verwirklichen.

Mit diesem Brief gibst du deinem Vater
und damit dir selbst deine Anerkennung,
deine Zuneigung, deine Akzeptanz und Liebe zurück.
Du machst dir selbst und deinem Vater das größte Geschenk:
das heilende JA zu allem, was war, zu allem, was ist.
Es ist das befreiende JA zu deinem Leben!

Punkt vier hilft dir, dich aus der ewigen Opferrolle zu befreien und Eigenverantwortung zu übernehmen. Doch Vorsicht – setze dich nicht unter Druck! Wenn du nicht sofort zum *JA* bereit bist, übe dich in Geduld. Erlaube dir zunächst ohne Schuldgefühl das „Nein“ zum *JA*. Übe etappenweise weiter: Irgendwann, anfangs noch zaghaft, wird das befreiende, *heilende JA* aus deinem Herzen zu strömen beginnen.

5. Fertige anschließend die folgende Liste an: Auf der linken Seite führst du alle negativen, auf der rechten Seite alle positiven Eigenschaften deines Vaters auf. Suche dann aus jeder Spalte – aus der positiven und aus der negativen – eine Eigenschaft aus, die dich innerlich am tiefsten berührt, mit der du am wenigsten zu tun haben willst, die du für dich ablehnst. Hast du den Mut, die Bereitschaft und die Aufrichtigkeit, dieselben Eigenschaften in deiner eigenen Persönlichkeit aufzuspüren, sie dort wieder zu entdecken? Wenn ja, kannst du diese Qualitäten akzeptieren, ohne dich für die negative Seite zu schämen, zu verurteilen oder gar schuldig zu fühlen? Auch das lässt sich üben. Sage ganz einfach innerlich *JA* zu dir selbst. Wiederhole dieses *JA*, sooft du dich daran erinnerst, bis du wirklich liebevoll akzeptieren kannst, dass es jetzt so ist, aber nicht immer so bleiben muss.

Punkt fünf kann mit jeder beliebigen Person – männlich oder weiblich – geübt werden, mit der du zu verschiedenen Zeiten schwierige Konflikt-Situationen durchlebst. Abschließend wäre es gut, den Brief an deinen Vater einer vertrauten Person vorzulesen und mit ihr über die von dir bevorzugten Eigenschaften zu sprechen.

Wiederhole diesen Brief (besonders Punkt vier!) so oft, bis du deinem Vater gegenüber wirklich friedvolle, harmonische, liebevolle Gefühle empfinden kannst. Es lohnt sich! Falls es sich für dich stimmig anfühlt und dein Vater noch lebt, kannst du eine überarbeitete Version dieses Briefes an ihn persönlich schicken. Wenn dein Vater bereits verstorben ist, kannst du den Brief an seinem Grab laut oder leise vorlesen und verbrennen. Stell dir dabei vor, dass der Rauch ihm deine Zeilen vermittelt – in die geistige Welt oder wo immer er sich jetzt auch befindet.

*Unsere Vaterfigur symbolisiert das Schöpfungsprinzip,
die Fähigkeit, unsere Kreativität nach außen zu tragen
und in der Welt zu verwirklichen.*

*Unsere Mutterfigur symbolisiert unsere Fähigkeit zu empfangen,
die Welt unserer Gefühle und unsere Bereitschaft zur Hingabe.*

Verfasse nun in gleicher Weise einen Brief an deine Mutter beziehungsweise an die erste weibliche Bezugsperson in deinem Leben. Die Mutterfigur symbolisiert das Prinzip des Empfangens, des Annehmens, der Hingabe und die Klarheit des Herzens, die Welt der Gefühle. Sie lebt in deinem Inneren weiter mit all ihren Eigenschaften und sie möchte *in* dir und *durch* dich erlöst werden. Visualisiere deine Mutter in gleicher Weise wie deinen Vater. Er*innere* dich an ihre Stimme, ihr Aussehen, ihre Lieblingskleider, vielleicht auch an ihren Geruch. Falls notwendig, wiederholst du diesen Brief, bis du auch hier das Gefühl von Frieden, von Harmonie und Integration wahrnimmst. Dasselbe gilt für die Liste positiver und negativer Eigenschaften deiner Mutter sowie für den überarbeiteten Brief, den sie persönlich erhält oder den du an ihrem Grab verbrennst.

Wenn es uns gelingt, auch nur für einen Augenblick die Welt aus den Augen unserer Mutter, aus den Augen unseres Vaters zu betrachten, und zwar zu jenem Zeitpunkt, als sie für uns so unverständlich handelten, werden wir erkennen, dass jeder Mensch zu jedem Zeitpunkt immer das Beste tut, zu dem er in diesem Augenblick fähig ist. Wenn wir unserem Vater und unserer Mutter vergeben können, indem wir ihnen unsere Anerkennung und unsere Zuneigung zurückgeben, können wir *uns selbst vergeben*, für alles, was wir jemals verursacht haben.

Wenn wir die Beziehung zu unseren Eltern heilen können,
können wir die Beziehung zu allen Menschen heilen.
Auf diese Weise heilen wir die einzige wahre Beziehung:
Es ist die Beziehung zu uns selbst, zu unserer inneren Wirklichkeit,
zu der Wahrheit, die wir wirklich sind.

Der Abfallkorb

Befreie dich von überflüssigem Ballast

1. Stell dir vor, du sitzt oder stehst an deinem Lieblingsplatz in der Natur. Vor dir befindet sich ein großer, aufgeblasener Ballon, an dem ein Korb hängt.

2. Richte deine Aufmerksamkeit nach innen und spüre, was du *jetzt*, in diesem Moment, in den Korb werfen möchtest, was du jetzt, im Augenblick, bereit bist, aus deinem Leben zu „entsorgen“. Lass die Gedanken, Bilder und Gefühle in deinem Inneren aufsteigen: Ängste, Trauer, Wut, Verzweiflung, Schuldgefühle, Schmerzen, Krankheiten.
3. Wirf mit einer Geste deiner rechten Hand alles, was du jetzt wirklich loslassen kannst, was du nicht mehr in deinem Leben brauchst, in den visualisierten Abfallkorb. Die Geste begleitet dich, indem du die betreffenden Umstände, Gefühle – was auch immer – laut aussprichst oder bewusst und klar im Geist zitierst. Nimm dir genügend Zeit!
4. Visualisiere dann, wie sich der Ballon, an dem dein Abfallkorb hängt, langsam vom Boden abhebt und nach oben steigt. In dem Korb trägt er deinen überflüssigen Ballast – die niederdrückende Last, von der du dich soeben befreit hast – nach oben. Er wird kleiner und kleiner. Schließlich siehst du nur noch einen winzigen, farbigen Punkt, der hinter den Wolken oder im blauen Himmel verschwindet und sich im Äther auflöst. Nach wiederholtem Üben kannst du feststellen, dass du dich ebenfalls leichter und freier fühlst.

Beachte: Erspüre genau, was du wirklich loszulassen bereit bist. Erinnere dich, dein Unterbewusstsein reagiert immer konkret – auf Bilder, Farben, Gefühle, Vorstellungen, Gedanken und Worte!

Hilfesuchende Hände

Erkenne dein Gegenüber
Entfalte dein Einfühlungsvermögen

Meistens reagieren wir auf Anschuldigungen und Vorwürfe von außen mit Gegenangriff. Wir verteidigen oder wir rechtfertigen uns oder antworten mit versteckter Aggression: Wir reagieren mit Rückzug. Unser Gegenangriff besteht dann aus einem inneren Monolog negativer Gedanken, die uns letztlich selbst vergiften und zerstören. Das Bild der *hilfesuchenden Hände* ist eine sehr wirkungsvolle Methode, uns aus dieser tatsächlich krankmachenden „Routine“ zu befreien – eine Übung für den Alltag, mit Aggressionen anderer Menschen und deren Schuldzuweisungen umzugehen.

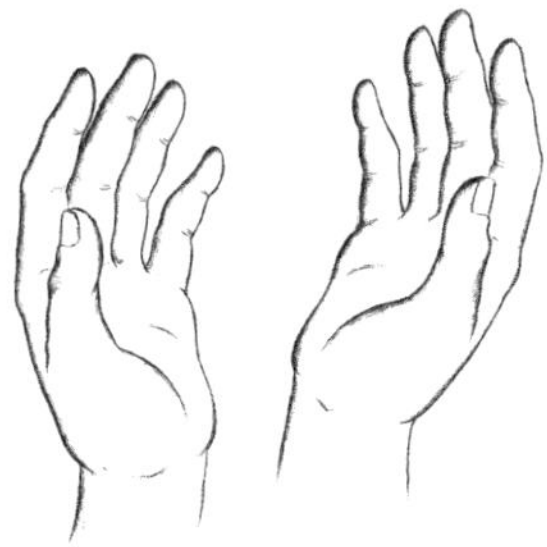

Jedesmal, wenn du dich in einer Situation wieder findest, in der du dich angegriffen fühlst, stell dir vor, dass die Person, die dich gerade attackiert, dich in Wirklichkeit liebt. Sie ist lediglich nicht in der Lage, das zu zeigen. Visualisiere dein Gegenüber, wie er oder sie die Hände nach dir ausstreckt, in Wirklichkeit Angst hat und Hilfe oder Liebe bei dir sucht. Betrachte die Person als jemanden, der hinter dem vordergründigen Angriff mit geöffneten Händen um Verständnis und Liebe bittet. Du wirst dich wundern – über deine eigene Reaktion und über die Reaktion deines Gegenübers.

Darum ist unsere ganze Aufgabe in diesem Leben,
das Auge des Herzens wieder gesund werden zu lassen.
Denn mit ihm können wir Gott sehen.
AUGUSTINUS

Die Tafel löschen

Durchschaue deine Projektionen

1. Entspanne dich. Visualisiere jene Person, mit der du augenblicklich die größten Schwierigkeiten hast. In deiner Vorstellung stehst du vor einer großen, schwarzen Tafel. Schreibe in großen Buchstaben mit einer Kreide von kräftiger Farbe – eine Farbe, die für dich zu diesem Zweck passt – alles auf die Tafel, was dich an diesem Menschen stört. Erlaube dabei deinem Groll freien Lauf, egal, was an Gefühlen

von Zorn, Wut, Traurigkeit, Verzweiflung und Hilflosigkeit hochkommen mag. Nimm dir Zeit.

2. Nimm dann einige Schritte bewusst von der Tafel Abstand und lies das Geschriebene noch einmal langsam durch. Verbinde dich dabei mit den Emotionen und Empfindungen, die in dir aufsteigen. Stell dir jetzt vor, dass du einen nassen Schwamm in deine Hand nimmst. Lösche die Tafel mit einer bewussten Geste deiner rechten Hand, während du folgende Worte laut oder im Geist sprichst: *Die Tafel ist gelöscht. Es bleibt nichts zurück!*
3. Wende dich anschließend der betreffenden Person zu und sage zu ihr: *Ich verspreche dir, weitere Projektionen über dich, darüber,* ***wer, was*** *und* ***wie*** *du bist, zurückzunehmen … und ich bitte dich, jetzt selbst an die Tafel zu schreiben, wer du wirklich bist!*
4. Warte einen Augenblick, ob die Person zu schreiben beginnt oder ob in dir befreiende Erkenntnisse geschehen. Wenn nicht, beende die Übung. Kontrolliere in den folgenden Tagen oder Wochen ab und zu, ob sich die Spannung zwischen dir und der betreffenden Person, deinem „Spiegel“, verändert.

Atem-Meditation ☆

Vergib dir selbst
Akzeptiere dein So-Sein

Diese *heilende Atem-Meditation* kannst du jederzeit überall durchführen, entsprechend deinen jeweiligen Bedürfnissen. Sie hilft dir, dich selbst zu akzeptieren und so anzunehmen, wie du dich im Augenblick fühlst. Gleichzeitig wird es dir zunehmend gelingen, Gegensätzliches als gleichwertig zu erkennen.

Einatmen – *Harmonie*
Ausatmen – *Aggression, Wut*

Einatmen – *Friede*
Ausatmen – *Hass*

Einatmen – *Freisein*
Ausatmen – *Schuldgefühle*

Einatmen – *Toleranz, Mitgefühl*
Ausatmen – *Schuldzuweisung*

Einatmen – *Liebe*
Ausatmen – *Eifersucht, Neid, Missgunst*

Einatmen – *Gesundheit*
Ausatmen – *Krankheit*

Wähle die für dich geeigneten Wortpaare oder deine eigenen Begriffe, deiner jeweiligen Situation entsprechend.

Frei von Schuldgefühlen ☆

Erlöse dich von begrenzenden Verstrickungen

Folgende Affirmationen helfen dir, wenn du sie regelmäßig anwendest, dich von nagenden, krankheitsfördernden Schuldgefühlen und unbewussten Schuldzuweisungen zu befreien:

Ich (Name) entscheide mich, heute alle wertenden und verletzenden Gedanken über mich und andere loszulassen und zu löschen!
Meine Gedanken sind frei von Angst und Schuldgefühlen!
Meine Gedanken sind frei von Verurteilung meiner selbst und anderer!
Ich ... bin jetzt bereit, alles zu akzeptieren, was ich jemals verursacht habe. Ich vergebe mir selbst auf allen Ebenen – auf der körperlichen, auf der seelischen und auf der geistigen. Ich bin frei von Schuld!
Ich ... bin jetzt bereit, allen zu vergeben, die mich jemals gekränkt und verletzt haben. Ich entlasse sie jetzt aus meiner Welt. Sie sind genauso frei wie ich!

Die violette Flamme

Lass innere Wandlung geschehen

In vielen Kulturen symbolisiert die Farbe violett Erlösung, Befreiung und Vergebung. In der Chakralehre wird diese Farbe dem obersten Energiezentrum, dem siebten Chakra, an der Krone des Kopfes zugeordnet. Man spricht auch vom „tausendblättrigen Lotus“. Dieses Energiezentrum symbolisiert Vollendung, die Vereinigung mit dem universellen Bewusstsein, mit dem Absoluten.

1. Setze dich bequem auf einen Stuhl. Deine Wirbelsäule ist aufrecht. Lenke deine Aufmerksamkeit an die oberste Stelle deines Kopfes. Visualisiere dort – etwas oberhalb deines Kopfes – eine violette Flamme, die mit jeder Einatmung größer wird. Nach einiger Zeit kann es geschehen, dass du an dieser Stelle ein Prickeln an deiner Kopfhaut spürst.
2. Stell dir vor, wie du diese violette Flamme mit jeder Einatmung von dort oben tief in deinen Körper ziehst und wie sie sich mit jeder Ausatmung gleichmäßig über deinen Körper verteilt und darüber hinaus in dein Energiefeld, in deine Aura strömt. Mit jedem Atemzug werden dein Körper und dein Energiefeld mehr und mehr von der violetten Flamme durchdrungen. Atme so lange weiter, bis du fühlst, dass du vollkommen in violettes Licht gehüllt bist. Dein ganzer Körper, von den Haarspitzen bis zu den Fußsohlen und darüber hinaus, dein Energiekörper, dein Unterbewusstsein – alles wird von dieser reinigenden, violetten Flamme durchströmt.
3. Visualisiere nun, wie du mit jeder Ausatmung der violetten Flamme alles übergibst, was du nicht mehr brauchst, alles, was dich jetzt gerade besonders belastet: Schmerzhafte Erinnerungen, Krankheiten, Angst, Wut, Depression, Schuldgefühle werden mit jeder Ausatmung von dem reinigenden, violetten Licht transformiert.

Diese Übung kannst du überall und jederzeit durchführen, solange du dir ausreichend Zeit dafür nimmst – wenigstens fünf bis zehn Minuten täglich. Wenn du 21 Tage „durchhältst“, wirst du überrascht sein, um welche Lasten du dich erleichtert fühlst. Es ist ratsam, dich beim

Üben anfangs von äußeren Störfaktoren freizumachen. Nach einiger Zeit gelingt es dir auch im größten Trubel, dich in die violette Schutz- und Vergebungsflamme zu hüllen, auch wenn es nur für einige Sekunden ist.

Der „tausendblättrige Lotus"

Entspanne dein Gehirn
Empfange die Inspirationen deiner höheren Weisheit

1. Schließe deine Augen. Stell dir vor, du atmest nur durch dein Gehirn ein und aus. Spüre, wie dein Atem durch deine Nasenlöcher nach oben strömt. Er entspannt deinen gesamten Kopfbereich, besonders dein Gehirn und deine Augen. Mit jedem Atemzug wird dein Gehirn heller, weicher, gelöster. In deinem Kopfinneren entstehen mehr Raum und Weite sowie eine tiefe, wohlige Entspannung.
2. Visualisiere, wie du mit jeder Ausatmung störende Gedanken, alte Programmierungen und festgehaltene Konzepte aus deinem Gehirn nach oben aus deiner Schädeldecke entlässt. Spüre, wie deine Einatmung in die hintersten Winkel deines Gehirns einströmt und wie du mit jeder Ausatmung aus den verstecktesten Winkeln und Nischen alles hinausspülst, was du jetzt in deinem Leben nicht mehr brauchst – alles, was sich über Jahrzehnte dort eingenistet und festgesetzt hat.
3. Nach einigen Minuten stellst du dir vor, dass an der Krone deines Kopfes die Knospe einer zarten Lotusblüte erscheint. Millimeter für Millimeter beginnt sie sich zu öffnen, jedes Mal, während du ausatmest. Die Blüte wird größer und größer und dehnt sich in deine rechte und linke Gehirnhälfte. Mehr und mehr Blätter entfalten sich in deinem Gehirn. Lass die Blütenfarbe entstehen, die sich im Augenblick für dich geeignet anfühlt.
4. Stell dir vor, wie die zarte, subtile Kraft der Blüte in der dir entsprechenden Farbe alles ausheilt und auflöst, was sich über Jahre in deinem Kopf festgesetzt hat und deine klare Erkenntnis, deine Unterscheidungskraft und den Fluss deiner kreativen Intelligenz behindert hat. Der nach oben geöffnete Kelch der Blüte ist jetzt bereit, die für

dich notwendigen Inspirationen und Erkenntnisse zur Verwirklichung deiner Kreativität im Alltag zu empfangen.

Wenn du diese Übung 21 Tage lang durchführst, kannst du möglicherweise neben Veränderungen in deiner Außenwelt auch subtile Wirkungen im Kopfbereich und in dem Energiefeld um deinen Kopf herum wahrnehmen.

Entdecke das Paradies in deinem Herzen

... und wenn alle Knoten des Herzens gelöst sind,
dann wird selbst hier – in diesem Menschenleben –
das Sterbliche unsterblich.
Das ist aller Lehren Lehre.

AUS DEN VEDEN

Die folgenden drei Übungen unterstützen dich, dein verloren gegangenes Paradies, im Herzen deines Herzens als *deine innere Kraftquelle* wiederzuentdecken: Es ist dein Lebenskeim – jener Lichtfunke im Herzen deines Herzens, den jeder von uns aus dem *Garten Eden* als Erbe mitgebracht hat: ein kleiner Punkt in deinem innersten Zentrum, der seit der „Vertreibung aus dem Paradies" darauf wartet, wieder zur Entfaltung, zum Blühen und Leben gebracht zu werden.

Dein Herz ist nicht einfach nur ein Muskel in deiner Brust.
Es ist gleichzeitig das mystische Zentrum deiner Liebe.

DAN MILLMAN

Die lächelnde Zelle

Verbinde dich
mit deinem „kosmischen Kind“.
Erfahre Fülle, Reichtum und Glückseligkeit
als dein inneres Erbe.

1. Du sitzt entspannt und gelöst auf einem Stuhl oder auf dem Boden. In deiner Vorstellung blickst du jetzt durch ein Mikroskop. Es ist ein besonderes Gerät, das es dir ermöglicht, mit Hilfe durchdringender Lichtstrahlen tief in deinen Brustraum zu blicken. Klar und deutlich kannst du dort jede einzelne Zelle entdecken, wie einen Mikrokosmos für sich, in dem alles enthalten ist. Am tiefsten Punkt in deinem Brustraum spürst du dein Herzchakra auf. Der Strahl des Mikroskops führt dich noch weiter, bis ins Innerste dieses wichtigen Energiezentrums, das „Herz deines Herzens“. Dort entdeckst du eine goldene, vibrierende Körperzelle in der Größe einer Münze. Und auf dieser Münze ist ein Gesicht – ein Gesicht, das du kennst und das dich erkennt. Es ist das Gesicht deines kosmischen Kindes, das du auch bist. Es lächelt dir liebevoll und wissend zu. Fühle dieses Lächeln, dort in der Tiefe deines Herzens, so gut es dir jetzt möglich ist. Es ist jener Raum, in dem weder Urteil noch Schuld, weder Angst noch Sühne existieren. Es ist dein wahres Zuhause, die Endstation deiner Sehnsucht, der Ort reiner, absichtsloser, bedingungsloser Liebe. Bleibe eine Weile in diesem Raum. Lenke sanft deine Aufmerksamkeit und deinen Atem dorthin, ganz sacht … ein … aus … ein … aus.
2. In dieser Zelle im Herzen deines Herzens, die wie ein Mikrokosmos für sich ist, ist der Kern, die Essenz deines Wesens enthalten. Das Lächeln zeigt die Zufriedenheit, das Wissen und die Information, dass alles, was du brauchst, da ist, immer da war und immer da sein wird. Nach einiger Zeit siehst du durch dein Mikroskop, wie aus dem Kern der goldenen Zelle Energie strömt: sicht- und fühlbare Energie, reines, leuchtend-klares Licht. Das Licht wird langsam heller und heller, dehnt sich aus und aktiviert die Energie und das Licht in den noch schlummernden benachbarten Zellen. Jetzt siehst und fühlst du dein Herzzentrum wie einen goldenen Lichtball, der in der Tiefe dei-

ner Brusthöhle immer wärmer und größer wird, bis er die Form einer Weltkugel annimmt, die dir zulächelt. Vielleicht gelingt es dir, dich mit diesem wissenden, weisen Lächeln zu verbinden, wahrzunehmen, dass DU DAS BIST. Bleib eine Weile bei diesem „Weltball" in der Tiefe deiner Brusthöhle. In diesem Raum fühlen wir uns mit der Welt und mit allen Lebewesen verbunden, frei von Wertung, frei von Urteilen, frei von jeglichen Projektionen.

3. Lass dann das Licht und die Energie aus dieser goldenen Kugel, die die „lächelnde Weltkugel", dein „lächelndes Weltenherz" oder dein glückseliges „kosmisches Kind" symbolisiert, in alle Teile deines Körpers strömen. Sieh und fühle, wie dein ganzer Körper von diesem goldenen, warmen Licht durchströmt wird! Lass jede Zelle von der Wärme und dem Licht „infizieren". Bleibe mit deiner Aufmerksamkeit eine Weile an jenen Stellen deines Körpers, die Disharmonie signalisieren, an denen du Blockaden oder Schmerzen verspürst. Lenke bewusst deine Ausatmung dorthin, mit der Vorstellung und dem Wissen, dass das Licht alle Disharmonien auflöst.
4. Visualisiere nun eine Person, die dich verletzt hat oder die du verletzt hast. Führe mit dieser Person in deiner Vorstellung dieselbe Übung durch: Beginne mit deinem Mikroskop die lächelnde Zelle im Zentrum seines oder ihres Herzens aufzuspüren. Entdecke die goldene Münze, die sich allmählich zur „lächelnden Weltkugel" in der Mitte des Brustraums vergrößert. Wenn schließlich der ganze Körper in das warme goldene Licht gehüllt ist, sage ihm oder ihr:
   Ich vergebe dir und ich vergebe mir für alle Missverständnisse, die uns voneinander trennen!
   Gehe auf dein Gegenüber zu, reiche diesem Menschen deine Hand oder umarme ihn.

Beachte: Diese Übung wirkt nur, wenn du deine Herzensenergie strömen lassen kannst. Es kann sein, dass du Teil 4 häufiger wiederholen musst, bis du wirklich ein Gefühl der Erleichterung und Befreiung in deinem Herzen verspürst.

Das göttliche Kind symbolisiert in allen Kulturen das höchstmögliche Bewusstsein im menschlichen Dasein, das nur über die mystische Erfahrung zu erreichen ist.

Drei Rosen

Heile deine Gefühle

Freunde, Gegner, neutrale Personen – ihnen bringen wir häufig eine ganze Skala verschiedener Einstellungen entgegen: von Schuldzuweisungen bis Hass, von Begehren über Gleichgültigkeit bis zu Langeweile. Werden diese Gefühle genährt, ist es uns nicht möglich, Frieden mit uns selbst zu schließen und uns von Schuldgefühlen oder Schuldzuweisungen zu befreien.

Oft haben wir erlebt, dass einstige Gegner zu Freunden geworden sind – und umgekehrt. Wenn unsere Beziehungen im Laufe unseres Liebens diesem Wandel unterliegen, kann es nicht sinnvoll sein, einen Menschen ausschließlich als Freund oder als Feind zu betrachten.

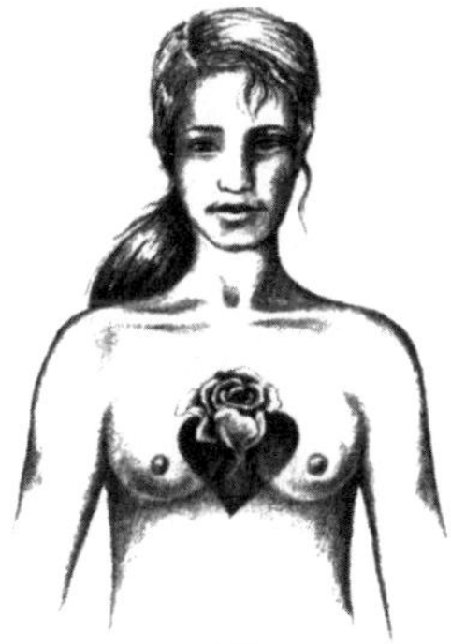

Drei Rosen

1. Setze dich entspannt auf einen Stuhl oder im Schneidersitz auf den Boden. Lenke dein Bewusstsein in dein innerstes Zentrum, tief in deinen Brustraum. Du kannst zur Unterstützung die Fingerspitzen auf dein Brustbein legen. Atme einige Zeit zu diesem Punkt hin.
2. Stell dir dann vor, wie sich diese Stelle millimeterweise öffnet und wie sich aus der Öffnung heraus ganz langsam die Knospe einer Rose bildet. Mit jeder Einatmung wird sie größer, mit jeder Ausatmung entfaltet sie sich, Blatt für Blatt. Lass die Rose farbig werden. Spüre, welche Farbe sich für dich im Augenblick stimmig anfühlt.
3. Wenn deine Rose voll aufgeblüht ist, hole in deiner Vorstellung nacheinander drei Personen zu dir:
   - einen Freund oder jemanden, der dir sehr nahe steht;
   - eine neutrale Person;
   - einen Gegner oder jemanden, mit dem du Probleme hast.

Visualisiere diese drei Personen nacheinander, einzeln dir gegenüber sitzend. Lass bei jeder Person eine Rosenblüte in der Farbe deiner Intuition aus dem Zentrum deines Herzens wachsen, und überreiche diese deinem Gegenüber – bewusst und langsam wie eine heilende Geste für euch beide. Es ist wichtig, diese Übung immer konkret auf jene Personen bezogen durchzuführen, die dich in deinem Leben im Augenblick besonders berühren. Sie bleibt andernfalls zu allgemein und unbestimmt, um eine Wandlung deiner Einstellung zu dir selbst und zu anderen Menschen bewirken zu können. Wenn du diese Meditation einige Zeit lang durchführst, wirst du bald bemerken, wie sich deine Einstellung ändert. Du erkennst, dass es tatsächlich keine Gewissheit darüber geben kann, ob jemand immer nur Freund, Gegner und neutral bleiben wird. Sobald du Freund, Gegner und neutrale Personen als Spiegel erlebst, die Anteile von dir selbst reflektieren, wirst du auf einer tieferen Ebene erfahren, dass zwischen diesen drei Personen und dir selbst kein Unterschied besteht, keine Trennung existiert.

Ich suche nicht – ich finde!
Suchen, das ist das Ausgehen von alten Beständen
und ein Finden-Wollen von bereits Bekanntem im Neuen.
Finden, das ist das völlig Neue!
Alle Wege sind offen, und was gefunden wird, ist unbekannt.
Es ist ein Wagnis – ein heiliges Abenteuer!
Dieses Offensein für jede neue Erkenntnis im Außen
und im Innen ist das Wesenhafte des modernen Menschen,
der in aller Angst des Loslassens doch die Gnade
des Gehaltenseins im Offenwerden neuer Möglichkeiten erfährt.

PABLO PICASSO

Das letzte Geschenk – die „Frucht vom Baum der Erkenntnis"

Teile den Garten Eden in dir mit allen Lebewesen

1. Du sitzt entspannt auf einem Stuhl oder auf dem Boden. In deiner Vorstellung visualisierst du einen Kraftort, an einem Platz der Ruhe und Stille, einen Ort, an dem du dich sicher und geborgen fühlst.

Vielleicht erkennst du diesen Ort, wenn du an diesem Teil des Buches angelangt bist, inzwischen als den Raum deiner innersten Geborgenheit, tief in deinem Brustraum, im Herzen deines Herzens. Bitte nun eine Person, von der du das Gefühl hast, sie möchte dir für irgendetwas vergeben, sich zu dir zu gesellen. Du hast das Bedürfnis, Frieden zu schließen – *außen* und *innen*. Sage dieser Person im Geist alles, was dich belastet, was du fühlst, was zwischen euch steht und was dich von ihr trennt.

2. Lass nun ganz spontan ein Geschenk vor deinem geistigen Auge entstehen, das du jetzt überreichen möchtest. Etwas, das auch für dich in der Tiefe deines Herzens wichtig ist und das du mit dem betreffenden Menschen teilen möchtest. Beobachte dabei deine augenblickliche Bereitschaft und Fähigkeit zu teilen und loszulassen, besonders wenn es um ein Herzensgeschenk geht: ein Geschenk aus der Tiefe deiner Seele, das du dir selbst auch wünschst, etwas, was deine eigene tiefste Sehnsucht stillt. Das Geschenk zu teilen ist eine Übung, das dich selbst in der Tiefe deines Herzens erlöst und befreit! Deine Ursehnsucht, nach Hause zu kommen und dich für immer von den Früchten aus dem Garten Eden zu nähren, kann auf diesem Weg gestillt werden.
3. Stell dir anschließend vor, wie ihr beide eure Verkleidungen, eure äußeren Hüllen fallen lasst, wie ihr eure verschiedenen Masken ablegt. Kannst du dir diesen körperlich-seelisch-geistigen „Striptease" erlauben? Auch das kann unbeschreiblich befreiend und erleichternd sein. Möglicherweise benötigst du dafür etwas mehr Zeit. Doch ich versichere dir: Es lohnt sich! Wirf alle deine *äußeren* und *inneren* Verkleidungen auf einen Haufen zwischen euch beiden. Stell dir vor, wie dein vermeintlicher Gegner dasselbe tut. Dort liegen jetzt alle Hüllen, die dich von dir selbst und von deinem Gegenüber trennen.
4. Nimm in deiner Vorstellung nun ein Streichholz und zünde diesen Haufen an. Visualisiere ein loderndes Feuer, einen „Scheiterhaufen", auf dem deine überflüssigen Hüllen von der Kraft des Windes geschürt und im Feuer verbrannt werden. Anschließend stellst du dir Wasser vor, als Regen, Fluss oder Meer, das die Asche wegspült oder in sich aufnimmt. Was zurückbleibt, ist dein wahres Wesen – strahlend, grenzenlos, zeitlos, ewig. Es ist dein paradiesischer Urzustand, verbunden mit allem und jedem, was IST.

Wenn du diese Übung eine Zeitlang konsequent durchführst, kannst du – zunächst nur für Augenblicke, allmählich aber immer länger und intensiver – deinen *paradiesischen Urzustand, deine Unsterblichkeit* wahrnehmen und wieder erkennen. Du erlebst, wie dieses Bewusstsein deinen Körper durchströmt und nach und nach in alle Bereiche deines Lebens fließt.

Das Herz, das aufbricht,
kann das ganze Universum enthüllen.
AUS DEN UPANISHADEN

Dank

Ich danke allen Meistern – den sichtbaren und den unsichtbaren, den bekannten und den weniger bekannten. Sie alle haben mich Schritt für Schritt während meiner vielen Reisen durch Ost und West unterstützt und begleitet. Dazu gehören auch die vielen Lehrer und Lehrerinnen, die Kollegen und Kolleginnen und die Freunde aus der unmittelbaren „Schule des Lebens", die mich als Spiegel immer wieder auf mich selbst zurückwerfen. Sie alle sind Meilensteine, Wegweiser auf einer wesentlichen Reise, der wichtigsten aller meiner Reisen – nach Hause zu meinem Ursprung. Ich möchte hier einige von ihnen nennen:

Ramana Maharshi, der Dalai Lama, Meher Baba, Sai Baba, B.K.S. Iyengar, Mira Alfassa, Aurobindo, Swami Divyananda Saraswati, Maharishi Mahesh Yogi, Prof. Bernhard Woisien, Don Stevens, Harry Palmer, Michael Barnett, Frank Natale, die Kahunas El und Alen, Elaine Willis, Gerald Jamplsky, Margo Anand, Manulani Volker Karrer, Pyar Troll, Satyam Nandeen, Luise Wöhrle.

Weiter möchte ich mich bei allen meinen Kurs- und Seminarteilnehmern für ihr Vertrauen bedanken. Aus unserer gemeinsamen Zusammenarbeit, den wiederholten Feedbacks und den vielen daraus resultierenden Inspirationen konnte sich das Trainingsprogramm *inFit-innerFitness*® entwickeln und konnten große Teile des vorliegenden Buches entstehen.

Ganz besonders möchte ich meinem Enkel danken. Er ist ein außergewöhnliches Geschenk der „Quelle". Seine „Ankunft" war eine tiefe Heilung meines eigenen Herzens. Seither erkenne ich das große Wunder der Schöpfung, die Geburt und die Menschwerdung, die *Verkörperung* des „kosmischen Kindes", das jeder von uns als Erbe in sich birgt, noch einmal aus einem ganz anderen, erweiterten Blickwinkel.

Vielleicht liest er eines Tages diese Zeilen, wenn ich längst wieder in die Dimension eingegangen bin, aus der er zu mir gekommen ist. Und ich weiß, die Kinder dieses Jahrtausends bringen DAS bereits mit, was wir selbst lange suchten und anderen vermitteln, DAS, was sie nicht mehr suchen müssen, weil sie längst davon gefunden worden sind. Sie sind DAS.

Anhang

Die Übungen aus Teil II und Teil III im Überblick

6 Innere und äußere Rhythmen

7 Das große Geheimnis des Atems

8 Harmonie der Gehirnhälften

9 Dein Körper – das „Buch mit den sieben Siegeln“

13 Vergebung, das letzte Geheimnis

Literaturhinweise

Adams, Robert: *Stille des Herzens.* J. Kamphausen, Bielefeld 2000.

Berner,Hans-Günter: *An vollen Töpfen verhungern.* Medi Verlagsgesellschaft, Hamburg 1997.

Chopra, Deepak: *Ageless Body, Timeless Mind.* Harmony Books, New York.

Green Glenda: *Unendliche Liebe, Jesus spricht … .* Koha Verlag, Burgrain 2002.

Gray, Robert: *Das Darm-Heilungsbuch.* Droemer Knaur, München.

Griebl, Günther: *Mit Liebe im Herzen – die Wunderkarten.* Griebl, München 1982.

Griebl, Günther: *Die Schwingen der Freiheit.* Rowohlt, Reinbek 1991.

Jampolsky, G. Gerald: *Die Kunst zu vergeben.* Goldmann, München 1987.

Jampolsky, G. Gerald: *Lieben heißt die Angst verlieren.* Felicitas Hübner, Zürich 1981.

Kilham, Christopher Scott: *Lebendige Sexualität.* Integral, Wessobrunn 1990.

Lowen, Alexander: *Bio-Energetik.* Rowohlt, Reinbek 1979.

Magyarosy, Maruscha: *Intelligenz des Herzens.* Scherz, München 1997.

Magyarosy, Maruscha: *Das Heilende JA.* Scherz, München 2002.

Magyarosy, Maruscha: *Surya Namaskar, das andere Fitness-Rezept.* Laredo, Chieming 1993.

Magyarosy, Maruscha: *Der Dalai Lama und das Mitgefühl.* Param Verlag, Ahlerstedt 1998.

Magyarosy, Maruscha: *Vom Ozean zum Gipfel, Unterwegs mit der Sehnsucht.* Laredo, Chieming 1990.

Magyarosy, Maruscha: *Das Buch des Herzens.* Hugendubel/Sphinx 1996.

Nadeen, Satyam: *Satsang, das Handbuch zum neuen Erwachen.* Windpferd, Aitrang 2001.

Natale, Frank: *Trance Dance, der Tanz des Lebens.* Simon und Leutner, Berlin 1993.

Orr, Leonard/Halbig, Konrad: *Bewusstes Atmen.* Goldmann, München 1992.

Orr, Leonard: *Für die Ewigkeit geboren.* Goldmann, München 1992.

Palmer, Harry: *Resurfacing – Techniken zur Erforschung des Bewusstseins.* Context, Bielefeld 1995.

Palmer, Harry: *Die Kunst, befreit zu leben.* Context, Bielefeld 1996.

Ramm-Bonwitt, Ingrid: *Mudras – Geheimsprache der Yogis.* Bauer, Freiburg 1987.

Reindjen, Anselmi: *Der Lichtkörper – ein Überblick über den globalen Transmutations-Prozess.* Assunta, Santa Maria Calanca 1997.

Saathen, Michael: *Ein Hauch von Himmel.* Integral, Wessobrunn 1993.

Satprem: *Das Leben ohne Tod.* Goldmann, München, 1985.

Satprem: *Mutter oder die Mutation des Todes.* Hinder und Deelmann, Gladenbach 1994.

Satprem: *Mutter oder Die Neue Spezies.* Hinder und Deelmann, Gladenbach 1993.

Schirm, Rolf: *Strukturen der Persönlichkeit.* Organisator, Zürich 1987.

Sharamon und Bodo Baginski: *Das Chakra-Handbuch.* Windpferd, Durach 1989.

Spinola, Roland und Peschanel, Frank: *Das Hirn-Dominanz-Instrument.* Gabal, Speyer 1988.

Tolle Eckhart: *Jetzt! Die Kraft der Gegenwart, Leitfaden zum spirituellen Erwachen.* Kamphausen, Bielefeld 2002.

Walter, Johannes: *Die heilende Kraft des Atmens.* Peter Erd 1987.

Weber, Divo Helche: *Alta-Major Energie.* Erd, München 1982.

Weise, Devanando Otfried: *Die Fünf-„Tibeter“®-Feinschmecker Küche.* Integral, Wessobrunn 1993.

Einladung ins Paradies

Waren Adam und Eva wirklich die ersten, die im Garten Eden gelebt und ihr Paradies wieder verloren haben? Nach dem „Sündenfall“ und ihrer „Vertreibung“ sehnt sich jeder mehr oder weniger bewusst zurück nach unserem paradiesischen Urzustand …

inFit – innerFitness®
Tagesworkshops, Seminare, Ausbildung

innerFitness® ist eine Körper-, Atem und Bewusst-Seins-Schulung für jedermann/frau – eine Synthese aus Ost und West, geeignet für jedes Alter. Es ermöglicht dir

- Augenblicke des tiefen Erlebens deines Ursprungs
- die Berührung mit der Intelligenz deines Herzens
- die Verbindung mit der Weisheit deines Körpers
- die Erfahrung der Grenzenlosigkeit deines Geistes
- die Wandlung vom Schein zum Sein
- Erfolg aus dem Sein in allen Lebensbereichen

Die Ausbildung zum *InnerFitness®-Trainer* ist eine qualifizierte Körper-, Atem- und Bewusstseinsschulung mit bewährten Methoden aus Ost und West. Die Teilnehmer werden befähigt, eigenverantwortlich Gruppen zu leiten.
Zertifikat und Lizenznutzung nach erfolgreichem Abschluss.

Die Methode und der Begriff *inFit-innerFitness* sind als Markenzeichen urheberrechtlich geschützt.

Informationen:

Zentrum für innerFitness®, Maruscha Magyarosy
Pernerkreppe 22, D – 81925 München
Tel. 089-9578120, Fax 089-95760074
E-Mail. infit@t-online.de, www.innerFitness.de

Lizenzierte InnerFitness®-Trainer

Nach Ländern und Postleitzahlen sortiert

Deutschland

D - 10629 Berlin, Rein Bärbel
Gerviniusstr. 16, Tel/Fax: 0 30-3 24 62 15, e-Mail: diementaloase@aol.com

D - 13465 Berlin, Dr. med. Edelgard Böcker-Schröder
Ludolfinger Weg 64, Tel.: 0 30-4 01 60 65, Fax 0 30-40 63 74 18, e-Mail: edebs@gmx.de

D - 14778 Briest, Dakini Monika Lein
Am Mühlenberg 12,Tel.: 0 33 81-40 36 39, Fax: 0 33 81-40 36 29
e-Mail: RainerDakini@t-online.de

D - 17179 Gnoien, Wiltrud Olejniczak
Am Wiesengrund 38, Tel.: 03 99 71-1 27 86, Fax: 03 99 71-1 27 86
e-Mail: Wolejniczak@gmx.de

D - 29478 Höhbeck-Brünkendorf, Birgit Hammel
Zum Berge 6, Tel/Fax: 0 58 46-23 58, e-Mail: hohbuoki@t-online.de

D - 34434 Borgentreich-Großeneder, Maria Hördemann
Hauptstr. 49, Tel/Fax: 0 56 44-7 57

D - 37181 Hardegsen, Renate Schimanski
Alte Uslarer Str. 17 b, Tel/Fax: 05 50 51-52 57, e-Mail: schimanski-hardegsen@t-online.de

D - 46562 Voerde, Horst Förster
Prinzenstr. 102, Tel:. 0 28 55-1 53 85, e-Mail: horst-foerster@web.de

D - 51467 Bergisch Gladbach, Ingrid-Tonn-Euringer
Leuchter Gemark 2, Tel:. 0173-5 36 36 64, Mobil: 0172-7 99 48 11
e-Mail: ingrid-tonn@yahoo.com

D - 60596 Frankfurt a. Main, Gabriela Ristow-Leetz
Böcklinstr. 6, Tel.: 0 69-63 24 40, e-Mail: ristow-leetz@t-online.de

D - 63110 Rodgau, Rudolf Hetzel
Ober-Rodener-Str. 121, Tel.: 0 61 06-87 63 73, e-Mail: Rudolf-Hetzel@bku.db.de

D - 65 618 Selters/Ts., Edith Brühl
An den Birken 12, Tel.: 0 64 83-91 15 88, Fax: 0 64 83-91 15 79, e-Mail: ebruehl@web.de

D - 69412 Eberbach, Susanne Götz
Beckstr. 19, Tel.: 0 62 71-7 12 32, Fax 0 62 71-7 12 32, e-Mail: movesgoetz@hotmail.com

D - 71111 Waldenbuch, Ulrike Mönkemöller
Hasenhofstr. 18, Tel.: 0 71 57-88 02 70, Fax: 0 71 57-88 02 71
e-Mail: Ulrike.Moenkemoeller@t-online.de

D - 74889 Sinsheim-Reihen, Waltraud Ertz
Am Mangoldsgrund 12, Tel.: 0 72 61-1 21 07, Fax: 0 72 61-3 83 48

D - 78234 Engen,Annemarie Held
Neuhewenstr. 28, Tel.: 0 77 33-29 05, Fax: 0 77 33-76 02, e-Mail: annemarie.he@gmx.de

D - 80708 München
Markus MaWin Hannes & Winfried MaWin Brinz

MaWins's Zentrum für Körper, Geist und Seele
Postfach 40 08 46, Tel.: 0 89-30 65 78 20, Fax: 0 89-30 65 78 21
e-Mail: info@MaWins.de, Internet: www.MaWins.de

D - 83670 Bad Heilbronn, Sonja Reudelsdorf
Ramsauer Weg 10, Tel.: 0 80 46-87 11

D - 85049 Ingolstadt, Konrad Gruber
Parreutstr. 2, Tel/Fax: 08 41-9 93 31 29, e-Mail: konrad-gruber@gmx.de

D - 85445 Aufkirchen/Oberding, Ingeborg Eckmüller
Dorfstraße 4a, Tel.: 0 81 22-94 57 94, e-Mail: ingeborg-eckmüller@web.de

D - 86807 Buchloe
Winfried MaWin Brinz & Markus MaWin Hannes
Therapie- und Diagnose-Zentrum für Naturheilverfahren
Kloster-Stams-Str. 11, Tel.: 0 82 41-41 53, Fax: 0 82 41-78 58
e-Mail: info@Zentrum-fuer-Naturheilverfahren.de
Internet: www.Zentrum-fuer-Naturheilverfahren.de

D - 90768 Fürth, Petra Güthlein-Weiß
Rothenbergerweg 24, Tel. 09 11-8 15 92 17, mobil 0179-5 96 51 50, e-Mail: pgw@genion.de

D - 93128 Regenstauf-Steinsberg, Elisabeth Pollinger
Brunnackerweg 48, Tel.: 0 94 02-82 55, Fax: 0 94 02-78 03 86

D - 99198 Erfurt-Vieselbach, Robert Tilp
Brückenstraße 17, Tel.:036203-71132, Mobil: 0172-7 99 48 11, Fax: 03 62 03-7 11 33

Österreich
A - 2201 Gerasdorf, Karin Habegger
Kuhngasse 8/2/13, Tel. 0043-650-6 29 34 56, e-Mail: Karin.Habegger@gmx.at

A - 6914 Hohenweiler, Herbert Sohm
Leutenhofen 74, Tel.: 0043-55 74-7 42 36, Fax: 5 57 38 27 41, Mobil: 0043-664-5 46 04 88
e-Mail: herbert.sohm@surfen.at

A - 8010 Graz, Elfie Grabner, Studio für Körper- u. Energiearbeit
Rechbauerstr. 9, Tel. 0043-676-6 00 55 39, e-Mail:elfie.grabner@utanet.at

A - 8081 Heiligenkreuz a. Waasen, Andreas Bauer
Frannach 15, Tel.:0043-31 16-2 71 99

A - 8813 St. Lambrecht, Steiner Maria
Hauptstr. 15, Tel.: 0049-35 85-21 03, e-Mail: in.vivo@direkt.at

Schweiz
CH - 5417 Untersiggenthal, Roswitha Klose
Breitensteinstr. 38, Tel/Fax: 0041-56-2 88 28 76

Italien
I - 20147 Milano, Brigitte Sollich
Via Padulli 4, Tel.: 0039-02-4 03 98 18

I - 39012 Meran, Bernadette Schwienbacher
Tobias-Brenner-Str. 11,Tel/Fax: 0039-04 73-21 19 90, Bernadette@dnet.it

I - 50020 Panzano/Firenze, Margarete Schmitt
Le Fonti, Tel.: 0039-055-85 21 94

Weitere Bücher aus dem Verlag Via Nova:

Die 7 Lebens-Fragen

Anleitung zur strategischen Führung des Unternehmens „Ich"

Gion Chresta

Paperback, 224 Seiten, 12 Grafiken – ISBN 3-936486-79-4

Mangel an positiver Führung kann man nicht nur in Wirtschaft und Politik sehen, sondern auch in der Schwierigkeit vieler Menschen, sich selbst zu führen. Sie tun sich schwer mit den widerstreitenden Kräften in der eigenen Persönlichkeit, denn sie haben ihr inneres Potenzial noch zu wenig entwickelt, ihre Ausrichtung noch nicht wirklich erkannt, ihre Ganzheit noch nicht gefunden. Die 7 Lebens-Fragen, auf denen dieses Buch aufgebaut ist, bilden das grundlegende Werkzeug-Set zum Erlernen von Selbstführung. Sie fokussieren auf das Wesentliche im Leben jedes Menschen: Was will ich wirklich? Wozu bin ich hier? Was erfüllt mich zutiefst mit Freude? u.a.m. Ihre Handhabung wird klar und verständlich erläutert und mit vielen konkreten Übungsvorschlägen praktisch erfahrbar gemacht. Daraus kann jeder seine persönliche Lebens-Strategie formen. Sie verleiht dem eigenen Lebensweg Tiefe und Sinn und eröffnet ihm zugleich eine Fülle von neuen Handlungsmöglichkeiten im beruflichen und privaten Bereich.

Heilung und Neugeburt

Aufbruch in eine neue Dimension des Lebens

Barbara Schenkbier / Karl W. ter Horst

Hardcover, 264 Seiten, Grafiken – ISBN 3-936486-57-3

Immer mehr Menschen suchen Auswege aus Einsamkeit und Trauer, Isolation und Sinnkrise. Sie sehnen sich nach Wärme und Licht, einem Aufbruch ins Leben, dem erneute Enttäuschungen und Niederlagen erspart bleiben. Barbara Schenkbier und Karl W. ter Horst geben anregende Impulse für den Aufbruch in eine neue Dimension des Lebens, für die spirituelle Neugeburt des Menschen. Diese Impulse sind begleitet von wegweisenden Ratschlägen für die Heilung von Seele und Körper. Die Autoren schöpfen aus der spirituellen Erfahrung einer neuen Dimension der Heilung und der Geschichte ganzheitlicher Heilverfahren aus dem göttlichen Feld. Die spirituelle Heilung wird ausführlich dargestellt. Mit einer bisher unveröffentlichten evolutions-psychologischen Methode ermöglichen sie dem Leser überraschende Einblicke in die verschlungenen Verläufe seiner eigenen Entwicklung. Alles Mitmenschliche und Kraftspendende, das dabei ans Licht des Bewusstseins dringt, bewerten die Autoren als Quellen von Heilung und Glück.

Kraftquelle Lächeln

Ihr Schlüssel zu Gesundheit, Schönheit, Erfolg, persönlicher Lebensfreude und spirituellem Wachstum

Ursula Rücker-Vennemann

Hardcover, 168 Seiten – ISBN 3-936486-82-4

Die Fähigkeit zu lächeln ist uns von der Natur mitgegeben worden. Dieses Lächeln ist nicht nur eine stärkende Verbindung zwischen zwei Menschen und hat nicht nur eine unmittelbar positive Wirkung auf den ganzen Körper, es baut auch Brücken in die spirituelle Welt. Das Buch "Kraftquelle Lächeln" ist ein praktischer und anschaulicher Ratgeber. Es macht auf anschauliche Weise deutlich, auf welche Weise sich Lächeln auf den Organismus und die Funktion der Gehirnzellen auswirkt. Wir können dieses Lächeln deshalb nutzen als Heilkraft für unsere körperliche, emotionale und geistige Gesundheit; Fitmacher für unsere Gehirnzellen; Jungbrunnen und Schönheitselixier; Brücke des Vertrauens zu anderen Menschen; zur Stärkung unserer persönlichen Lebensfreude und als Quelle für spirituelles Wachstum. Deshalb ist das Lächeln das zentrale Thema dieses Buches. Es werden nicht nur Fakten und Hintergrundinformationen vermittelt, sondern auch viele ausführliche Meditationsanleitungen zum "inneren Lächeln" angeboten, die Ihnen helfen, sich diese Kraft bewusst und ihre positive Wirkungen dauerhaft zu Eigen zu machen.

Das Herz wieder öffnen

Krisen als Entscheidung zur Wende

Ulrike Parnreiter-Fingerl

Hardcover, 184 Seiten – ISBN 3-936486-64-6

Ulrike Parnreiter-Fingerl legt offen ihre eigene große Krise als Studentin dar. Dabei wagt sie den Spagat, sich auf der einen Seite als die zu zeigen, die sie in ihren Gedichten zur jeweiligen Zeit war. Auf der anderen Seite interpretiert sie aus ihrer heutigen Sicht als Psychotherapeutin ihre damaligen Texte und reiht sie in das durchgängige Thema der Herzöffnung ein." Wir müssen über Krisen reden, damit wir nicht allein sind mit und in ihnen. Krisen sind keine Schande. Krisen können vielmehr wertvolle Wendepunkte im Leben sein, wenn wir es wagen, in unseren Ab-Grund zu steigen und uns in unserer Tiefe neu zu entdecken." Ein ehrliches Buch, voller Weisheit und Spiritualität, voller Liebe und Kraft. Ein bedingungslos positives Buch und ein Lichtblick für alle, die gerade im Dunklen stehen.

Aufbruch nach Hause

Frauen unterwegs zu sich selbst

Ein spirituelles Praxisbuch für die Reise der inneren Heldin

Sabine Treeß

Paperback, 352 Seiten – ISBN 3-936486-46-8

Ganz gleich, ob sich die Leserin gerade in einer Phase des Umbruchs befindet oder sich einfach nach neuen Perspektiven sehnt: *„Aufbruch nach Hause"* ist ein kompetenter und zuverlässiger Begleiter auf dem Weg zu einem authentischen und erfüllten Leben als Frau. Diese spannende Reise führt durch zwölf Stationen, die die Leserin einladen, ihr Leben symbolisch nachzuvollziehen. Sie ist eingeladen, Schritt für Schritt wesentliche Elemente ihres Weges aus einer neuen Perspektive zu erleben, in der Tiefe zu verstehen und zu heilen.

„Aufbruch nach Hause" gibt Frauen eine Chance, ohne großen zeitlichen Aufwand ihrem Bedürfnis nach Selbsterforschung und innerer Heilung nachzugehen. Das Buch ist ganz bewusst auch für Frauen konzipiert, die im Alltag durch Beruf, Partnerschaft, Kinder oder andere familiäre Verpflichtungen nur wenig Zeit für sich haben. *„Aufbruch nach Hause"* macht Frauen Lust und Mut, auf eigene Faust ihre inneren Welten zu erforschen, um zu entdecken, was es bedeutet, in sich selbst als Frau zu Hause zu sein.

Die unbegrenzten Dimensionen deiner spirituellen Kraft

Ein inspirierender Wegweiser zur persönlichen Freiheit

Nick Williams

Paperback, 288 Seiten – ISBN 3-936486-70-0

Macht und Kraft faszinieren uns alle. Doch in weiten Teilen der Welt können wir beobachten, welche verheerenden Folgen es hat, wenn Macht falsch verstanden wird. Nick Williams spricht in diesem bahnbrechenden Buch von einer ganz anderen Macht: der Macht der Liebe, der Inspiration und der Kreativität. Wir können eine unglaublich positive Entwicklung erfahren, wenn wir die mystische Kraft der Liebe in den Mittelpunkt unseres Lebens stellen. Der Autor erinnert uns daran, dass wir aus uns selbst heraus ungeheuer kraftvoll und nicht darauf angewiesen sind, Macht von außen verliehen zu bekommen. Unsere spirituelle Kraft liegt in dem Wissen, dass wir die Quelle unserer Gedanken transformieren können: von der Angst zur Liebe. Nick Williams zeigt uns in praktischen Schritten, wie das gelingt.

Energie-Balance finden

Wege zu mehr Wohlbefinden und Gesundheit, zu Ausgeglichenheit und Leistungsfähigkeit

Dr. Franz Decker

Paperback, 264 Seiten, 72 Abbildungen – ISBN 3-936486-50-6

Wir leben heute in einem Zeitalter der Energiekrise. Immer mehr Menschen empfinden die Energieknappheit und die Fehlleitung von Energie als Krise, als Disbalance der Körperenergie, Geist- und Psyche-Energie, als Ausgebranntsein und Befindlichkeitsstörung. Energiebedarf und Energiepotenzial, Energieverbrauch und -regeneration sind aus dem Gleichgewicht gekommen. Das vorliegende Buch von Prof. Dr. Franz Decker stellt im ersten Teil die zeitbedingten Energieströmungen und das menschliche Energie-System dar. Der Hauptteil enthält eine Vielzahl von Strategien zur körperlichen, geistigen und seelischen Energie-Mobilisierung und -Balance und untersucht dabei auch die Bedeutung von Ernährung, von Licht, Farben und Musik zur Energieregulierung. Das Buch beruht auf wissenschaftlichen Erkenntnissen und auf eigenen Erfahrungen des Autors und verbindet diese mit einer Vielzahl von Energieübungen.

Wenn es verletzt, ist es keine Liebe

Chuck Spezzano

10. Auflage

Gebunden, 416 Seiten – ISBN 3-928632-20-5

Dieses Buch verändert Ihr Leben. Ein Wissender zeigt den Weg, wie Sie ein Leben führen können, das erfüllt ist von Liebe und Verstehen, von Freude und Glück. Sie erfahren in 366 Kapiteln wichtige Lebensgrundsätze, die Ihre zwischenmenschlichen Beziehungen auf eine höhere Ebene heben. Die Weisheit der Liebe, die der Verfasser in jahrzehntelanger Forschungsarbeit als Psychotherapeut, als weltweit bekannter Seminarleiter, als visionärer Lebenslehrer entdeckt und in klare Weisungen umgesetzt hat, verwandelt Sie und berührt Ihr wahres Wesen, das Liebe ist. Durch die angebotenen Übungen, die das theoretisch Erkannte auch in den praktischen Alltag umsetzen, wird das Buch zu einem Wegbegleiter und Ratgeber in bedrängenden Beziehungsnöten. Wenn Sie Schritt für Schritt in die wichtigsten Grundprinzipien der Liebe eingeführt werden, reifen Sie in Ihrer Selbsterkenntnis, können Ihre Beziehungen in Partnerschaft und Freundschaft neu ordnen, vertiefen und intensivieren. Sie können die Ursachen für Ihre Schwierigkeiten in der Liebe erkennen, Blockaden auflösen und seelische Wunden heilen lassen.

Karten der Erkenntnis auf dem Weg nach innen

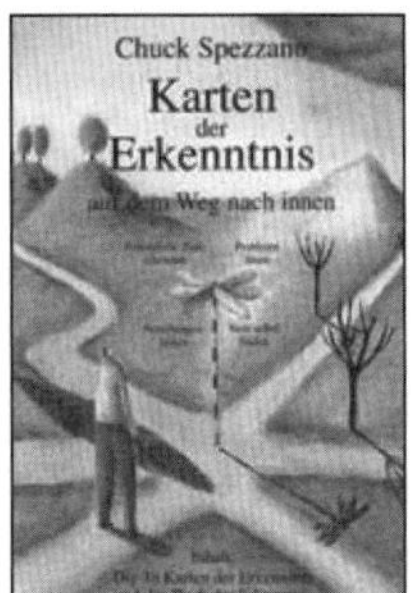

Das Buch der Erkenntnis

7. Auflage

Chuck Spezzano

48 künstlerisch gestaltete Karten, Buch: 144 Seiten – ISBN 3-928632-32-9

Wollen Sie mehr Selbsterkenntnis gewinnen, persönliche Ziele und verborgene Wünsche erkennen, die Beziehungen im Privat- und Berufsleben verbessern, Ursachen für Probleme herausfinden und auflösen, Hindernisse auf dem Weg nach innen beseitigen? Dann sind die Karten der Erkenntnis und deren Erklärung eine große Hilfe. Sie sind einfach zu benutzen, hilfreich und inspirierend. Ganz gleich, ob Sie „sofortige Antworten“ auf alltägliche Fragen oder langfristige Lösungen für die großen Herausforderungen des Lebens suchen, es wird Ihnen und Ihren Freunden helfen, positive Entscheidungen zu fällen und Veränderungen für eine bessere Zukunft herbeizuführen. Im beiliegenden Buch der Erkenntnis findet der Leser den Schlüssel zum Verständnis und zur Verwendung der Erkenntnis-Karten. Chuck Spezzano erläutert im einzelnen die Bedeutung aller 48 Karten und erklärt eine Vielzahl von Möglichkeiten, mit ihnen zu arbeiten und sie zu deuten. Außerdem werden über zehn verschiedene Legesysteme beschrieben.

Hundert Wege der Hoffnung

Edition Spirituelle Romane

Robin Rice

Paperback, 296 Seiten – ISBN 3-936486-71-9

Spirituelle Heiler auf der ganzen Welt haben der Hauptfigur dieses spannenden Romans, Mary, immer wieder gesagt, sie sei „Die Eine", haben ihr jedoch nicht offenbart, worin ihre Aufgabe besteht. So folgt sie scheinbaren Zufällen wie Brosamen, bis sie schließlich im Canyon de Chelly in Arizona zu ihrer Ganzheit und zu ihrem wahren Selbst findet. In dieser lebendig und sehr spannend erzählten Geschichte schickt die Autorin ihre Heldin Mary auf eine Reise, während der sie durch visionäre Erfahrungen und mit der Hilfe eines weisen Lehrers das Reich universeller Wahrheiten betritt. Unterschiedliche spirituelle Traditionen werden zu einem harmonischen Ganzen vereint, und gemeinsam mit Mary entdeckt der Leser, dass es auf dieser Welt weit mehr gibt, als unsere fünf Sinne wahrzunehmen vermögen. Der Roman wurde schon in mehrere Sprachen übersetzt.

Kreative Wunscherfüllung

Die kosmischen und irdischen Gesetze des Wünschens

Hans Vater

Hardcover, 256 Seiten – ISBN 3-936486-16-6

Wunscherfüllung ist kein Luxus. Denn unerfüllte Wünsche halten uns fest; erfüllte Wünsche dagegen machen uns frei, voranzuschreiten zu neuen und beglückenderen Stufen des Lebens. Hans Vaters praktisches und zugleich tiefgründiges Weisheitsbuch gibt die Methoden und Techniken an die Hand, unsere Wünsche zu verwirklichen. Es analysiert eingehend die Gesetze und Prinzipien, die hinter den einzelnen Wunschtechniken stehen und die sie wirksam machen. Diese Gesetze sind die Regeln des großen kosmischen Schöpfungsspiels, welches wir in Gottes Auftrag mitgestalten und dessen Ziel es ist, uns zu der Einheit zurückzuführen, die wir in Wahrheit nie verlassen haben. Das Buch zeigt uns, wie wir durch die Anwendung der mächtigen Seinsgesetze unser Leben gesünder, glücklicher und erfolgreicher gestalten können. Das Verständnis dieser Gesetze hinterlässt beim Leser ein tiefes Gefühl der Geborgenheit und des Vertrauens in ein geordnetes und liebevolles Universum.

Gewinne deine Lebenskraft zurück

Wie du deine ganzheitliche Intelligenz nutzen kannst, um im Privat- und Berufsleben zu neuer Kraft zu gelangen

Dr. Maria de Rocha Chevalley

Hardcover, 176 Seiten – ISBN 3-936486-47-6

Die meisten Menschen nehmen sich selbst, andere Menschen und Situationen in einer Weise wahr, die ihnen von ihrem analytischen Denken aufgezwungen wird. Sie sind daran gewöhnt, ständig zu bewerten, zu vergleichen und zu analysieren. Dies kann sehr schnell zu einer Spaltung führen. Es überrascht daher nicht, dass als Folge viele Menschen ihre Lebenskraft verlieren. Sie verhindern die Verbindung zu ihrer höheren ganzheitlichen Intelligenz. In diesem Buch werden Brücken gebaut, die die analytische und die ganzheitliche Intelligenz miteinander verbinden. Wir brauchen für ein glückliches, erfolgreiches, kreatives und erfülltes Leben beide Ebenen der Intelligenz, um zu einem ganzheitlichen Verständnis zu gelangen, das unsere unbewussten „Programme" verändern kann, um einen besseren Weg des Denkens, Fühlens und Handelns zu lernen und um das fortschreitende Tempo des Informationszeitalters kreativ zu bewältigen.